훈민정음 비밀코드와 신미대사

: 맥락적 근거로 파고든 한글 탄생 비밀 이야기

지은이 최시선

충북대와 한국교원대 대학원을 졸업했다. 그동안 중·고등학교 교사, 장학사와 교감을 거쳐 지금은 충북 진천 광혜원고등학교 교장으로 재직 중이다.

2006년 문단에 데뷔하여, 한국문인협회·충북수필문학회 회원으로 활동하며, 청주문인협회 부회장을 역임한 바 있다.

중부매일신문에 10년간 수필을 연재하고 있으며, 틈나는 대로 SNS에 글을 올리고 있다. 지은 책으로, 『청소년을 위한 명상 이야기』, 『학교로 간 붓다』, 『소통 줍는 아이들』, 『내가 묻고, 붓다가 답하다』(개정증보판), 수필집 『삶을 일깨우는 풍경소리』 등이 있다.

2019년 한 해가 다 갈 무렵, 영화 〈나랏말싸미〉를 본 후 훈민정음이 너무 궁금해 8주간이나 청주에서 서울을 오가며, 『훈민정음』 해례본 강독 교육을 마쳤다. 현재는 다음 카페 '한글 창제와 신미대사 연구회'를 운영하고 있다.

훈민정음 비밀코드와 신미대사
: 맥락적 근거로 파고든 한글 탄생 비밀 이야기

©최시선, 2020

1판 1쇄 인쇄_2020년 08월 05일
1판 1쇄 발행_2020년 08월 15일

지은이_최시선
펴낸이_양정섭

펴낸곳_경진출판
　　　등록_제2010-000004호
　　　이메일_mykyungjin@daum.net
　　　사업장주소_서울특별시 금천구 시흥대로 57길(시흥동) 영광빌딩 203호
　　　전화_070-7550-7776 팩스_02-806-7282

값 17,000원
ISBN 978-89-5996-745-2 03710

훈민정음 비밀코드와 신미대사

: 맥락적 근거로 파고든 한글 탄생 비밀 이야기

최시선 지음

사람은 말을 하고 이를 쓸 줄 안다. 소리와 문자로 서로의 생각과 감정을 나눌 줄 안다. 이를 언어생활이라고 한다. 만일 인간이 언어를 사용할 줄 몰랐다면 만물의 영장이 될 수 없었을 것이다. 세계에는 수많은 언어가 존재하지만, 자기만의 고유한 문자를 가지고 있는 나라는 그리 많지 않다.

가끔 생각한다. 우리에게 훈민정음, 아니 한글이 없었다면 어찌 되었을까? 일단 아찔하다. '아마 지금도 한자를 쓰고 있겠지. 하늘 천, 따 지 하면서 천자문을 외고 있을지도 몰라. 아니야. 영어를 쓰고 있을지도 모르지. 왜냐하면 옛날에는 중국을 섬겼기 때문에 한자를 썼지만, 지금은 미국을 좋아하니 영어를 쓸지도 몰라.' 이렇게 가끔 혼자 뇌까린다.

지난해 7월 개봉한 영화 〈나랏말싸미〉는 나에게 충격이었다. 평소 우리 글, 한글을 사랑하고 세종대왕을 흠모하던 나에게 신미라는 새로운 인물은 엄청난 호기심을 자아냈다. '신미, 신미대사라. 도대체 이 분이 누구지? 이름은 들어보았는데, 언젠가 소설도 읽었고, 국립공원 속리산 입구에는 이 분을 기리는 공원을 조성했다고도 하지….' 궁금증이 폭발했다. 도저히 알아보지 않고는 견딜 수가 없었다.

일단 훈민정음이 무엇인지 공부하기로 했다. 글을 긁적댄다고 하지만, 한글날에 단골로 나오는 "나랏말싸미 중국에 달아…"가 어디에 나오는지 몰랐다. 서울 광화문을 그리 갔어도, 세종대왕 동상 왼손에 들고 있는 책이 무엇인지 몰랐다. 정말 부끄러운 일이다. 글을 쓰는 사람으로서 이 문자가 어디서 왔는지는 알아야 하지 않겠는가?

나는 『훈민정음』 해례본을 공부하기 위해 두 달 동안이나 청주에서 서울을 오갔다. 그것도 학교에 조퇴를 내고 저녁에 서울로 올라가 강의를 듣고는, 밤 10시 심야버스를 타고 집으로 돌아왔다. 나이 들어서 하기에 정말 힘든 일이었다. 몸은 괴로웠지만 마음은 기뻤다. 배움은 정말 즐거운 일이었다.

훈민정음을 공부하기 위해 수십 권의 책을 샀다. 공적인 일, 밥 먹고 자는 일 빼고 온통 책에 매달렸다. 읽은 후에는 걸으며 사색했다. 나의 가장 큰 궁금증은 훈민정음이 어떻게 탄생했는가 하는 점이다. 하여 평생 거들떠보지도 않을 조선왕조실록을 찾아보고, 인터넷을 뒤졌다. 그러면서 알게 된 사실을 SNS에 시리즈로 올리기 시작했다. 영화 〈나랏말싸미〉 효과인지 사람들의 관심이 뜨거웠다.

시간이 흐르면서 훈민정음이 보이기 시작했다. 놀라버렸다. 내가 찾는 훈민정음은 장막에 가려져 있었다. '금 나와라, 뚝딱!' 하고 어느 날 훈민정음이 만들어졌단다. 조선왕조실록 기사로 보면 그렇다. 앞뒤 설명이 없다. 이게 어떻게 된 일인가? 의문은 더욱 증폭되었다.

이 책은 이러한 의문을 가감없이 기록한 '공부' 에세이다. 에세이지만, 어느 정도 합리적 의심으로 다가간 연구보고서다. 상상과 추론에 따른 논단일 수도 있다. 따라서 저자와 생각이 다를 수 있다. 생각이 다름은 다양성을 추구하는 민주사회에서 축복이 아닌가?

나는 훈민정음을 파고들면서 비밀 코드를 발견했다. 무려 15가지나! 스스로 발견한 것도 있고, 남들이 이미 발견한 것을 확인한 것도 있다. 이는 다빈치 코드가 아니라 한글 코드임을 직감했다. 누가 이를 심어 놓았을까? 나는 그가 신미대사일 것으로 의심해 보았다. 세종을 비롯한 역대 왕들은 이를 묵과했다. 아니, 암묵적으로 동의했을지도 모른다.

이 책은 크게 4부로 이루어졌다. 1부는 '영화 〈나랏말싸미〉 그 후'다. 영화를 보고 난 후 나름의 의문을 SNS에 올린 글을 다시 풀어썼다. 현장에 직접 가보기도 하고, 지인들과 함께 토론한 내용도 담았다.

2부는 '훈민정음을 공부하다'이다. 이런 의문을 바탕으로 『훈민정음』 해례본을 공부하고 알게 된 내용을 글로 썼다. 여기서 백미는 단연 '훈민정음 비밀코드'다. 이곳에서 코드를 다 설명하지는 못했다. 비밀코드는 글의 여러 곳에서 밤하늘의 별처럼 반짝반짝 나타날 것이다.

3부는 '훈민정음에서 신미를 보다'이다. 이 글은 사실 연구논문이다. 공부하다 보니 충북연구원에서 공모하는 논문을 썼는데, 이것이 지역학술지 『충북학』 21집에 실렸다. 여기서는 논문 형식을 버리고 쉽게 쓰려고 노력했다. 하여 1·2부와 4부의 내용과 중복되는 점이 있다. 읽는 이의 넓은 마음을 구한다.

4부는 '조선왕조실록에서 훈민정음과 신미를 보다'이다. 글 쓰는 것이 너무 힘들어, 실록은 관련 부분만 발췌하여 부록으로 실으려고도 했었다. 생각해 보니 그게 아니었다. 이게 가장 핵심이었다. 훈민정음 10건, 신미대사 69건의 기사를 샅샅이 뒤져서 하나하나 해설을 붙였다. 그리고 가감없이 상상과 추론을 더 했다.

특히 신미대사 기사를 읽으면서 눈물이 났다. 세상에 어찌 그리 폄훼와 질시로 가득한지. 왕은 왕사 대접을 하는데 신하들은 승냥이처럼 물어뜯는다. 실록을 보면서 내내 화두를 세웠다. 신미, 그는 누구인가? 세종과 신미, 이 두 분은 도대체 무슨 일을 했는가? 조금은 슬펐지만, 두 분을 만나는 동안 행복했다.

나는 역사학자도 아니요, 국문학자도 아니다. 굳이 말하자면, 중등 교육 현장에서 30여 년 동안 교직에 몸담아 온 평범한 사람일 뿐이다. 하여, 학자적인 주장은 하지 않았다. 다만 의문을 제기했다. 왜냐하면, 신미가 훈민정음 창제에 관여했다는 직접 증거는 어디에도 없기 때문이다. 실록 딱 두 곳에서 실마리를 찾을 수 있었는데, 이것마저도 행간 속에 있었다.

훈민정음을 공부하면서 신미대사가 한글 창제에 관여했다는 증거는 찾지 못했어도, 이거 하나만은 확실히 알았다. 그가 창제 후 훈민정음을 널리 알리는데 엄청난 공헌을 했다는 사실을! 본문에서 중요하게 다루고 있지만, 자칫 사라질지도 몰랐던 훈민정음을 불경 언해를 통해 백성들 속으로 파고들게 했다. 그는 양반 사대부들이 제쳐 놓고 쓰지 않던 새로운 문자를 십분 활용하여 『간경도감』에서 직접 언해하기도 했다. 조선 역사상 수많은 승려가 있었지만, 오로지 신미대사와 그의 제자들만이 한글을 썼고 지켜 냈다. 이것만은 다시 평가받아야 한다. 이 하나만으로도 얼마나 위대한 일인가!

사실은 공부한 것이 아까워서 그 내용을 SNS에 올리는 것으로 만족하려고 했다. 그런데 어느 날, 세종대왕과 신미대사가 꿈에 나타나 당신이 공부한 것을 세상에 널리 알리라 하지 않겠는가? 맨날 이 두 분만 생각하다 보니, 이제는 꿈속에서 뵙는 영광을 안았다. 하여 책을 내려고 결심했다. 나는 이 책이 조그만 징검다리가 되면 좋겠다. 어디서 직접 증거가 나오면 더 좋고, 젊은 학자가 이 책을 보고 '뭐 그랬다고?' 하면서 달려들어 연구하면 더더욱 좋겠다.

스스로 공부하기에는 역부족이었다. 무엇보다『훈민정음』해례본을 강의해 준 김슬옹 박사님께 무한한 감사를 드린다. 이 분은 간송미술관에 있는『훈민정음』해례본 원본을 직접 보고, 최초로 해설을 한 학자이다. 2019년 가을, 유네스코 세계기록유산 보존 역량 강화를 위한 국제 세미나에서 세계 석학들에게 훈민정음의 우수성을 발표하는 데 매우 놀랐다.

끝으로 늘 용기를 주고 응원을 아끼지 않는 사랑하는 아내 이명화 씨와 딸 경진, 아들 홍진에게 고마움을 전한다. 그리고 선뜻 출판을 허락해 준 경진출판 양정섭 대표님께 감사를 드린다.

미호천이 흐르는 옥산 소로리에서

2020년 8월

월천 최시선 씀

훈민정음 비밀코드 15가지

1. 『훈민정음』 언해본 세종어제서문 글자 수 108자
   : 세조 5(1459)년에 간행된 『월인석보』 권1 첫머리에 있음.

2. 『훈민정음』 해례본의 정음편(서문+예의) 한자 갈래 수 108자
   : 세종 28(1446)년에 간행된 『훈민정음』 간송본의 정음편

3. 『월인석보』 권1의 종이 장수 108장(張)
   : 훈민정음 언해 15장, 팔상도 7장(낙장 1장), 석보상절 서 6장, 어제 월인석보
   서 26장, 불패(패기) 1장, 본문 52장

4. 『훈민정음』 해례본의 종이 장수 33장(張)
   : 불교의 우주관 33천과 일치(저녁예불 시 33번 범종 울림)

5. 훈민정음 창제 문자 수 28자(자음 17자, 모음 11자)
   : 불교의 우주관 28천과 일치(새벽예불 시 28번 범종 울림)

6. 훈민정음 창제 중성(모음) 기본자 3자
   : 주역의 3재에서 따왔다고 하나, 3은 불교의 신성수임

7. 『훈민정음』 해례본 정음해례편의 '결왈(訣曰)' 칠언고시 형식

 : 정음해례(용자례 제외)에 등장하는 칠언고시는 '게송'으로 불경만의 고유한 형식임.

8. 문종실록에서 신미와 정음청의 일 언급

 : 문종실록 4권, 문종 즉위(1450)년 10월 20일 무술 2번째 기사에서 문종이 직접 신미와 정음청을 연결하여 언급함.

9. 세종이 신미에게 내린 26자 칭호 중 우국이세(祐國利世)

 : '나라를 돕고, 세상을 이롭게 했다'라는 뜻으로 신미가 훈민정음 창제에 관여했음을 암시함. 사헌부의 상소 중 "참으로 이 일이 부득이한 데서 나왔는지를 알지 못하겠습니다."(문종 즉위년 7월 16일 기사)라고 언급함.

10. 수양대군과 안평대군의 신미에 대한 지극한 공경

 : 세종실록 116권, 세종 29(1447)년 6월 5일 병인 2번째 기사에 "수양대군 이유와 안평대군 이용이 심히 믿고 좋아하여, 신미를 높은 자리에 앉게 하고 무릎 꿇어 앞에서 절하여 예절을 다하여 공양하고…."란 기록이 있음.

11. 범어 등 외국어에 능통한 언어학의 대가로서 세종과 소통

 : 신미의 둘째 동생이자 집현전 학사를 지낸 김수온의 『식우집』 권2 〈복천사기〉에 세종이 신미를 불러 만났다는 기록이 있음.

12. 훈민정음 대중화와 보급을 위한 불경 언해 사업 주관

 : 간경도감에서 불경 원전 31종 500권, 불경 언해본 9종 35권 간행. 『석보상절』과 『월인천강지곡』도 신미가 도운 것으로 봄.

13. 훈민정음 창제 후 세종의 두 번에 걸친 청주 초수 행궁 행차
: 안질 치료와 새로운 문자 시험 목적도 있었으나, 복천사의 신미를 만나기 위해
갔다고 봄.

14. 신미가 예종에게 올린 한글 상소
: 예종실록 6권, 예종 1(1469)년 6월 27일 기묘 5번째 기사에서 신미가 언문(한
글)으로 상소를 올림. 대신들은 한결같이 한문으로 올린 점에 비추어보아 매우
이례적임.

15. 세조의 속리산 복천사 방문과 오대산 상원사 중창 지원
: 신미를 만나기 위해 속리산 복천사를 방문하고, 오대산 상원사 중창과 관련하여
물자를 전폭적으로 지원함.

1부 영화 <나랏말싸미> 그 후

2부 훈민정음을 공부하다

3부 훈민정음에서 신미를 보다

1부 영화 〈나랏말싸미〉 그 후

신미는 어디에?

훈민정음 마당

영화 〈나랏말싸미〉

명대사에 꽂히다!

역사 왜곡 논란

도대체 무얼까?

속리산 복천암

복천암 월성 스님

수암화상 부도

그 책, 『훈민정음』 해례본

한글 창제는 왜 비밀에 부쳤을까?

신미는 어디에?

한 해가 끝나갈 무렵, 뉴스에서 충북 보은에 '훈민정음 마당'이라는 역사 테마공원이 생겼다는 소식을 들었다. 알고 보니, 속리산 어느 암자에서 오래 전부터 전해 내려오는 신미대사와 훈민정음에 관한 이야기를 소재로 한 공원이었다.

뇌리에서 뭔가 팍 스쳐가는 파동이 느껴졌다. 아, 그 소설…. 정찬주 작가의 『천강에 비친 달』이 퍼뜩 떠올랐다. 그 책을 얼마나 재미있게 읽었던가. 몇 날 며칠을 손에서 놓지를 못하고 푹 빠져서 신미대사와 조우했다. 아무리 소설이라도 이 이야기가 진짜, 아니 조금이라도 사실이라면 어찌 되는가? 훈민정음을 세종 혼자가 아니고 신미와 함께 만들었다는 말인가? 소설 내용을 보니, 집현전 학사들은 훈민정음 창제에 관여하지 않았다. 상식을 뒤엎는 이야기, 훈민정음 창제의 숨은 주역이 신미대사…. 아, 이 무엇이란 말인가? 화두가 되는 순간, 신미란 이름이 뇌리에 확 꽂혀버렸다.

한여름 무더위가 닥칠 무렵, 이 의문을 풀기로 했다. 의문은 두 가지로 압축되었다. 하나는 누군가 신미대사의 존영이 법주사 진영각에 모셔져 있다고 했는데 이를 찾아보는 일이다. 또 하나는, 존영을 친견한 후 뉴스에서 보도한 훈민정음 마당을 둘러보는 일이다. 마치 미션을 수행하는 듯 비장한 마음이 솟아났다.

배낭을 꾸려 속리산으로 향했다. 오랜만에 산자락을 오르기 시작했다. 동행도 없이 혼자 걷는 길이다. 속리산은 언제나 가도 좋다. 속세를 여읜 산이라 하여 속리산이다. 신라 헌강왕 때 고운 최치원 선생이 속리산에 와서 남긴 시가 유명하다. "도는 사람을 멀리하지 않는데 사람은 도를 멀리하고, 산은 속세를 떠나지 않는데 속세는 산을 떠나는구나(道不遠人人遠道, 山非離俗俗離山)." 이 문구 중 끝에 나오는 세 글자를 따서 속리산 이름이 되었다.

문장대까지 갔다가 경업대 쪽으로 내려와 세조길을 뚜벅뚜벅 걸어서 하산한다. 벌써 그림자가 길게 늘어서 있다. 신미대사의 존영을 보기 위해 법주사 마당에 들어섰다. 몇 해 전에 갔다가 진영각 건물을 보수하는 바람에 허탕을 친 적이 있다. 아마도 그때가 정찬주 작가의 『천강에 비친 달』이라는 소설을 다 읽고 난 다음의 어느 날로 기억된다. 마음을 조마조마하며 진영각을 두리번두리번 찾았다.

오랜만에 들르니 절 마당도 많이 바뀌었다. 그늘을 드리운 아름드리 보리수나무가 나타나고, 대웅보전 가기 전 왼쪽으로 한 전각이 보인다. 아, 저기다. 현판에 진영각이라고 또렷이 쓰여 있다. 여름이라 그런지 문을 활짝 열어젖혀 놓았다. 이제야 신미대사를 뵐 수 있겠구나. 희심의 미소가 흘렀다. 그동안 얼마나 오매불망했던가.

법당에 들어서자마자, 합장을 올리고 나서 가운데부터 차례로 존영을 바라보았다. 정중앙에는 법주사의 창건주 의신조사가 있고, 그 양옆으로 법주사와 인연 있는 큰스님들의 존영이 거룩하게 걸려 있었다. 익히 존함이 익은 분도 있고, 그렇지 않은 분도 눈에 띈다.

그런데 아무리 보아도 신미대사를 찾을 수가 없다. 이를 어찌한다… 정보를 전해 준 사람이 허위였다는 말인가. 그분은 분명히 신미대사가 법주사 진영각에 모셔져 있다고 말했었다. 아니면 내가 아둔하여 찾지 못하는 건가. 법당 안을 세 바퀴나 돌고 돌았다. 그래도 찾지를 못하자 그냥 바닥에 주저앉고 말았다. 그리고는 잠시 생각에 잠겼다. 그래, 내가 정보를 잘못 알고 있을지도 모르지, 하고는 네이버 검색을 해 보았다.

이럴 줄이야. 단서가 바로 잡혔다. 아, 혜각존자! 신미대사의 이름이 따로 있었다. 아, 그렇구나! 이름이 신미가 아니라 혜각존자였다. 존영 밑을 보니 한자로 '혜각대선사'라고 명시되어 있다. 아, 이 분이구나. 정중앙에서 그리 멀지 않은 곳에 걸려 있었다. 순간 뜨거운 기운이 가슴팍을 번개 치듯 지나갔다. 소설에서 떠올리던 그 신미대사의 존영을 이렇게 뵙다니….

자연스럽게 늘어진 가사에 흰 수염을 기르고 왼손에는 알이 굵은 염주를, 오른손에는 턱수염보다도 길게 늘어진 불자를 들고 있다. 눈썹이 바람에 휘날리듯 위로 뻗어 있고, 바라보는 눈매가 자못 날카롭다. 불상처럼 두상의 위쪽이 불쑥 솟아 있고, 귀는 만인의 소리를 담아낼 듯 활짝 열리어 부드럽게 늘어져 있다. 첫눈에 보아도 도인 형상이다. 나는 신미대사 존영을 향해 한참이나 머리를 숙여 존경의 예를 올렸다.

존영 오른쪽에 몹시 어려운 한자체가 보인다. 도저히 읽을 수가 없다. 뭐라고 썼는지 알 수가 없다. 또 휴대폰 네이버에 의지한다. 검색해 보니 관련 정보가 주르륵 나타난다. 참 많이도 언급해 놓았다. 신미대사가 이렇게 유명한 분일 줄이야. 세종이 돌아가시면서 유훈으

신미대사 존영

로 신미에게 긴 법호를 내렸다. 세어보니 26자나 된다. ……밀전정법 우국이세 원융무애 혜각존자. 존영 오른쪽에 그 어려운 한자를 쭉 내리읽어보니 끝의 네 글자가 '혜각존자'임을 알 수 있었다. 순간 신미가 더 위대한 인물로 다가왔다.

이제 존영을 뵈었으니, 뉴스에서 들었던 훈민정음 마당으로 갈 차례다. 과연 어떻게 꾸며 놓았을까? 법주사 마당을 얼른 빠져나와 정이품송이 있는 곳으로 내달았다.

법주사 진영각

훈민정음 마당

훈민정음 마당은 정이품송 맞은편 개울 건너에 있었다. 큰길에서는 뭔가 설치 구조물이 보이는데, 그곳을 가려면 어떻게 가야 할지를 몰라 차를 세워 놓고 한참이나 헤맸다. 안내 팻말을 간신히 찾고는 따라가 보니, 개울을 가로지르는 다리가 놓여 있었다. 그 다리를 건너 자 이색적인 풍경이 펼쳐졌다. 말로만 듣던 훈민정음 마당이다.

옛 성현의 말이 딱 맞다. 관심이 없으면 보아도 보이지 않고, 들어 도 들리지 않는다. 나 역시 그런가 보다. 정찬주의 소설을 읽지 않았 더라면 훈민정음 마당에 관한 뉴스를 들었어도 그냥 지나쳤을 것이 다. 마음에 그것이 도사리고 있었기에 훈민정음 마당 소식이 확 들어 와 꽂힌 것이다.

한눈에 보아도 엄청난 돈을 들인 것 같다. 설치물 하나하나에 심혈 을 기울인 것이 뛰어난 예술품이라 해도 지나치지가 않다. 정이품송 을 재현해 놓은 것이라든가 종각, 인물 동상, 전통 담장, 어가 행렬 등이 이채롭다. 한 마디로, 아름다운 역사와 전설이 살아 숨 쉬는 현장

속리산 정이품송

을 만들어 놓았다.

　보은군은 이 역사 테마공원 조성을 위해 연구 용역을 주었다고 한
다. 서울대 규장각에 보관되어 있는 조선왕조실록을 바탕으로 기초
계획을 짰다고 한다. 스토리를 만들고, 이에 따라 설치 조형물을 세우
고 그에 관한 이야기를 전통 담장에 소상히 적어 놓았다. 훈민정음과
관련하여 신미대사를 부각시키고 세조와의 각별한 인연도 표현해 놓
았다. 무엇보다 신미를 '훈민정음 창제의 주역'이라고 적어 놓은 것이
눈에 띈다. 세종이 복천사에 있던 신미를 효령대군의 소개로 만나서
훈민정음 창제에 관하여 이야기를 나누었다고 적시해 놓았다.

　놀랍다. 물론 소설에서도 읽었지만, 그것은 소설이니까 그렇다 치
고, 지방자치단체인 보은군에서 조성한 시설물에 저렇게 적어 놓다

니! 나로서는 혼란스러울 수밖에 없었다. 상식적으로 훈민정음은 세종이 집현전 학사들과 함께 만들었다고 알고 있다. 그런데 정찬주 작가의 소설에서도 그건 아니라고 했고, 여기 훈민정음 마당에서는 아예 신미대사가 주역이라고 밝혀 놓았으니 도대체 무엇을 믿어야 한다는 말인가?

여름 해는 뉘엿뉘엿 서쪽 하늘을 물들이고 있었다. 말티 고개에 내려앉은 구름이 몽글몽글 오색으로 빛나고 있었다. 저 말티 고개는 신미가 먼저, 한참 세월이 흐른 후, 세조가 넘었을 것이다. 세조는 오로지 신미를 만나기 위해서 저 고개를 넘었다. 이는 조선왕조실록 에도 나오는 말이니 대단한 일이 아닐 수 없다. 법주사에서 복천암까지 이어진 세조길은 이에 근거하여 만들었다. 아, 지엄하신 임금이 어찌 산중의 승려를 만나기 위해 저 험난한 고개를 넘었단 말인가?

훈민정음 마당은 생각보다 넓었다. 잠깐이면 되나 했더니 시간이 꽤 걸렸다. 크게 정이품송 마당, 신미의 마당, 훈민정음 마당 이렇게 세 마당으로 되어 있었다. 개울 쪽으로는 아주 크고 긴 연못도 만들어 놓았다. 아마도 여기에 연꽃을 심어 공원을 더 아름답게 꾸미려나 보다. 훈민정음 마당을 제일 끝에 놓은 것을 보면 이 마당이 핵심임을 알 수 있다. 하여, 공원 이름도 훈민정음 마당이라고 하였다.

볼수록 정성을 기울였다는 생각이 들었다. 신미대사의 행장과 그의 제자, 가족까지도 동상으로 조성해 놓았다. 이 정도가 되려면 얼마나 신미에 관한 연구가 선행되었을까 하는 생각에 놀랍기도 했다. 보은 군이 그 옛날의 수행 여행 일번지의 명예를 회복하려는 의도가 있었 다지만, 역사적 사실과 상상력을 동원하여 이처럼 훌륭한 테마공원을 조성해 놓았다는 것이 고마울 따름이었다. 신미대사의 행장은 참 자세히도 밝혀 놓았다.

신미의 마당에서는 신미대사의 좌상을 가운데 놓고 빙 둘러서 그의 아버지 김훈, 외조부 이행, 평생 도반인 수미, 제자인 학열과 학조 등의 동상을 배치해 놓았다. 이는 신미대사가 주인공이니까 그럴 수 있다고 이해가 되었다. 그런데 훈민정음 마당에서는 고개를 갸우뚱할 수밖에 없었다. 30관 규모의 금색 범종을 가운데 놓고, 세종대왕을 비롯하여 세자인 문종, 수양대군, 안평대군, 정의공주, 효령대군, 신미

신미와 그의 가족과 제자들

신미대사 동상

신미와 한글 황금종

대사 동상을 빙 둘러서 배치해 놓았다. 세종대왕이나 그의 아들과 딸이나 신미대사가 동격이라는 인상을 주었다.

이는 아마도 훈민정음을 세종 혼자 만든 것이 아니고, 그의 가족과 당시 뛰어난 학승인 신미가 힘을 합하여 만들었다는 것을 웅변적으로 보여주려 한 것으로 풀이된다. 그런데도 '아이쿠!' 하는 생각이 들었다. 사람들은 세종을 성군으로 여기고 신처럼 떠받들고 있는데 뭐라고 하지 않겠나 하는 의구심이 들었다. 나 역시 아쉬운 생각이 들었다. 기왕이면 신미의 좌상도 만들었으니 세종의 좌상도 만들어서 가운데에 놓고, 빙 둘러서 아들과 딸, 신미를 배치해 놓았으면 더 좋았을 걸 하는 마음이 퍼뜩 스쳤다. 왜냐하면 훈민정음은 아무리 여러 사람이 도왔다 하더라도, 심지어는 세종의 명에 의하여 신미가 만들었다 하더라도 제왕인 세종의 의지가 없었더라면 불가능한 일이었기 때문이다.

훈민정음 마당1)을 나오니, 벌써 저녁 어스름이 내리고 있었다. 개울 건너 선명히 보이던 정이품송도 아련하게 저 멀리 있는 것 같다. 몰랐던 사실을 안다거나 상식을 뒤엎는 발견은 언제나 충격적이다. 조금 있으면 영화 〈나랏말싸미〉가 개봉된다. 나는 이 영화를 손꼽아 기다려 왔다. 과연 어떤 이야기가 담겨 있을까.

---

1) 이 '훈민정음 마당'은 언론과 한글 관련 단체가 신미대사를 세종대왕보다 지나치게 높이고, 역사를 왜곡할 수 있다는 비판을 보은군이 받아들여 2019년 말, 공원 이름을 '훈민정음 마당'에서 '정이품송 마당'으로 고쳤다. 아울러 '신미가 훈민정음 창제의 주역'이라는 말 대신, 훈민정음 보급에 중요한 역할을 한 것으로 구성하여 기존의 전시 내용을 대폭 수정했다. 이는 신미가 훈민정음 창제에 관여했다는 정황은 있으나, 직접적인 증거가 없기 때문으로 생각된다.

영화 〈나랏말싸미〉

　드디어 영화 〈나랏말싸미〉가 개봉되었다. 정말 궁금했던 터라 기왕이면 개봉 첫날 보고 싶었다. 오래전부터 언론에서 훈민정음 창제 과정을 그린 영화가 한글날 즈음하여 상영될 것이라고 홍보를 하는 바람에 일찌감치 알고 있었다. 세종대왕과 관련한 드라마에서 훈민정음 창제와 관련한 부분을 다룬 것은 있었지만, 이렇게 영화로, 그것도 한글 창제만을 주제로 상영하는 것은 내 기억으로 처음이다.

　나는 중학교 때부터 글을 쓰기 시작했다. 글 쓰는 것이 재미가 있어서 고등학교에 가서도 쭉 글을 썼는데, 무슨 대회에 나가면 거의 입상을 했다. 심지어는 군에 가서도 글을 썼다. 그때 무슨 부대 내 현상 공모에서 최우수상을 받아 푸짐한 상금에 휴가까지 얻은 적이 있다. 교단에 입문하고 나서는 몇 권의 책을 냈고, 문단에 정식으로 등단하여 지금은 문학적 글쓰기에 매진하고 있다.

　글을 쓰는 사람이라서 그런지는 몰라도, 어느 순간 우리글이 참 소중하다고 느꼈다. 아, 이 한글이 없었더라면 내 생각과 마음을 어떻게 쉽게 표현할 수 있을까? 옛날부터 우리 조상들은 한자를 썼으니 지금도 한자를 쓰고 있겠지, 아니면 영어를 그렇게 좋아하니 영어를 쓰고 있을지도 모르지, 하고 혼잣말로 뇌까렸다. 사실, 이 한글이란 말은 1910년대에 주시경 선생 때부터 쓰기 시작한 말이니 역사가 그리 오래되지 않았다. 정확하게는 훈민정음 또는 언문이라야 옳다.

그 훈민정음을 주제로 영화를 상영한다니 나에게는 관심이 가지 않을 수 없었다. 게다가 이제까지의 상식을 뒤엎는 이야기가 영화 줄거리로 소개되어 있었다. 바로 다음과 같은 충격적인 이야기다

문자와 지식을 권력으로 독점했던 시대, 모든 신하들의 반대를 무릅쓰고, 훈민정음을 창제했던 세종의 마지막 8년. 나라의 가장 고귀한 임금 '세종'과 가장 천한 신분인 스님 '신미'가 만나 백성을 위해 뜻을 모아 나라의 글자를 만들기 시작한다. 모두가 알고 있지만, 아무도 모르는 한글 창제의 숨겨진 이야기! 1443년, 불굴의 신념으로 한글을 만들었으나 역사에 기록되지 못한 그들의 이야기가 시작된다.

여기서 내가 주목하는 것은 승려 신미의 등장이다. 나라의 가장 고귀한 임금과 가장 천한 신분인 스님이 만나서 나라의 글자를 만든다? 그런데 그 이야기는 숨겨진 이야기이고 역사에 기록되지 못했다…. 솔직히 난 영화 줄거리를 인터넷에서 보고 눈을 의심하지 않을 수 없었다. 정말 신선하구나, 용기 있구나, 그러나 참으로 대단한 도전이구나, 하는 말을 혼잣말로 내뱉었다. 사실 속리산에 가서 신미대사 존영을 보고, 훈민정음 마당을 둘러본 이유도 이 영화를 보는 데 도움을 받기 위해서였다.

개봉 첫날, 아내와 함께 오전 시간대 상영분을 보러 갔다. 송강호,

박해일, 전미선 등 워낙 유명한 배우가 등장해서 그런지 개봉 첫날 예매율이 〈라이온 킹〉에 이어서 2위라는 뉴스가 떴다. 실제로 영화관에 들어서니 이른 오전인데도 빈자리가 거의 없었다. 순간, 흥행 예감이 들었다. 사실 영화가 상영되기까지 말도 탈도 많았다. 소송에 휘말리는가 하면, 소헌왕후 역을 맡은 배우 전미선이 갑자기 스스로 목숨을 끊는 슬픈 일까지 벌어졌다. 영화 줄거리만 보고 벌써 비판하는 사람도 있었다. 그런데 예매율이 높다니 참 다행이라고 생각했다.

영화는 진중하게 시작되었다. 오랜만에 보는 영화다. 난 꽉 막힌 공간에서 꽈리를 틀고 자막 보는 것이 힘들어 영화관을 잘 찾지 않는다. 또 자리가 없어 앞에서 보는 날이면 어지럼증에 시달려야 한다. 하여, 여간 관심이 있는 영화가 아니고는 영화관에 직접 가지 않는다. 그런데 이 〈나랏말싸미〉는 꼭 보아야 한다는 정언명령 같은 것이 의식 속에 박혀 있었다.

첫 자막에 이 영화는 훈민정음의 여러 가지 창제설 가운데 하나를 영화적으로 재구성했다고 밝혀 놓았다. 아, 그렇구나. 영화감독도 대중의 비판을 의식하고 있다는 것을 알아차렸다. 찰나에도 변화무쌍한 내 의식의 흐름이 얼음장처럼 차갑게, 산처럼 무겁게 고정되었다. 몰입 그 자체였다.

명대사에 꽂히다!

세종이 등장하면서 영화는 시작되었다. 시간이 흐를수록 스토리는 흥미진진했고 구성은 탄탄했다. 지금을 사는 우리에게 하고 싶은 질문을 아프게 콕콕 던지고 있었다. 세종과 신미는 오직 백성이 쉽게 쓸 수 있는 문자 만드는 일에 의기투합했다. 신미의 말이 화살처럼 날아와 가슴에 꽂혔다. 왜의 승려들이 궁궐에 와서 대장경을 요구하는 것을 보기 좋게 거절하는 장면이었다.

"밥은 빌어먹을 수 있어도 진리는 빌어먹을 수 없다."

우리 민족은 고려 때 대장경을 만들었다. 고려 현종 때 거란의 침입을 물리치고자 만든 초조대장경이 시초다. 몽고가 쳐들어왔을 때 부처님의 힘으로 국난을 극복하고자 만든 팔만대장경은 특히 유명하다. 이는 경남 합천 해인사에 보관되어 있는데 그 판전이 유네스코 세계 문화유산으로 등재되어 있다.

이 장면은 허구라고 한다. 실제로 조선왕조실록에는 왜의 승려가 대장경을 요구했다는 기사가 나온다. 그런데 그 시기가 세종 초기이다. 따라서 신미가 등장하는 시기와 맞지 않는다. 밥은 빌어먹을 수 있어도 진리는 빌어먹을 수 없다! 오랑캐인 거란도 대장경을 스스로의 힘으로 만들었는데 너희도 가지고 싶다면 스스로 만들어라! 정말 멋진 말이다.

명대사는 또 이어진다. 세종이 목욕을 하려고 탕에 앉아 있다. 이때 왕비 소헌왕후가 들어와서는 궁녀들을 물리치고 자신이 세종의 몸을 씻긴다. 그러면서 소헌왕후가 의미심장한 말을 던진다.

"장작과 걱정을 뜻하는 산스크리트어는 같다고 합니다. 장작은 죽은 사람의 몸을 태우고, 걱정은 산 사람의 마음을 태운다고 하네요."

훈민정음 창제에 골몰하고 있는 자신의 남편이자 임금인 세종을 위로하고 응원하는 말이다. 이 말을 듣는 순간, 십여 년 전 인도에 갔을 때가 생각났다.

나는 17일간 인도 배낭여행을 하고 있었는데 영혼이 흐르는 도시, 바라나시의 갠지스강에서 3일이나 머물렀던 적이 있다. 시도 때도 없이 시체가 강변으로 들것에 실려 오는데 너무도 충격적이었다. 시체는 아무렇지도 않게 장작더미에 올려졌다. 돈이 없는 사람들은 장작을 충분히 사지 못해 대충 얼기설기 쌓다 보니, 밑에 넣어진 시신의 팔다리가 밖으로 삐져나오는 일도 있었다. 나는 이런 장면을 온종일 지켜보았다. 그런데 이 장작과 걱정이 같은 말이라니…. 장작은 죽은 사람을 태우지만, 걱정은 산 사람을 태운다! 암만 생각해도 명대사다.

임금이 새로운 문자를 창제했다고 발표하니까 신하들이 벌떼처럼 들고 일어나 반대한다. 세종이 화를 내다 말고 마음을 가라앉히며 신하들을 향하여 일갈한다.

"나는 부처의 말도 진리라고 생각한다. 세상이 진리 때문에 망하지는 않는다. 서로 이단이라 삿대질하며 제 밥그릇만 챙기다 망하는

것이다."(세종)

"세상이 백 번 바뀌어도 흰 것은 희고, 검은 것은 검은 것입니다."(최만리, 집현전 부제학)

"공자가 부처를 만났대도, 이러진 않았을 것이다."(세종)

세종은 정말 열린 마음의 소유자였다. 무엇이든 포용하고 융합하려는 자세를 가지고 있었다. 억불숭유의 시대에 임금이 부처의 말도 진리라고 보고, 불교를 이단이라 삿대질하면 안 된다고 일침을 놓는다. 난 여기서 감동이 일어났다. 과연 이래서 세종을 성군이라고 하는가 보다.

역사에서도 밝히지 않았고, 지금의 우리에게 너무도 생소한 이름, 승려 신미! 영화는 신미와 세종과의 대화를 비중 있게 다루고 있었다. 그 중의 몇 가지 대사가 잔잔하게 다가왔다.

"나는 공자를 내려놓고 갈 테니 너는 부처를 내려놓고 와라."(세종)

"아니요, 나는 부처를 타고 가겠습니다. 주상은 공자를 타고 오십시오."(신미)

이 대사를 듣는 순간, 참 철학적이고 예지적이라고 생각했다. 억불숭유의 시대인 조선에서 세종은 유교를, 신미는 불교를 상징한다. 이 둘은 서로의 종교와 이념에 집착하는 한 만날 수 없다. 하여 다 내려놓고 훈민정음 창제 작업을 하자고 하는데, 신미는 오히려 부처와 공자를 타고 가자고 제안을 한다. 이 대사는 영화 초입에 나왔던 대사인데 영화가 끝나는 순간까지 영향을 미쳤다.

세종이 불교 경전 『능엄경』을 읽고 난 뒤에 수양대군, 안평대군이 있는 자리에서 신미와 의미심장한 대화를 나눈다.

"100년 전에 왕이 중에게 절을 하였습니다. 100년 뒤에는 누가 누구에게 절을 하겠습니까? 주인도 나그네도 없습니다. 주인 되어 떠나는

나그네가 있을 뿐."(신미)

"수양, 안평 신미를 스승으로 모셔라."(세종)

맞다. 100년 전이면 고려시대이다. 고려 때는 국사, 왕사제도가 있어 승려를 스승으로 모셨다. 하여, 임금도 승려에게 절을 하였다. 하기야, 지금도 태국이나 미얀마 등 남방 불교국가에서는 왕이나 대통령이라도 승려에게 깍듯이 예의를 차린다. 그런데 이 대화의 장면은 참혹한 억불숭유시대를 풍자한 것이다.

신미가 처음 궁궐에 들어와 세종을 처음 만나는 자리에서 신미는 그냥 앉는다. 그러자 세종이 왜 임금에게 절을 하지 않느냐고 묻자, 신미는 개가 절하는 거 보았느냐고 일갈한다. 승려가 개 취급을 당하고 있는데, 절을 대관절 왜 하느냐고 임금에게 따진 것이다. 그런데도 세종은 신미에게 뭔가 한 마디를 하고는 내버려둔다. 조금은 놀랐다. 사실, 영화니까 가능한 거지 어느 앞이라고 감히 따진다는 말인가?

백미는 100년 후의 이야기다. 그때는 누가 누구에게 절을 하겠느냐 하는 물음이다. 세상은 끊임없이 변한다. 조선이 역성혁명으로 세상을 바꾸자 일순간에 승려는 천민 신분으로 떨어졌다. 그러니 무엇을 믿고 장담하겠느냐고 역설한 것이다. 주인도 없고 나그네도 없고, 다만 주인 되어 떠나가는 나그네가 있을 뿐이다.

영화가 거의 끝나갔다. 소헌왕후가 죽고 장례를 다 치른 다음, 세종과 신미는 결론이라고 말할 수 있는 대화로 대미를 장식한다.

"30년 임금 생활 중에 딱 책 한 권 남겼구나."(세종)

"복숭아의 씨는 몇 개인지 알 수 있지만, 한 개의 씨에서 몇 개의 복숭아가 나올지는 아무도 모릅니다."(신미)

여기서 책 한 권은 『훈민정음』 해례본을 말한다. 500부 정도 찍었을 것이라고 하는데 정확하지는 않다. 감동을 주는 말은 복숭아씨 이야기다. 훈민정음을 창제하고 이를 사대부들에게 알리기 위해 책을 한 권 지었는데 여기에 신미는 큰 의미를 부여한다. 비록 책 한 권이지만 이 책이 씨가 되어 누구나 쉽게 문자를 배울 수 있고, 읽을 수 있게 되어 수천, 수만 권의 책을 펴내게 될 것이라고.

영화가 끝났다. 소헌왕후 전미선은 영화에서 죽었다. 그런데 실제로 영화가 상영되기 전에 벌써 이 세상 사람이 아니었다. 머리가 멍해졌다. 모든 것은 그런가 보다. 무상하다. 훈민정음, 즉 한글도 거의 죽었다가 살아났듯이 아름다운 배우 전미선도 한글과 함께 언젠가 다시 살아나리라.

신미는『훈민정음』해례본의 초안을 자신이 만들고도, 발행은 집현전 학사 이름으로 하라고 했다. 서문은 세종이 직접 쓴다. "나랏말씀이 중국에 달아…." 굳이 108자로 만든다. 이는 또 무슨 뜻인가? 그렇다. 그 따위 이름이 무언가? 중요한 것은 날로 쓰기 쉬운 천년의 문자를 만드는 일이다. 스마트폰 문자판을 두드리며 세계적인 문자 '한글'을 되새겨본다. 정말 고맙다. 세종 말대로 중국을 능가하고도 남는다.

역사 왜곡 논란

한글 창제를 다룬 영화 〈나랏말싸미〉는 나에게 엄청난 화두를 던졌다. 도대체 훈민정음이 어떻게 만들어졌다는 말인가? 정찬주의 소설 『천강에 비친 달』에서 주장한 것이 영화에 많이 반영되었다고 생각했다. 아마도 그 소설이 원본이 아닌가 하는 의문이 들 정도였다.

영화에 대한 반응이 궁금했다. 네이버에 들어가서 〈나랏말싸미〉를 검색해 보았다. 영화 포스터가 뜨면서 줄거리가 나오고 출연진, 관람객 평점, 리뷰 등이 보였다. 첫날 관람객 수는 2위였다. 와, 대단하다고 생각했다. 인터넷 화면을 밑으로 내리니 관람객들의 댓글이 쭉 달려 있었다. 영화에 대한 호평이 많을 줄 알았는데, 이건 큰 착각이었다. 많은 사람이 부정적인 댓글을 달아 놓았다. 한마디로 역사 왜곡이라는 것이다.

아니, 왜 역사 왜곡? 처음에 난 이해할 수가 없었다. 나도 좀 놀란 건 사실이지만 이렇게 볼 수도 있는 거 아니야? 영화 첫 화면에 여러 가지 한글 창제설 중 한 가지를 영화화했다고 하지 않았나. 스스로 논박과 질문을 던지면서 댓글을 꼼꼼히 읽어 보았다. 그러면서 나도 댓글을 달았다. 그냥 나의 솔직한 영화 소감문이라고 할까. 내용은 이렇다.

관심 있던 사람의 한 사람으로서 역사 왜곡 논란이 안타깝다. 훈민정음은 누가 뭐라 해도 세종의 작품이다. 하지만, 과연 혼자 만들었겠는가? 그 어려운 것을…. 이것이 영화의 모티브다.

영화적 상상력의 확대로 보면 좋겠다. 세종은 총감독으로 기획과 주도를 하고, 신미는 한글 비밀 프로젝트의 TF팀장 정도로 이해하면 좋겠다. 이 역시 직접적 증거는 없다. 실록을 유자들이 썼고, 신미를 간승으로 취급하였으므로.

이런 나의 댓글은 바로 찬반 논란으로 비화했다. 물론 많은 사람이 내 댓글에 동의했다. 그러나 생각이 다른 사람들도 많았다. 어떤 사람은 승려 신미의 등장 자체를 이해하지 못하겠다는 사람도 있었다. 심지어는 이 영화가 불교 홍보영화가 아니냐고 하면서 특정 종교를 폄훼까지 하고 있었다. 영화감독을 비판하면서 심한 욕설까지 내뱉고 있었다. 난도질 같은…. 뭐 이런 기분이었다. 이쯤 되니 아연실색하지 않을 수 없었다.

내 이야기를 잠깐 해 보겠다. 나는 교직에 있으면서 윤리 과목을 가르쳤다. 특히 '윤리와 사상'을 가르치다 보니 철학·종교 등을 공부하지 않을 수 없었다. 특히 불교사상이 어려웠다. 하여, 마음먹고 불교를 공부하기로 했다. 불교는 우리 민족에게 어떤 종교인가? 삼국시대부터 우리나라에 들어와 고려 때까지 국교나 다름없었다. 성리학의 나라, 조선에서도 억불은 했을지언정 사라지지는 않았다. 하여, 우리

문화 하면 불교를 떠올릴 수밖에 없고, 불교를 모르고서 우리 문화를 논한다는 것은 쉽지 않은 일이다.

불교를 공부해 보니 정말 대단한 종교였다. 종교(宗敎)란 무엇인가? '으뜸 되는 가르침'이란 뜻이다. 서양에서 말하는 종교(religion)와는 의미가 좀 다르다. 예를 들어, 기독교는 신을 매개로 하지만 불교는 그렇지 않다. 불교는 사상이요, 철학이요, 종교였다. 그 정도로 깊은 사유와 통찰의 가르침이었다. 그렇다고 서양에서 들어온 기독교가 훌륭하지 않다는 이야기가 아니다. 기독교는 우리나라에 들어와 근대화는 물론 교육과 의료 분야에 엄청난 기여를 하였다.

불교를 공부하다 보니, 그동안 붓다의 가르침과 교육을 연결하여 몇 권의 책을 내기도 했다. 그 중 『학교로 간 붓다』(시공사, 2002)는 그래도 히트작이다. 불교는 공부하면 할수록 깊은 묘미가 있었다. 결국은 절에도 나가게 되었고, 오계와 법명을 받아 정식으로 불자가 되었다. 사람의 일은 알 수 없다. 대학 시절에는 여자 친구의 권유로 교회를 다닌 적이 있다. 그때 성경을 관심 있게 읽었다. 특히, 구약의 시편, 욥기, 잠언 등이나 신약의 마태복음, 누가복음 등은 아직도 기억에 남아 있다.

다시, 영화 〈나랏말싸미〉에 대한 역사 왜곡 논란으로 돌아가 본다. 가만히 들여다보니 양비론이다. 비판하는 쪽과 옹호하는 쪽으로 극명하게 갈렸다. 비판은 비난과 심한 욕설까지 동원하여 평점 테러라 할 정도로 거셌다. 한편 옹호하는 쪽도 만만치 않았다. 비판을 수용하면서도 나름대로 근거를 제시하면서 차분히 대응했다. 결국, 관람객 수 100만도 채우지 못하고 영화는 내려지고, 평점은 6.75점(10점 만점)으로 마감되었다. 특기할 만한 일은, 비판하는 쪽에서 영화 상영을 금지하고 해외에 수출하지 말아 달라는 국민청원까지 청와대에 올렸다는 사실이다.

비판하는 쪽의 핵심은 두 가지다. 하나는 세종대왕에 대한 신성모독이고, 또 하나는 종교적 불편함이다. 세종은 우리에게 성군이다. 그 이유는 여러 가지가 있지만, 가장 큰 이유는 한글을 창제했기 때문이다. 그런데 한글 창제를 세종이 아니고 승려 신미가 주도했다고? 이건 말이 안 된다는 것이다. 그리고 한글은 독창적인 문자라고 알고 있는데, 뭐 산스크리트어, 파스파 문자 등에 영향을 받았다고? 이를 이해할 수 없다는 거였다.

또 하나의 비판은 종교적 불편함이다. 분명히 〈나랏말싸미〉가 종교 영화가 아니었음에도 불교가 아닌 다른 종교를 가진 분들에게는 편하지 않았나 보다. 승려가 등장하고 불상이 궁궐에 안치되고 장엄하게 법회가 열리는 장면 등이 심기를 건드렸는지 모른다.

서양에서 기독교가 들어오면서 구한말쯤 성경을 한글로 번역했다. 이것은 어찌 보면 죽어가던 한글을 다시 살린 역사적인 사건이다. 불교가 훈민정음 창제 후 각종 언해 사업을 통하여 한글을 보급하는 데 공을 세웠다면, 기독교는 쓰이지 않던 한글을 대중화하도록 만들었다. 어찌 보면 불교보다도 기독교가 한글을 되살린 일등 공신일지도 모른다. 그런데 그런 한글을 임금 세종이 아닌, 승려가 만들었다고 하니까 기분이 나빴을지도 모른다. 혹시, 승려가 아닌 유학자나 가톨릭 신부가 만들었다고 해도 그리 비난했을까?

반면, 옹호론도 만만치 않다. 위에서도 말했지만, 세종이 아무리 천재 군주라 해도 한글을 어떻게 혼자서 만들 수 있겠는가 하는 의문이다. 당시 동아시아에는 여러 소리 문자가 있었다. 영화에서도 나왔듯이 인도 문자인 산스크리트어, 몽고 문자였던 파스파 문자 등이 그것이다. 이를 참고하지 않았을 리가 없다. 당시 이에 해박한 전문가가 있었고, 그가 바로 학승 신미라고 보았다. 여러 정황으로 보아 신미가 한글 창제에 관여했을 가능성은 충분하다고 주장했다. 또 역사가 밝히지 못한 것을 영화적 상상력으로 채운 것을 시비하는 것 자체가 말이 되지 않는다고도 했다.

역사 왜곡 논란은 나에게 충격적이었다. 많은 생각을 하게 만들었다. 이렇게도 서로 다른 생각을 하는 사람이 많다는 것을 절감하는 순간이었다. 하여 나는 알아보기로 했다.

도대체 무얼까?

난 영화 〈나랏말싸미〉가 대박을 터트릴 줄 알았다. 이제까지 한글 창제를 직접 다룬 영화가 없었고, 송강호와 박해일 같은 국민 배우가 출연하였기 때문이다. 또 이 세상에 없는 전미선을 스크린에서 다시 보기 위해서라도 많은 사람이 극장을 찾을 줄 알았다. 그런데 예상은 빗나갔다. 그것도 아주 많이 빗나갔다.

왜일까? 물론 역사 왜곡 논란이 가장 큰 이유임은 틀림없다. 영화에 대한 부정적인 평가가 SNS(사회관계망서비스)를 통해 일파만파 퍼져나갔다. 그것은 네티즌들이 올리는 댓글이 주를 이루었다. 이들 중에서는 영화를 보지도 않고, 누군가 올려놓은 그럴 듯한 리뷰만 보고 덩달아 부정적인 여론을 형성하고 있었다. 과연 사이버 세계는 넓으면서도 좁았다. 혹자는 여름 휴가철이 시작되는 시점에 개봉한 것이 한 원인이라고 하는 사람도 있었으나, 그건 찻잔 속에 태풍일 정도다.

무엇일까? 나는 궁금해지기 시작했다. 궁금하면 어떻게든 알아봐야 직성이 풀리는 나로서는 견딜 수가 없었다. 도대체 훈민정음 창제는 어떻게 이루어졌다는 말인가? 신미대사가 정녕 훈민정음 창제를 주도했다는 말인가? 주도했다면 어느 정도까지 관여했다는 말인가? 신미, 그는 조선왕조실록에는 나오는 사람인가? 정찬주 작가의 그 소설 말고 이를 다룬 책이 또 있는가? 영화에서, 속리산 복천사에서 신미가 모음 11자를 만드는 장면이 나오는데, 복천사는 어떤 절인가? 이 영화는 어디까지가 진실이고, 어디까지가 허구인가? 의문은 꼬리에 꼬리를 물었다.

일단 인터넷 검색을 해 보기로 했다. 영화에 대한 평을 보기 위해 댓글에만 함몰되다 보니 정작 훈민정음, 한글 창제, 신미대사 등과 같은 핵심 개념에 대해서는 알아보지 못했다. 검색 창에 이들 단어를 입력하고 엔터를 치니, 그에 관련된 글들이 그물에 걸린 물고기처럼 줄줄 걸려 나왔다. 지식백과, 카페, 뉴스, 지식in, 블로그, 동영상, 포스트, 웹사이트 등의 순서로 나왔다.

그런데 신미대사 검색 내용은 좀 달랐다. 앞에서도 언급했지만 신미대사는 일찍부터 궁금했기에 자주 검색을 했었다. 그때는 이와 관련된 지식백과가 아예 없었던 것으로 기억된다. 카페나 블로그의 내용도 그리 많지가 않았다. 그런데 영화가 종영될 즈음 검색해 보니, 지식백과는 물론이고 다른 모든 것이 훨씬 풍부해졌다. 굳이 밝히자면 그 지식백과는 위키백과였다. '역사보기'를 클릭해 보니, 영화가 상영되는 시점에서 편집하기 시작하여 마지막 편집 시점이 몇 달 되지 않았다.

이로 보면, 인터넷상에서 신미대사의 실질적인 조명은 영화가 개봉되면서 시작되었다고 해도 그르지 않다. 신미대사가 나오는 이미지도 전과 다르게 매우 풍부해졌다. 역사 왜곡 논란으로 영화는 조기에 종영되었지만, 대중에게 끼친 영향은 대단했는가 보다. 신미대사의 존영부터 시작하여 세종대왕, 훈민정음 마당, 도서, 작가의 얼굴, 영화 장면 등이 다양하게 펼쳐져 있었다.

우선 책을 사기로 했다. 관련된 책을 클릭하니 훈민정음과 신미대사를 다룬 책이 꽤나 있었다. 책 중에 눈에 띄는 책이 있었다. 바로 박해진 작가가 쓴『훈민정음의 길: 혜각존자 신미평전』이라는 책이다. 무려 분량이 800쪽 가까이 되는 방대한 책이었다. 이 책을 제일 먼저 샀다. 도대체 무엇을 다루었기에 그렇게 쪽수가 많다는 말인가?

설레는 마음으로 두꺼운 책을 넘기기 시작했다. 딱 보기에 저자와 내가 비슷하다는 것을 느꼈다. 책머리에 이 책을 쓰게 된 동기를 밝혀 놓았다. 사연은 간단하다. 대웅보전 중창 불사 촬영 때문에 속리산 법주사에 오게 되었는데, 거기서 노보살의 이야기를 듣고 호기심을 가졌단다. 작가는 대학에서 국문학을 전공했고, 신춘문예에도 당선된 시인이었다. 그런데 특이하게도 고건축 사진작가이기도 하여 법주사 중창 불사에 오게 되었단다.

맞다. 바야흐로 2000년 대 초반이었다. 보물 915호인 법주사 대웅보전을 해체 보수하고 있었다. 당시 법주사를 자주 갔었기에 기억이 또렷하게 난다. 작가는 노보살에게 난생처음으로 신미대사의 한글 창제 관여 이야기를 들었단다. 여기에 지적 호기심이 발동하여 무려 12년 동안이나 전국으로 자료를 찾아 헤맸단다. 그 탐구심이 경탄할 만하다. 감히 나와 비슷하다고 한 것은, 뭔가 궁금하면 못 견디는 성정이 같을 거란 생각이 들었기 때문이다.

거의 한 달이나 걸려 이 책을 독파했다. 물론 정독은 아니었다. 관심이 가지 않는 부분은 뛰어넘었다. 그런데 도대체 책에서 손을 뗄 수가 없었다. 그만큼 흥미진진했다. 궁금했던 물음에 기다렸다는 듯이 답을 내놓고 있었다. 신미대사가 그렇게 알고 싶었는데 그 답답증이 일거에 풀렸다. 이 얼마나 고마운 일인가! 힘들게 찾은 지식을 그냥 앉아서 얻는 것 같아서 미안한 마음도 들었다. 작가는 뒤표지에 이렇게 적어 놓았다. 훈민정음은 세종과 신미가 피워 올린 우주의 꽃이라고! 그리고는 덧붙였다.

훈민정음 속에는 깨달은 이의 땀과 눈물과 고통이 녹아들어 있다. 훈민정음 창제 사실의 앞과 뒤가 은밀한 힘에 의해 잘려나가듯 혜각존자의 자취 또한 역사의 행간 속에서 홀연 사라졌다.

나는 작가의 탐구심도 대단하거니와 자료의 객관성을 확보하려는 노력에 감탄했다. 세상에, 화보가 124건이고 달린 주석이 1,374개나 되었다. 화보에는 신미대사를 추적하기 위해 달려가 촬영한 사찰, 역사적 자료, 보물, 언해본 등 진기한 사진이 많았다. 아마도 이 분이 사진작가였기에 가능했던 것으로 보인다. 그런데 더 놀란 것이 있다. 바로 책 끝에 적어 놓은 방대한 주석이다. 그냥 내용을 설명한 것이 아니라, 자기 생각이 아닌 것에는 반드시 근거를 밝혀 놓았다. 주석의 근거도 단순한 왕조실록이나 논문 등을 빼고는 아주 구체적이었다.

나는 이 책을 통해서 신미대사의 생애를 알 수 있었다. 이 책의 부제가 혜각존자 신미 평전이다. 따라서 작가의 개인적인 생각과 해석이 가미되어 있을 수 있다. 그러나 신미대사를 이렇게 정밀하게 밝혀 놓은 책은 사상 처음이다. 실제로 서평에서 많은 사람이 그렇게 평해 놓았다. 나는 이 책 외에도 며칠 상간으로 관련된 책을 샀다. 무려 삼시간에 20여 권의 책을 사는 기염을 토했다. 아마도 내가 학창 시절에 이렇게 지적 호기심을 갖고 공부했더라면 하버드대학보다도 더 좋은 대학에 갔을 것이다.

속리산 복천암

신미대사와 관련된 책들을 읽다 보니 궁금증은 더해 갔다. 영화가 괜히 나온 것이 아니라고 할 정도로 이미 많은 사람이 신미의 한글 창제 관여 주장을 하고 있었다. 어떤 학자는 몇 년 전에 한글 창제는 세종대왕 혼자서 한 것이 아니라고 주장했다가 몰매를 맞았다고 털어 놓기도 했다.

정찬주 작가의 소설 『천 강에 비친 달』을 다시 들춰보았다. 거기에 처음부터 속리산 복천사 이야기가 나왔다. 지금의 복천암은 그 당시 복천사로 불리었다. 알아보기로 했다. 몇몇 지인들에게 전화했다. 속리산 복천암에 가자고. 바로 의기투합이 되었다. 이 분들과 평소 교감이 있었기에 가능한 일이었다. 대부분 글을 쓰는 사람으로 영화 〈나랏말싸미〉를 직접 보았고, 무엇보다 한글 창제에 관심이 많은 분들이었다. 자동차 한 대로 속리산 복천암을 향해 내달았다.

더위가 한풀 꺾였는지 속리산으로 향하는 4차선 도로는 시원했다. 속리산 가는 길은 언제나 좋다. 속리산이 '속세를 떠난 산'이라는 뜻이 있어서 그런지는 몰라도, 속리산에 가면 왠지 일상의 찌든 때가 말끔히 씻어질 듯하다. 속리산 하면 먼저 법주사를 떠올린다. 그만큼 이 절이 역사가 깊기 때문이다. 가는 길 중간쯤이나 갈리는 길목마다 어김없이 법주사 표지판이 나온다. 하여 사람들은 법주사는 잘 알지만, 복천암은 잘 모른다. 현재는 그냥 법주사에 딸린 작은 암자일 뿐이기 때문이다.

속리산 입구에 이르렀다. 우리 일행은 마치 세종의 명을 받고 한글 창제나 하러 가는 것처럼 비장한 각오로 복천암에 어떻게 갈 것인가 상의했다. 영화 〈나랏말싸미〉에서 실제로는 복천암이 아니지만, 이곳에서 신미대사가 모음 11자 만드는 모습을 보여주기도 했다. 복천암은 법주사에서 3.2km나 떨어져 있다. 일행 중에는 걷기에 좀 불편한 분도 계시기에 자동차로 가기로 했다. 원래 자동차로 절 마당까지 가는 것은 어려운 일일 뿐 아니라 결례일 수도 있다.

하지만 우리는 정식 허락을 받고 자동차로 복천암까지 한달음에 내달았다. 아, 복천암…. 속리산 문장대를 오를 때 옆에 표지판이 있어 무슨 암자가 있는가 보다 하고 무심코 지나쳤던 곳이다. 그런데 신미대사가 주석했으며, 유명 소설의 주요 무대이자 최근에는 영화에까지 실명으로 등장한 암자라고 생각하니 완전히 달리 보였다. 무엇이든 그렇다. 중국 고전 『대학』에 나오는 "마음에 있지 않으면 보아도 보이지 않고, 들어도 들리지 않는다."라는 말이 떠오른다. 이 말은 앞에서도 언급했는데 딱 맞는 말이다. 평소에는 몰랐는데 마음속에 복천암이 있으니 비로소 보인 것이다.

복천암은 대한불교조계종 제5교구 본사인 법주사의 산내 암자다. 기록에 의하면, 720(성덕왕 19)년에 창건되었으나 창건주는 알 수 없다. 현재 암자의 본당인 극락전의 현판 '무량수(無量壽)'는 고려 공민왕의 친필이라고 한다. 이로 보면 매우 오랜 세월 생명을 이어온 암자이다. 세종 당시에는 암자가 아니라 복천사로서 사격을 유지했던 것으로 보인다.

복천암이 유명하게 된 것은 세조 덕분이다. 수양대군 시절부터 신미대사를 알게 된 세조는 복천암까지 직접 오게 된다. 앞에서도 말했지만, 세조는 신미대사에게 많이 의지하고 있었다. 어린 조카 단종을 몰아내고 왕위에 오른 세조는 슬픔과 시련을 겪는다. 즉위하고 얼마 되지 않아 맏아들인 의경세자(덕종)가 20세의 젊은 나이로 죽는가 하면, 꿈속에 단종의 어머니인 현덕왕후가 나타나 침을 뱉기도 한다. 피부병을 앓게 된 것은 이 침 때문이라고 생각했다.

세조는 복천암에 와서 신미가 주관하는 대설법회에 참여하며 3일

복천암 전경(여름)

동안 기도를 드린다. 기도를 마친 뒤 암자 길목의 목욕소에서 목욕을
하고 피부병이 나았다고 한다. 이에 감복한 세조는 절을 고쳐 짓게
하고, '만년보력(萬年寶曆)'이라는 사각옥판을 하사하기도 한다. 기록
에 의하면, 세조는 수양대군 시절부터 신미를 스승으로 여기고 있었
다. 임금이 되자 몸소 그 먼 곳인 속리산 복천암까지 찾은 것이다.

여기서, 잠깐 의문이 든다. 왜 세조는 여기까지 왔을까? 지체 높은
임금이 아무리 스승으로 여기는 승려라 해도 그를 보기 위해 행차를
한다는 것은 잘 이해가 되지 않는다. 게다가 당시 승려는 천민 신분이
었다. 기도가 목적이라면 다른 승려들을 궁궐로 불러서 내불당에서
기도를 하면 될 텐데, 왜 굳이 속리산 복천암까지 그 먼 길을 왔을까?
속리산이 명산이라고 소문이 나 있기 때문일지도 모른다. 그러나 한
양 인근에 명산은 얼마든지 있다.

여기에는 무언가 비밀이 숨어 있다. 바로 수양대군 시절부터 신미
와 한글 창제 작업을 함께 한 인연 때문이 아닐까? 석보상절과 월인천
강지곡 등을 훈민정음으로 지은 그 지극한 정성에 보답하고자 몸소
찾아온 것이 아닐까?

복천암 월성 스님

복천암 경내를 돌아보았다. 8월이라서 여름 더위가 아직 가시지 않았다. 속리산의 배꼽 자리, 기가 모이는 곳이라 그런지, 아니면 깎아지른 듯한 바위에 노송이 둘러싸여 있어 그런지 그래도 이곳만은 더위가 한풀 꺾인 듯하다. 복천선원 쪽으로 내려오다가 절의 스님을 만났다. 복천암 주지 스님이었다. 인사를 하고 명함을 내밀며 다짜고짜 말했다.

"스님, 영화 〈나랏말싸미〉를 보고 왔는데요, 혹시 월성 큰스님을 뵐 수 있겠습니까?"

"그래요, 오늘 다행히 계십니다. 이리 따라오십시오."

오매불망, 내가 그리던 큰스님을 뵐 수 있을 줄이야. 법주사에 오면 가끔 '복천암에 월성 큰스님이 계시는데 이 분은 늘 신미대사 이야기를 하고, 신미대사가 한글 창제에 깊이 관여했다고 주장하신다.'라는 이야기를 전설처럼 들었었다. 그 전설의 주인공을 이제 만나게 된 것이다.

큰스님은 복천암에서 제일 위쪽인 깎아지른 듯한 바위 앞에 있는 요사에 기거하고 계셨다. 지은 지 얼마 안 되는 아담한 한옥이었다. 입실 허락이 떨어지자, 우리 일행은 스님의 수행 장소인 비밀스러운 방에 발을 들여 놓을 수 있었다. 들어가자마자 큰 절을 세 번 올렸다. 이른바 큰스님께 올리는 삼배의 예이다. 아, 방에서 뭔가 알 수 없는 기운이 온몸을 싸고돈다. 하얀 한지로 발라진 창문으로는 노송의 그림자가 어른거린다. 매미 울음소리, 새소리, 물소리 등이 울창한 숲과 어우러져 시끄러움과 고요함이 혼재한다. 그러나 부드럽게 조화를 이룬다. 바로 이런 것을 일러 화엄의 세계, 선의 세계라고 하는가?

스님은 연세가 아흔은 훌쩍 넘었을 것이라고 들었다. 그런데 직접 뵈니 그럴 것 같지는 않았다. 앉거나 일어설 때 좀 불편해하실 뿐 정정하셨다. 영화 〈나랏말싸미〉를 보고 왔노라고 말하면서 바로 신미대사 이야기를 여쭈었다. 그랬더니 하얘진 노승의 눈매에 미소가 번지며 말씀을 시작했다.

"신미 스님은 저 영동 사람인데, 그 집안이 영의정을 지낸 분이 있을 정도로 명문가 자식입니다. 신미 스님은 4남 1녀 중 장남으로 태어났는데 집안이 좋아 조기 교육을 받았지요."

이렇게 시작된 이야기는 문답식으로 계속 이어졌다. 귀가 좀 안 좋으신지 질문을 알아듣지 못하는 일도 있었으나 이내 또박또박 대답을 해 주셨다. 요는 신미대사가 공부를 해 보니 모든 책이 한자 투성이라서 읽고 쓸 수가 없어서 뭔가 좋은 방법이 없을까, 하고 고심하다가 새로운 문자를 만들게 되었다는 것이다. 월성 스님은 한마디로 한글은 세종이 아니라 신미가 만든 것이라고 단언했다. 너무도 단호해서 얼른 받아들이기가 어려웠다. 잠깐 침묵이 흘렀다. 어디선가 목탁소리가 들린다. 아래에 있는 극락보전에서 기도가 시작되었는가 보다.

월성 스님이 일어서시더니 방에서 뭔가를 가지고 나오셨다. 꽤나 묵직한 서류 뭉치였다. 이걸 보라고 하면서 건네셨다. 보니 신미대사가 한글 창제에 깊이 관여했다는 여러 증거였다. 언론 보도부터 시작해서 한자로 되어 있는 여러 고서도 있었다. 그 중 '복천보장'이라고 하는 문서도 있었다. 아마도 복천암의 내력을 적은 사적 기록 같았다. 누군가 원본을 옮겨 적은 것으로 보이는데 한자를 바로 해석할 수가 없으니 답답할 뿐이었다. 월성 스님은 고서를 가리키며 이것이 신미대사가 한글 창제에 관여했다는 가장 확실한 증거라고 말했다.

서류를 보면서 다들 진지한 표정을 짓자 스님이 대뜸 차를 한 잔 하라고 한다. 아, 노스님이 타 주는 차라니! 우리가 한다고 해도 기어코 손수 물을 끓이고 저어서 타 주신다. 말차라고 했다. 이 차는 특히 남자의 정력에 좋다고 하시며 와중에 농담도 하셨다. 차를 마시면서 이제는 내가 여쭈었다.

"스님, 신미대사가 한글 창제를 하셨다고 말씀하시는데, 그렇다면 그런 사실이 조선왕조실록에 나와야 하지 않겠습니까?"

"그걸 유자들이 적을 리가 있나. 다 없앴지. 그 없앤 흔적이 다 남아 있어요. 조선은 불교를 억압했어요. 유자의 나라를 만들려고 했지요."

스님은 그러고는 아무 말씀도 하지 않으셨다. 우리도 더는 질문을 할 수가 없었다. 평생을 오로지 신미대사에만 몰두한 스님 앞에서 더 무엇을 말할 수 있겠는가? 스님께 인사를 드리고 밖을 나오니 앞이 탁 트인 산하가 시원하다. 잠깐 생각에 잠긴다. 신미대사는 어디에 있었을까? 이 도량 어디를 거닐었을까? 그 흔적을 어디에서 찾을 수 있을까?

오백 년이 훌쩍 지난 지금 대사의 자취는 온데간데없다. 그래 맞다. 저기 부도가 있다고 했다. 그리로 가보자.

수암화상 부도

인사를 하고 나오는 우리 일행에게 월성 스님은 저쪽 산 위에 신미 대사 부도가 있으니 꼭 보고 가라고 당부했다. 그러잖아도 가보려고 했었다. 여기까지 와서 신미대사의 유일한 흔적이라고 할 수 있는 부도를 뵙지 않는 것은 말이 안 되는 것이었다.

부도란 보통 승려의 사리나 유골을 안치한 탑을 말한다. 쉽게 말해 승려의 무덤이다. 승려들은 죽으면 화장을 한다. 이것을 '다비'라고 한다. 다비를 하고 나면 사리나 유골이 남는다. 이것을 수습해서 탑을 만들어 유골함에 안치한다. 보통 부도는 돌로 만드는데 그 정교함이 이루 말할 수 없다. 특히 우리나라의 부도가 그렇다. 인도에서는 부도 를 스투파(stupa)라고 하는데 보통 부처의 사리를 모셔 놓은 탑을 말한 다. 부도라는 말은 이 스투파에서 왔다고도 한다. 인도의 스투파는 거대하기는 하나 정교하지는 않다. 그런데 우리나라에 남아 있는 부 도는 그 조각 수준이 예술 작품에 비견할 만하다. 그리하여 대부분이 국보나 보물로 지정되어 있다.

이 정도의 상식은 갖고 있었다. 워낙 불교문화에 관심을 두고 공부하다 보니 부도가 왜 만들어졌고 그 쓰임은 무엇인지 알고 있었다. 과연 신미대사의 부도는 어떻게 생겼을까? 내가 그렇게 자랑스럽게 여기는 한글 창제에 이바지했다고 하는데, 그분은 어떻게 부도로 남아 있을까? 한국인이라면 누구나 한글을 사랑할 것이다. 나는 이상하게도 우리글 한글에 관심이 많았다. 처음부터 그런 것은 아니지만 글을 쓰면서부터 더욱 한글 사랑이 깊어진 것 같다. 만일 한글이 없었더라면 어찌 되었을까? 지금 어떤 문자를 쓰고 있을까? 이런 질문을 하다 보면 가끔 아찔해질 때가 있다.

신미대사 부도는 복천암에서 동쪽으로 한참이나 산길을 돌아서 가야 했다. 복천선원 앞으로 나오니 왼쪽으로 철제 계단이 보인다. 계단이 굽이굽이 놓여 있으나 경사는 심하지 않은 것 같다. 마음을 차분히 하며 계단을 하나하나 오르기 시작했다. 한 20여 분 시간이 흘렀을까. 뭔가 보였다. 봉우리 정상쯤에 우거진 소나무 숲이 나타났다. 조금 더 올라가니, 빗자루 자욱이 선명한 정갈한 마당이 펼쳐졌다. 사방으로 아름드리 소나무가 사열하듯 마당을 굽어보고 있었다. 두 개의 부도 탑이 우뚝 서 있다. 이 감격을…. 순간 가슴이 뭉클하고 코가 시큰해졌다. 아, 신미대사여!

신미대사 부도 올라가는 길

신미대사 부도

신미대사와 학조대사의 부도가 나란히 서 있었다. 학조는 신미의 수제자이다. 영화에서 세종과 함께 자음을 만들기 위해 입을 벌리고 발음을 하는 장면이 떠올랐다. 영화에 의하면 학조도 핵심 역할을 했다. 조성 시기가 달라서인지 부도의 형태가 좀 다르다. 신미대사의 부도가 더 단순하다. 그러나 무게가 있다.

안내 표지판을 보니, 부도 이름을 '보은 법주사 수암화상탑'이라고 적어 놓았다. 국가 관리 문화재인 보물 제1416호로 지정되어 있었다. 아니, 그런데 수암화상탑? 신미대사탑이 아니고? 내심 놀랐다. 알고 보니 수암은 신미의 또 다른 이름이었다. 다시 말해 신미대사의 법호였다. 훌륭한 스님일수록 부르는 이름이 많다. 신미는 법명이고, 수암은 그의 호였다. 일반인들도 호를 지어서 부르는데 스님이 법호를 가지는 것은 어쩌면 당연할지 모른다. 또 화상(和尙)은 무얼까? 이는 수행을 많이 한 스님을 높여 부르는 호칭이다. 시대가 흐르면서 화상의 의미가 변질하여 사람을 얕잡아 부른 호칭이 되기도 했다.

부도 안내 표지판에는 다음과 같은 내용이 적혀 있었다.

수암화상탑은 조선 전기의 고승 혜각존자 신미대사(1403~1480)의 승탑이다. 신미대사는 세종의 훈민정음 창제 작업에도 깊이 관여하였다고 알려져 있으며, 훈민정음 창제 이후 불경 국역 작업을 주도하였다.

와, 놀랍다. 영화가 나오기 전에, 아니 정찬주 작가의 소설이 나오기도 전에 그의 부도는 이렇게 있었고, 한글 관련 업적도 밝혀져 있었다. 나만 모르고 있었다. 그럼, 이런 사실을 알고 여기를 찾아온 사람은 얼마나 될까.

옷매무시를 가다듬고 신미대사의 부도에 다가가 허리를 숙여 삼배의 예를 올렸다. 그리고는 한참이나 멍하니 서 있었다. 얼마나 세월이 흐른 걸까? 훈민정음 창제가 1443년에 이루어졌으니, 지금으로부터 576년 전의 일을 나는 떠올리고 있다. 신미대사가 1480년에 입적했다고 하니 이 부도는 그때부터 539년이 흘렀다. 아, 그 수많은 세월에 비가 오고, 눈이 내리고, 바람이 불었겠지. 사계절이 피었다가 지면서 사방에서 새소리 끊이지 않았겠지. 한여름 계곡 물소리 시원하게 들리면 잠시나마 시름을 놓았겠지…. 부도에는 세월의 흔적이 역력했다. 지붕엔 이끼가 흐르고 유골함 같은 원형 돌은 비바람에 씻겼는지 오히려 뽀얗다.

어찌 된 걸까? 그 흔한 탑비가 없다. 국보나 보물로 지정된 부도에는 어김없이 탑비가 있는 것이 상식이다. 네이버에 부도를 검색해 보니, 이 수암화상탑은 전국의 문화재로 지정된 부도 중에 몇 안 되는 중요한 부도 탑으로 인정되고 있었다. 그런데 탑비가 없다? 암만 봐도 이상하다. 왜일까? 짐작이 간다. 신미는 말년에 유자들에 의해 엄청난 탄압을 받았다. 따라서 복천사의 사세도 기울었을 것이다. 신미가 입적하자 제자들이 간신히 장례(다비)를 치르고 부도는 만들었으나, 탑비는 만들지 못했을 것이다. 설령 탑비를 만들었어도 그의 업적을 기록하지도 못했을 것이다.

같이 올라온 일행은 쭉 살펴보더니 복천암 쪽으로 다시 내려갔다. 나만 우두커니 서서 생각에 잠겼다. 신미대사가 참 안 돼 보였다. 만일 정말 한글 창제에 조금이라도 관여했다면 이 얼마나 위대한 일인가? 그런데 탑비 하나 없이 이렇게 외로이 소나무 우거진, 이 작은 산봉우리에 서 있어야 하는가?

나는 다가가 부도를 부둥켜안았다. 원형의 돌은 내 안에 쏙 들어왔다. 마치 신미대사의 영혼이 내 안으로 들어오는 듯하다. 이윽고 대사의 음성이 들린다. 내가 먼저 여쭈었다.

"대사님, 정령 세종대왕과 함께 훈민정음 창제에 관여한 것이 맞습니까?"

"그럼, 맞고 말고."

"그런데 어찌 기록 한 쪼가리 남기지 않았습니까?"

"어허, 이 사람 보게. 내가 훈민정음 창제에 관여한 것을 알면 유자들이 가만히 있었겠나. 하여, 내 이름을 밝히지 말라고 했어. 그것이 내가 살고, 세종대왕도 살고, 훈민정음도 사는 길이었기 때문이지."

신미대사는 더 아무 말이 없었다.

그 책, 『훈민정음』 해례본

속리산 복천암을 다녀온 후 마음이 편안해졌다. 평생 신미대사 연구에 몰두한 큰스님을 직접 뵈었고, 정말 존재를 몰랐던 신미대사의 수암화상 부도도 참배했으니 이런 영광이 어디 있겠는가. 다음으로 궁금한 것은 영화에서 세종이 평생 책 한 권 남겼다고 했던 그 책, 『훈민정음』 해례본이었다. 이 책은 무엇일까?

인터넷 쇼핑몰인 쿠팡에서 '훈민정음'을 검색하니 여러 가지 책이 떴다. 책 종류도 참 많았다. 그 중에 김슬옹 박사가 쓴 『훈민정음 해례본 입체 강독본』이 눈에 띄었다. 상세 설명을 보니, 도움이 될 것 같아 제일 먼저 샀다. 로켓 배송으로 바로 다음 날 집에 도착했는데 책이 자못 두꺼웠다. 와, 세상에 이런 책도 있었나. 나만 모르는 세상이 참 많은 것 같다. '훈민정음, 훈민정음' 하고 말만 들었지 그것이 정말 무엇인지 알기나 했는가 말이다. 아니, 알려고도 하지 않았다. 글 쓰는 사람으로서 부끄러운 일이다.

말로만 듣던 그 『훈민정음』 해례본! 아득한 학창 시절 희미한 기억으로 남아 있는 그 책! 만일 이 책이 발견되지 않았다면 한글 창제의 원리는 미궁 속에 빠져들 뻔했다. 서울 광화문 앞에 세종대왕 동상이 있는데, 대왕이 왼손에 들고 있는 책이 바로 이『훈민정음』해례본이었다.

이 책은 1940년, 문화재 수집가인 간송 전형필 선생이 당대 천재 국문학자인 김태준으로부터 얘기를 듣고, 곧장 발견자인 이용준에게 달려가 매입하여 세상에 알려지게 되었다. 이 책은 경북 안동시 와룡면 어느 고택에서 발견되었는데, 간송 선생은 요구하는 금액인 천원의 10배를 주고 사들였다고 한다. 그 당시 기와집 한 채가 천 원이었다고 한다. 간송 선생은 기와집 열 채 값인 만 원을 주고 이 책을 산 셈이다. 정말 대단한 분이다.

간송 전형필 선생은 누구인가? 선생은 1906년 종로 4가에서 태어났다. 당시 우리나라 최고의 부잣집에서 태어났지만, 절대 호의호식하지 않았다고 한다. 젊은 시절에 늘 여름에는 삼베 저고리, 겨울에는 흰 두루마기 옷만을 입었다고 한다. 그때는 일제 치하였다. 그런 와중에도 명문 휘문고등보통학교와 일본 와세다대학교까지 졸업했다. 1940년 8월 보성학교를 인수했고, 광복 후에는 보성중학교 교장을 1년간 역임했다.

간송 선생은 1962년 사망하기까지 평생을 우리의 국보급 문화재를 수집하고 보존하는 데 힘썼다. 일제로부터 한국의 아름다운 미와 혼을 지키려 애썼다. 특히 간송 선생과 관련된 훈민정음 이야기는 유명하다. 일제 치하에서 한글은 고사 위기에 있었다. 다행히『훈민정음』언해본은 18세기에 이미 발견되었으나,『훈민정음』해례본은 아직 찾지 못했다. 일제는 어딘가에 있을 해례본을 찾느라 혈안이 되어 있었다. 찾아서 없애려고 한 것이 분명하다.

이런 상황에서 해례본은 안동에서 극적으로 발견되었고, 이의 소중한 가치를 간파한 간송 선생은 바로 매입했다. 그것도 비밀리에 거금을 주고 말이다. 아직 일제 치하이니 꽁꽁 보관했다가 광복이 되자 전문가의 검증을 거쳐 세상에 공개했다. 마치 극적인 드라마를 보는 것 같다. 6.25 한국전쟁이 발발하자 간송 선생은 이 해례본을 가슴에 품고 다녔으며, 잠을 잘 때는 머리맡에 두고 잤다고 한다.

『훈민정음』 해례본은 문자인 훈민정음을 한문으로 해설한 책이라 하여 붙인 이름이다. 원래 책 이름은 훈민정음이다. 그러니까 훈민정음 하면 두 가지 의미를 동시에 가진다고 봐야 한다. 하나는 문자로서의 훈민정음, 또 하나는 책으로서의 훈민정음이다. 이『훈민정음』 해례본은 1962년에 국보 제70호로, 1997년에 유네스코 세계기록유산으로 등재되었다.

내용은 총 3부(예의, 해례, 정인지 서문)로서 33장, 66쪽으로 되어 있다. 편으로 나누면, 정음편과 정음해례편으로 구성되어 있다. 제1부는 4장 7쪽(빈 면까지 8쪽)으로 훈민정음 본문을, 제2부는 26장 51쪽(겹치는 쪽 제외)으로 해례를, 제3부는 3장 6쪽(겹치는 쪽까지 7쪽)으로 정인지 서문을 실었다. 마지막에 정통 11(1446)년 9월 상한(上澣)이라 적시되어 있다. 그것은 세종실록에 언급된 사실과 정확히 일치한다. 예의 부분에 세종의 서문이 있는데 글자 수가 모두 54자(108의 절반)이다. 또 자음이 17자, 모음이 11자로 모두 28자이다.

『훈민정음』 언해본은 현존하는 월인석보 권1에 실려 있는데, "나랏 말싸미 중국에 달아…"로 시작하는 바로 그 내용이다. 이 한글 언해의 글자 수도 정확하게 108자이다. 참 이상한 일이다. 어찌하여 불가의 신성한 법수인 3, 28, 33, 108 등의 숫자로 맞추어져 있을까? 그냥 우연일까? 아니면 기획되고 의도된 걸까? 이 중 28, 33은 불교의 우주관을 나타내는 하늘의 숫자다. 하여, 지금도 사찰에서는 아침에 28번, 저녁에 33번 종을 친다.

신미대사의 훈민정음 창제 관여는 여기서 궁금증을 자아낸다. 실제로 그의 친동생인 집현전 학사 김수온이 쓴 『식우집』권2 「복천사기」에 세종이 신미를 불렀다는 내용이 나온다고 한다. 도대체 무엇이란 말인가? 영화에서 말했듯이, 신미를 보호하기 위해 실록에 아예 넣지 않은 걸까? 아니면 사대부들이 승려라 하여 이름을 아예 빼 버린 걸까? 해례본 작성도 신미대사가 자문해서 만들었다고 영화는 말한다. 정황상 그럴 법도 하다. 도대체, 이 무엇이란 말인가?

김슬옹 박사가 쓴 책인 『훈민정음 해례본 입체 강독본』은 나에게 많은 정보를 주었다. 다양한 교육용 강독본이라고 할 수 있다. 책은 해례본 쪽별 활자 재현본, 한문본 문장 단위 구성본, 현대어 번역본, 영역·한국어역 대조본 등 총 14장에 걸쳐 입체적으로 해례본을 보여 주고 있었다. 책 끝에는 원본인 간송본을 토대로 복간본과 사진본을 부록으로 해 놓았는가 하면, 언해본까지 제시해 놓았다.

나는 이 책을 보면서 훈민정음에 대하여 본격적으로 공부하기 시작

훈민정음 해례본(복간본)

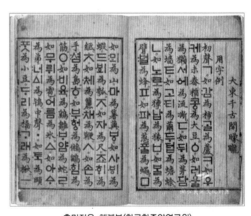

훈민정음 해례본(한국학중앙연구원)

했다. 사람을 만날 때마다 책을 보여주며 지적 호기심을 자극했다.
실제로 여러 모임에서 이 책을 소개하기도 했다.

한글 창제는 왜 비밀에 부쳤을까?

세종대왕, 그는 누구인가? 우리가 늘 쓰는 만원 지폐에 근엄한 얼굴로 들어앉아 있는 인물이다. 누구나 존경하는 성군이며 세종이 들어간 지명, 건물, 대학 등이 수도 없이 많다. 세종시, 세종로, 세종대왕기념관, 세종대왕박물관, 세종문화회관, 세종대학교, 세종캠퍼스, 세종백일장 등 그 수를 헤아릴 수 없을 정도다. 조선의 다른 왕들은 잘 모르지만, 세종대왕은 누구나 알며 해마다 탄신일에 각종 기념사업을 벌인다. 또 세종은 다른 왕들과 다르게 뒤에 반드시 대왕을 붙여 높여 부른다.

세종대왕은 자가 원정(元正)이고, 시호는 장헌(莊憲)이다. 1397(태조 6)년에 태어나 1450년에 사망한다. 조선왕조의 제4대 임금으로서 그 재위 기간이 32년에 달한다. 이름은 이도이고, 태종의 셋째 아들이며, 어머니는 원경왕후 민씨이다. 세종의 비는 심온의 딸 소헌왕후이다. 세종의 업적은 유교 정치의 기틀을 마련하는 등 일일이 열거하기가 어려울 정도로 많다. 그 중 단연 으뜸은 훈민정음 창제라고 아니할

수 없다. 세종을 성군이라고 여기는 이유는 순전히 여기에 있다고
해도 그르지 않을 것이다.

훈민정음 창제! 생각만 해도 실로 엄청난 일이다. 세종이 1418년
8월 10일 태종의 선위를 받아 약관 정도의 나이에 왕위에 오른다.
1418년이면 조선이 개국한 지 겨우 26년밖에 되지 않은 시기다. 아버
지 태종이 반대 세력과 외척을 물리치면서 왕권을 강화한 후 보위를
물려주었지만, 아직 많은 부분이 자리를 잡지 못한 상태였다. 이런
상황에서 새로운 문자를 만들려고 했다? 정말 놀라운 생각이 아닐
수 없다. 세종이 만일 이때 훈민정음을 창제하지 않았다면, 그 후 과연
누가 새로운 문자를 만들 생각을 했을까? 암만 생각해도 그건 불가능
했을 것 같다. 세종만큼 애민정신으로 충만한 왕이 그 후로는 나타나
지 않았기 때문이다.

그런데 세종은 그 중차대한 문자 만드는 일을 비밀리에 진행했다고
한다. 나는 이 말이 과연 사실일까 하고 반신반의했다. 구입한 책들을
읽어 보니 한결같이 그렇게 언급하고 있었다. 영화 〈나랏말싸미〉에서
도 신하들 모르게 구중궁궐의 아녀자들만 드나드는 곳에서 창제 작업
이 이루어졌다. 물론 그의 가족과 신미 등과 같은 학승들이 함께했다.
조선왕조실록을 찾아보니 훈민정음 창제 사실을 밝혀 놓은 기사가
있다. 바로 세종실록 1443년 12월 30일자 기사다. 그런데 참 놀랍다.
기사 전문의 한자 수가 달랑 57자다. 이 기사 말고 앞의 창제 과정이나
후의 사정을 기록한 기사는 없었다. 이것 때문에 학자들은 훈민정음
창제는 비밀리에 진행된 프로젝트라고 주장했다.

도대체 왜 그랬을까? 세종은 절대 지존의 임금인데 그 중요한 문자
만드는 일을 신하들과 상의하지 않고 왜 비밀로 진행했을까? 잘 믿어
지지 않는다. 그게 사실이라면 얼마나 외로운 작업이었을까? 더 큰

의문이 있다. 과연 문자를 혼자의 힘으로 만들었을까? 공부를 자꾸 해 보니, 훈민정음 창제에 관한 여러 설이 있었다. 무려 10가지는 되는 것 같았다. 요즘은 세종대왕 단독 창제설이 정설로 되어 있었다. 이제 까지 나는 세종대왕이 집현전 학사들과 함께 만들었다고 알고 있었는 데 그게 아니었다.

나름대로 결론을 지었다. 왜 한글 창제는 비밀에 부쳤을까? 세종은 유교 정치의 새로운 기틀을 마련하면서 새로운 문자를 만들고 싶었 다. 우리말은 있지만, 중국의 문자인 한자로 적을 수가 없고, 한자는 너무 어려워서 백성들이 읽을 수가 없었다. 세종은 그 어느 왕보다 백성을 사랑하는 마음이 지극하였기에 세상에서 가장 쉽고, 가장 아 름다운 문자를 만들고 싶어 했다.

그런데 신하들이 반대할 것이 뻔했다. 사대부들은 이른바 모화사상 에 젖어 중국 명나라를 섬기고 있었다. 성리학을 국시로 삼은 것도 그 때문이었다. 사대부들에게 한자는 그 자체로 권력이요 기득권이었 다. 아무리 왕이라도 새로운 문자를 만들어 혹여 중국의 미움을 사는 것은 인정할 수 없는 일이었다. 세종은 이를 미리 알고 훈민정음 창제 를 비밀리에 진행할 수밖에 없었다.

나름대로 이렇게 생각하자니 어느 정도 이해가 갔다. 그러나 여전 히 의문은 남았다. 그렇다면 세종은 어떻게 그 어려운 문자를 만들었 을까? 과연 혼자서? 누가 도와준 사람은 없을까?

2부 훈민정음을 공부하다

광화문광장에 가다!

요즘은 휴대폰 시대다. 잠시라도 휴대폰이 없으면 불안할 정도다. 휴대폰이 얼마나 스마트한지 웬만한 문제는 다 해결해 준다. 하여 스마트폰이라고 한다. 스마트폰이란 무선 인터넷 접속이 가능한 휴대 전화를 말한다. 터치가 가능하며 별도의 운용체계를 갖고 있다. 예를 들어, 뭔가 생각하다가 궁금한 것이 생겼다. 스마트폰이 바로 해결해 준다. 네이버에 들어가 검색을 하면 바로 알려준다. 이렇게 편한 도구가 어디에 있는가?

늘 휴대폰을 갖고 다닌다. 궁금한 것은 죄다 휴대폰 네이버에 물어본다. 아니면 유튜브 영상을 뒤진다. 심지어는 운전하다가 신호 대기 중에도 휴대폰을 본다. 이쯤 되면 휴대폰 중독에 가깝다. 그런데 좋은 점이 있다. 바로 좋은 지식과 정보를 얻을 수 있다는 점이다. 또 페이스북을 한다. 어떤 사람은 페이스북이 개인의 사적인 정보가 노출된다고 꺼리는데 서로 소통할 수 있어 참 좋다.

『훈민정음』 해례본 강의가 있다는 것은 바로 이 페이스북을 통해서 알았다. SNS인 페이스북은 정말이지 세상을 연결하는 촘촘한 그물망이다. 어느 날 페이스북 앱을 누르고 들어갔는데 『훈민정음 해례본 입체 강독본』 강의 안내가 떴다. 아, 그 책…. 벌써 난 이 책을 사서 읽고 있지 않았던가? 이 책을 저자가 직접 강의를 해 준다고? 혼자 공부하려면 너무 어려운데 잘 됐다 싶은 생각이 들었다. 길을 헤매던 차에 무슨 귀인이 나타나 바른길을 찾아줄 것만 같았다.

그런데 장소가 서울이다. 아, 서울까지, 그것도 8주간이나! 망설여졌다. 여기 시골인 충북 진천 광혜원에서 서울을 어떻게 가지? 그림을 그려 보았다. 쉽지 않았다. 매주 목요일 저녁 7시 강의에 맞추려면 학교에 조퇴를 내고 청주로 간다. 그리고는 차를 터미널 환승주차장에 주차한 다음, 버스를 타고 서울에 도착해서 다시 지하철을 타고 광화문으로 간다? 순간 머리가 복잡해졌다.

그러나 나는 바로 강의 신청을 해 버리고 말았다. 이것저것 생각하다가는 기회를 놓칠 것만 같았다. 강의료는 그렇게 비싸지 않았고 내가 좀 수고로우면 되는 일이었다. 국어국문학을 전공한 것도 아니고, 그렇다고 국어 선생님 출신도 아닌 내가 『훈민정음』 해례본을 배우고 싶은 것은 순전히 호기심 때문이었다. 그 궁금증을 먼저 해결한 다음 신미대사를 공부해도 늦지 않다고 생각했다.

8주간의 강의 중 첫째 날이 되었다. 나는 설레는 마음으로 학교에 조퇴 내고 서울로 향했다. 승용차는 청주에 두고 고속버스에 몸을 실었다. 오랜만의 서울행이다. 대한민국의 수도인 서울은 특별한 일이나 있어야 올라가는 곳이었다. 서울 고속버스터미널에 도착하여 부랴부랴 3호선 지하철을 갈아탔다. 광화문에 가려면 경복궁역에서 내려야 한다. 한강이 보이는 옥수역을 지나 종로로 향했다. 종로는 인사동과 대한불교조계종의 총본산인 조계사가 있고, 북촌 한옥 마을과 경복궁이 있는 유서 깊은 곳이 아닌가? 또 대통령 관저인 청와대가 있는 곳이기도 하다.

경복궁역에서 내려 6번 출구로 나왔다. 와, 광화문광장이다. 정말 오랜만이다. 이것 참, 이 도령이 춘향이를 남원골에 두고 한양 과거 시험 보러 온 것도 아니고…. 난 여기에 왜 왔다는 말인가? 평소에 눈여겨보지 않았던 세종대왕 동상이 먼저 눈에 띈다. 긴 건널목을 건너 광장으로 걸어 들어갔다. 세종대왕이 늠름하게 높은 단에 앉아 계신다. 어? 정말 왼손에 뭔가 책을 들고 있다. 저 책이 바로『훈민정음』해례본? 그렇구나. 인제야 내 두 눈으로 똑바로 확인하는 순간이었다.

나는 세종대왕 동상 앞에 나아가 두 손을 모으고 고개를 숙여 예를 표했다. 기단을 둘러보니 세종대왕과 관련된 글귀가 새겨져 있었다.

세종대왕 동상(광화문광장)

특히 동상 앞에는 제단처럼 된 검은색의 상석이 있었는데, 여기에 그 유명한 훈민정음 서문이 정교하게 음각되어 있었다. 한글날이면 어김없이 듣던 '나랏말싸미 중국에 달아…'라는 세종어제훈민정음이다. 위에는 15세기 표기로, 아래에는 현대어로 되어 있었다.

동상 주변에는 혼천의, 측우기, 앙부일구 등 세종 시대에 만든 과학 발명품을 전시해 놓았다. 동상 후면 기단에는 세종 이야기 전시관으로 가는 지하 통로가 있었다. 난 광화문광장에 세종대왕 동상 말고 지하에 전시관이 있다는 것은 이때 처음 알았다. 시간을 보니 벌써 저녁 6시가 넘어서 지하 전시관을 보는 것은 불가능했다.

다시 정면으로 와서 세종대왕을 바라보았다. 아, 세계적인 문자 한글 혁명을 이룩한 대왕이시여. 왕의 위엄보다는 따스함이 느껴진다. 한 손에는 책을 들고 또 다른 손은 백성들을 다독이는 듯한 모습이 늘 그리던 성군으로 다가온다. 조선 4대 임금인 세종을 누가 보았기에 저리 근엄하면서도 온화한 얼굴로 그려냈는가? 그것은 너무도 훌륭한 업적을 이룩했고, 우리 역사에 전무후무한 대왕이기에 온 국민의 마음속에 있는 공통의 그림을 단박에 끄집어낸 것일지도 모른다.

광화문광장은 시간을 내서 다시 또 오기로 하고, 서둘러 해례본 강의하는 곳을 찾아 나섰다. 벌써 해는 져서 저녁 어스름이 내리고, 거리에는 낙엽이 이리저리 뒹굴고 있었다.

훈민정음 OX 28 퀴즈

오랜만에 혼자 광화문 거리에 오니 어디가 어딘지 모르겠다. 헷갈린다. 가족과 함께, 혹은 학생들과 함께 체험학습을 온 기억은 있는데 안내된 강의 장소를 찾으려 하니 헤맬 수밖에 없었다. 내가 가는 곳은 한글학회 건물이 있는 신문로 빌딩이다. 앗, 대충 짐작하고 무작정 올라갔으나 찾는 곳은 나오지 않고 고층 빌딩만 즐비하다. 오히려 경사진 고갯길에 터널과 맞닿았다. 아뿔싸, 싸늘한 가을바람에 땀이 난다.

어쩔 수 없이 강의 안내자에게 전화를 했다. 안내자는 길을 잘못 들어섰으니 서울지방경찰청 정문 쪽으로 오라고 했다. 세상에, 서울지방경찰청이 여기에 있는지도 이때 처음 알았다. 여기에는 고교 친구가 고위직으로 근무하는 곳이 아닌가! 무슨 외국의 거리도 아닌데 서울이 이렇게 낯설게 느껴질 줄이야. 안내자가 미리 경찰청 정문에서 기다리고 있었다. 몇 번 통화한 끝에 겨우 만나 안내해 준 덕분에 강의 장소에 도착할 수 있었다.

강의 첫 시간. 강사는 페이스북이나 유튜브 동영상 강의에서 보았던 김슬옹 박사다. 앞에서 언급한 책 『훈민정음 해례본 입체 강독본』의 저자이기도 하다. 힘들게 상경하여 저자를 직접 만나니 반가웠다. 난 이 분에 대하여 인터넷을 통해 익히 알고 있었다. 정말 유명한 분이었다. 고등학교 때부터 우리의 글, 한글을 매우 사랑하여 동아리 활동을 했고, 집안 사정으로 국립철도고등학교에 입학했다. 한글학도의 꿈을 잊지 못해 철도공무원을 그만두고, 서울 명문대학 국어국문학과에 진학한 분이었다. 심지어 부모님이 지어준 이름이 따로 있는데 순 한글로 개명까지 하였다. '슬옹'이란 '슬기롭고 옹골차다.'의 첫 글자를 딴 것이란다. 대학 다닐 때 '써클'이라는 말이 유행했는데 이를 한글로 순화하여 '동아리'로 바꾼 장본인이 바로 이 분이다.

무엇보다 내가 이 분을 존경하는 이유는 우리나라에서 몇 안 되는 훈민정음 전공 박사이면서, 『훈민정음』 해례본의 원본을 직접 보고 이를 최초로 해설한 학자라는 점이다. 우리나라에는 대학에 재직하고 있는 많은 국어학 전공 교수님이 계신다. 그런데 대학에 적을 두고 있지 않은 학자가 이 일을 해낸 것이다. 정말 대단한 일이다. 재야학자가 해내서가 아니라, 어려운 일을 해냈기에 대단하다고 하는 것이다. 이런 분은 벌써 대학 강단에 서서 훈민정음학을 가르쳤어야 했다.

수강자가 나 말고 다섯 명이 더 있었다. 아기자기했다. 꼭 30대 초반에 대학원 강의를 듣는 듯했다. 서로 인사를 하고 자기소개를 했다. 보니 출판사 대표, 학교 선생님, 중국어 전공을 하신 분, 그냥 우리 한글의 뿌리를 알고 싶은 분 등 다양했다. 한 가지 공통점은 모두가 『훈민정음』 해례본이 궁금한 분들이었다. 특히 교직에 있는 사람은 나를 포함하여 세 분이었다. 두 분은 중학교에서 국어를 가르치는 선생님이었고, 나는 현직 교장이었다. 구성이 참 좋았다.

소개하는 시간이 끝나고, 바로 OX 퀴즈를 풀겠다고 하면서 문제가 적힌 종이 한 장을 나누어 주었다. 제목이 '훈민정음 해례본 강좌 제10기 개강 기념 OX 28문제'라고 되어 있었다. 왜, 하필이면 28문제? 20, 25, 더 많으면 30문제일 수도 있는데…. 바로 그거였다. 처음 훈민정음을 만들 때 문자 수가 28자였기 때문이다. 와, 근데 문제가 장난이 아니다. 함정이 곳곳에 숨어 있었다.

예를 들어, 1번 문제는 "세종이 우리말을 만들어 '훈민정음' 또는 '언문'이라 불렀다."이다. 이는 맞을까, 틀릴까? 언뜻 보면 맞는 것 같다. 그러나 틀렸다. 세종은 우리말이 아니라 우리글을 만든 것이다. 우리말은 훈민정음이 탄생하기 전, 그 전에도 있었다. 또 2번 문제, "한글을 창제한 사실을 세종이 처음 알린 날은 1443년 12월(음력) 30일이다."는 어떨까? 이것도 틀렸다. 왜일까? 조선왕조실록을 보았어도 틀리기 쉽다. 왜냐하면, 12월 30일은 기사를 실록에 올린 날짜이지, 한글 창제일을 말한 것이 아니기 때문이다. 한글은 이달 중에 창제했다고 했다. 따라서 12월 어느 날에 했다는 뜻이다. 이것 참… 왜 그랬을까? 그 중요한 훈민정음 창제 사실을 왜 이렇게 뭉뚱그려서 애매하게 발표했을까?

OX 퀴즈는 계속되었다. 그동안 뭔가 공부를 했다고 생각했는데 여간 어려운 것이 아니었다. 퀴즈가 학습동기를 충분히 유발하고도 남았다. 쭉 이어지다가 중간쯤 15번에서 신미대사가 나왔다. 눈에 번쩍 띄었다. 문제는 이러했다. "실록 기록으로 보면 신미대사는 『훈민정음』 보급 공로자이지 창제 공로자는 아니다." 이건 '맞다'고 했다. 내가 질문했다. 어떻게 그렇게 단정 지을 수 있느냐고. 박사님은 바로 답을 주었다. '실록 기록으로 보면' 그렇다고 했다. 뭔가 여지를 남기는 듯한 인상을 주었다.

17번 문제는 더 흥미로웠다. "북한의 조선글날(훈민정음 기념일)은 1월 15일이고, '한글'이란 명칭은 북한에도 쓴다." 이건 맞을까, 틀릴까? 정답은 X이다. 왜 그럴까? 북한은 훈민정음 창제일을 기념하고 있단다. 실록에서 이달 중, 즉 12월 중에 한글을 창제했다고 했으니, 이를 양력으로 돌리면 1월이고 그의 딱 중간을 정하다 보니 1월 15일이 된 것이다. 또 북한은 한글이란 말을 매우 싫어한다고 한다. 하여 조선글, 우리글이라고 부른단다. 이쯤 되니 너무도 많은 공부가 되었다.

세종어제훈민정음(청농 문관효 글씨)

훈민정음해례본 공부 교재

훈민정음 비밀코드

OX 퀴즈는 계속되었다. 갈수록 재미있고 호기심을 자아냈다. 학교 수업도 이렇게 하면 참 좋겠다는 생각을 했다. 그런데 25번 문제에 가서 놀라고 말았다. "『훈민정음』 해례본에서 세종대왕이 직접 저술한 정음편의 단순 한자 수가 108자이고, 언해본의 세종 서문 번역 글자 수도 108자이다."라는 문제다. 맞을까, 틀릴까? 대부분의 문제가 X인데 이건 O라고 했다.

아니, '나랏말싸미 중국에 달아'로 시작하는 세종어제 서문이 108자인 것은 알고 있었지만, 정음편의 한자 갈래 수까지 108자라고? 정말 놀라지 않을 수 없었다. 세상에 이럴 수가! 김슬옹 박사는 『훈민정음』 책자를 보여주면서 정음편이 여기까지인데, 중복되는 한자를 빼고 모두 세어 보았더니 정확히 108자라고 했다. 우연일까, 아니면 고도의 전략으로 한자 갈래 수를 108개로 맞춘 걸까? 그럼 왜 굳이 108로 맞추었을까? 훈민정음 학자 김슬옹 박사가 확인한 바에 의하면 이는 다음 표와 같다.

『훈민정음』 해례본 정음편 한자 갈래 수와 언해본의 세종 서문 글자 수 배열표

<table>
<tr><th>갈래</th><th>훈민정음 서문(세종)</th><th>글자 수</th></tr>
<tr><td>해례본
정음편
(1446)</td><td>
<table>
<tr><td>1</td><td>2</td><td>3</td><td>4</td><td>5</td><td>6</td><td>7</td><td>8</td><td>9</td></tr>
<tr><td>訓(1)</td><td>字(37)</td><td>終(3)</td><td>新(1)</td><td>用(3)</td><td>快(1)</td><td>齒(4)</td><td>穰(2)</td><td>成(1)</td></tr>
<tr><td>10</td><td>11</td><td>12</td><td>13</td><td>14</td><td>15</td><td>16</td><td>17</td><td>18</td></tr>
<tr><td>民(2)</td><td>不(2)</td><td>得(1)</td><td>制(1)</td><td>耳(1)</td><td>業(2)</td><td>即(2)</td><td>復(1)</td><td>左(1)</td></tr>
<tr><td>19</td><td>20</td><td>21</td><td>22</td><td>23</td><td>24</td><td>25</td><td>26</td><td>27</td></tr>
<tr><td>正(1)</td><td>相(1)</td><td>伸(1)</td><td>二(2)</td><td>矣(1)</td><td>舌(4)</td><td>慈(1)</td><td>連(1)</td><td>加(2)</td></tr>
<tr><td>28</td><td>29</td><td>30</td><td>31</td><td>32</td><td>33</td><td>34</td><td>35</td><td>36</td></tr>
<tr><td>音(22)</td><td>流(1)</td><td>其(1)</td><td>十(1)</td><td>牙(3)</td><td>斗(1)</td><td>侵(2)</td><td>下(2)</td><td>一(1)</td></tr>
<tr><td>37</td><td>38</td><td>39</td><td>40</td><td>41</td><td>42</td><td>43</td><td>44</td><td>45</td></tr>
<tr><td>國(2)</td><td>通(1)</td><td>情(1)</td><td>八(1)</td><td>如(34)</td><td>覃(2)</td><td>戌(2)</td><td>則(5)</td><td>點(2)</td></tr>
<tr><td>46</td><td>47</td><td>48</td><td>49</td><td>50</td><td>51</td><td>52</td><td>53</td><td>54</td></tr>
<tr><td>之(3)</td><td>故(1)</td><td>者(1)</td><td>使(1)</td><td>君(2)</td><td>呑(2)</td><td>邪(1)</td><td>輕(1)</td><td>去(1)</td></tr>
<tr><td>55</td><td>56</td><td>57</td><td>58</td><td>59</td><td>60</td><td>61</td><td>62</td><td>63</td></tr>
<tr><td>語(1)</td><td>愚(1)</td><td>多(1)</td><td>人(2)</td><td>初(26)</td><td>那(1)</td><td>喉(3)</td><td>合(2)</td><td>上(1)</td></tr>
<tr><td>64</td><td>65</td><td>66</td><td>67</td><td>68</td><td>69</td><td>70</td><td>71</td><td>72</td></tr>
<tr><td>異(1)</td><td>有(1)</td><td>予(1)</td><td>易(1)</td><td>發(23)</td><td>脣(5)</td><td>挹(1)</td><td>同(2)</td><td>無(1)</td></tr>
<tr><td>73</td><td>74</td><td>75</td><td>76</td><td>77</td><td>78</td><td>79</td><td>80</td><td>81</td></tr>
<tr><td>乎(1)</td><td>所(1)</td><td>爲(2)</td><td>習(1)</td><td>聲(43)</td><td>彆(2)</td><td>虛(1)</td><td>附(2)</td><td>平(1)</td></tr>
<tr><td>82</td><td>83</td><td>84</td><td>85</td><td>86</td><td>87</td><td>88</td><td>89</td><td>90</td></tr>
<tr><td>中(12)</td><td>欲(4)</td><td>此(1)</td><td>便(1)</td><td>並(7)</td><td>步(1)</td><td>洪(2)</td><td>右(1)</td><td>入(1)</td></tr>
<tr><td>91</td><td>92</td><td>93</td><td>94</td><td>95</td><td>96</td><td>97</td><td>98</td><td>99</td></tr>
<tr><td>與(1)</td><td>言(1)</td><td>憫(1)</td><td>於(2)</td><td>書(10)</td><td>漂(1)</td><td>半(2)</td><td>凡(1)</td><td>促(1)</td></tr>
<tr><td>100</td><td>101</td><td>102</td><td>103</td><td>104</td><td>105</td><td>106</td><td>107</td><td>108</td></tr>
<tr><td>文(1)</td><td>而(3)</td><td>然(1)</td><td>日(1)</td><td>虯(1)</td><td>彌(1)</td><td>閭(1)</td><td>必(1)</td><td>急(1)</td></tr>
</table>
</td><td>108</td></tr>
<tr><td>언해본
(1459)</td><td>나·랏 : 말ᄊᆞ·미 中듕國·귁·에 달·아 文문字·ᄍᆞᆼ·와·로 서르 ᄉᆞᄆᆞᆺ·디 아·니ᄒᆞᆯ·ᄊᆡ ·이런 젼·ᄎᆞ·로 어·린 百·ᄇᆡᆨ姓·셩·이 니르·고·져 ·홇 ·배 이·셔·도 ᄆᆞ·ᄎᆞᆷ : 내 제 ·ᄠᅳ·들 시·러 펴·디 :몯ᄒᆞᇙ ·노·미 하·니·라. ·내 ·이·ᄅᆞᆯ 爲·윙·ᄒᆞ·야 :어엿·비 너·겨 ·새·로 ·스·믈여·듧 字·ᄍᆞᆼ·ᄅᆞᆯ ᄆᆡᇰ·ᄀᆞ노·니 :사ᄅᆞᆷ : 마·다 :ᄒᆡ·ᅇᅧ :수·ᄫᅵ 니·겨 ·날·로 ·ᄡᅮ·메 便뼌安한·킈 ᄒᆞ·고·져 ᄒᆞᇙ ᄯᆞᄅᆞ·미니·라.</td><td>108</td></tr>
</table>

*김슬옹(2019), 『한글교양』, 아카넷, 47쪽.
*괄호는 빈도 수

난 순간, 훈민정음에는 비밀코드가 있다는 것을 직감했다. 아니, 왜 하필이면 108이야? 세종이 일부러 그랬을까? 왜, 왜? 이건 다빈치 코드가 아니라 분명 훈민정음 코드다. 왜 이런 비밀의 수를 숨겨 놓았을까? 의문은 더욱 증폭되었다. 앞의 퀴즈에서 나온 숫자를 다시 살펴

보았다. 18번 문제에서 『훈민정음』 해례본의 장수는 표지 빼고 33장이라고 했다. 33장? 여기서 33이라는 숫자는 또 무엇인가? 가만히 보니 새로 만든 문자 수는 자음 17자, 모음 11자 모두 28자다.

28, 33이라는 숫자는 불교에서 하늘을 상징하는 숫자다. 불교에서는 우주를 삼천대천세계라고 한다. 그만큼 사람이 사는 세상만 있는 것이 아니고, 생각할 수 없을 정도의 광대무변한 우주가 펼쳐져 있다는 뜻이다. 여기서 늘 언급되는 하늘의 숫자가 28, 33천이다. 불교를 조금이라도 공부해 본 사람이라면 금방 알 수 있는 내용이다. 이는 불교의 세계관으로 굳어져 있다.

불교에서 28천이란 욕계 6천, 색계 18천, 무색계 4천으로 이루어진 하늘 세계를 말한다. 이를 '삼계'라고 한다. 중생은 미혹하여 윤회하게 되는데 좋은 업을 지어 하늘나라로 갈 수 있다. 그렇다고 완전히 윤회를 벗어나는 것은 아니다. 하늘나라에 가서도 나쁜 짓을 하면 다시 윤회한다. 욕계는 욕심이 많은 중생이 가는 곳이고, 색계는 욕심은 사라졌으나 아직 성내는 마음이 남아 있는 중생이 가는 곳이다. 무색계는 욕심과 성냄이 다 사라졌지만, 아직은 '나'라는 아집이 남아 있는 중생이 가는 곳이다. 수준으로 보면 무색계가 제일 좋은 하늘나라다.

이처럼 삼계 28천은 입체적인 공간뿐 아니라 정신적인 세계까지 포함하고 있다. 중생의 어리석음과 수행의 깊이에 따라 수준을 구분한 것이다. 특히 선종이 발달하였던 우리나라와 중국에서는 삼계를 선정의 체험세계를 표현한 것으로 생각하였고, 이와 같은 삼계는 반드시 뛰어넘어야 할 정신적인 영역으로 여겼다. 다시 말하면, 욕계는 관능과 감각의 세계, 색계는 관능은 뛰어넘었지만 아직은 형태에 관한 생각이 남아 있는 세계, 무색계는 모든 형태를 초월한 순수이념의 세계라고 할 수 있다.

다음으로 33천이란 무얼까? 위의 28천 중 욕계 6천이 있는데 그 중에 제2천인 도리천을 말한다. 이 도리천은 사방으로 8개의 성이 있고, 중앙에 선견천이라는 하늘 궁전이 있다. 이 궁전에는 인드라신이라는 제석천이 있는데 이 신이 모든 성을 지배한다. 사방으로 8개의 성이 있으니 32개가 되고, 중앙에 선견천과 합하여 33개가 된다. 이를 통틀어 33천이라고 부른다. 도리(忉利)란 33이란 인도말을 한자로 음사한 것이다.

『훈민정음』 해례본의 장수가 33이고, 거기에 나오는 자음과 모음의 수가 28이라는 것은 정말 특이하다. 어떻게 불교의 법수와 딱 일치하는지 놀라지 않을 수 없다. 지금도 사찰에서는 새벽과 저녁에 예불을 올린다. 그때 빠지지 않고 하는 것이 사물(법고, 운판, 목어, 범종)을 치는 의식이다. 그 중에 범종이 가장 나중에 울리는데 새벽에는 28번을, 저녁에는 33번을 친다. 이것은 바로 불교의 세계관에 따른 것이다. 새벽에 28번을 치는 이유는 하늘나라 28천에 있는 대중에게 날이 밝아 오니 부처님의 도량으로 모이라는 뜻이고, 저녁에 33번을 치는 이유는 도리천인 33천의 하늘 문을 여닫으면서 모든 중생이 진리를 깨닫기를 염원하는 것이다.

훈민정음에는 상형 기본자가 있다. 자음은 5자이지만, 모음은 3자(ㆍ, ㅡ, ㅣ)이다. 여기서 주목할 것은 모음이다. 사실 『훈민정음』 해례본에는 자음이나 모음이란 말이 없다. 해례본에 나오는 말로 하면 중성이다. 이는 주역의 천지인 3재(하늘·땅·사람)를 본떠서 만들었다고 하는데, 불교에서도 3은 성스러운 숫자이다. 삼보라고 하여 불·법·승을 말할 때 3이 쓰이고, 삼계인 욕계·색계·무색계를 말할 때 3이 쓰인다. 그 외에도 삼독, 삼학, 삼법인, 삼악도, 삼세인과 등과 같이 3이란 숫자는 두루두루 쓰인다. 하여 불교에서는 3이란 숫자를 성스럽게 여긴다.

108이란 숫자는 또 어떠한가? 『훈민정음』 해례본에서 어제 서문을
한자 54자(108의 절반)로, 언해본에서는 108자로 했다. 왜 그랬을까?
108 하면 백팔번뇌가 떠오른다. 108번 절하는 백팔배도 있다. 출가하
여 수행을 하는 이유는 이 백팔번뇌를 해결하기 위해서다. 108이란
숫자는 일반적으로 6가지 감각 기관(6근: 안이비설신의/눈·귀·코·혀·몸·
뜻)이 6가지 대상(6경: 색성향미촉법/물질·소리·냄새·맛·감촉·생각)을 만
나 인식작용을 일으킬 때 생기는 번뇌를 통틀어 말한다. 6가지 감각이
6가지 경계를 만날 때 세 가지 반응(좋다, 나쁘다, 좋지도 나쁘지도 않다)
으로 나타난다(6경×3=18).

예를 들어, 눈으로 물질을 볼 때, 이건 좋다, 나쁘다, 그저 그렇다
등으로 반응한다. 또 이런 반응에 따라 각각 즐겁다, 괴롭다, 즐겁지
도 괴롭지도 않다 등의 느낌으로 나타난다(6식×3=18). 이렇게 계산해
보면 36가지의 느낌이 생긴다. 이를 삼세(전생, 현생, 내생)인 3으로
곱하면 108이라는 숫자가 된다. 번뇌는 현재만 일어나지 않고 과거

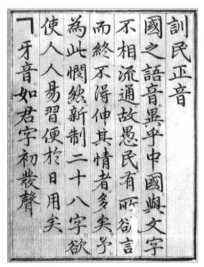

훈민정음 해례본 세종 서문

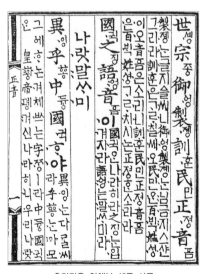

훈민정음 언해본 세종 서문

와 미래까지 걸쳐 있다는 것이다. 이렇게 보면 불교는 정말 생각의 무한 변신을 담고 있다. 종교이면서도 철학이요, 그냥 다가오는 생활 인문학이다.

나의 가장 큰 관심사는 세종대왕이 만들었다는 훈민정음에 왜 이런 비밀 숫자, 즉 비밀코드가 숨겨져 있느냐 하는 것이다. 조선왕조실록을 다 뒤져보아도 신미대사가 한글 창제에 관여하였다는 기록은 없다. 그런데 『훈민정음』 해례본과 언해본에는 곳곳에 불교의 법수를 박아 놓았다.

2시간의 강의가 끝나갈 무렵, 나는 훈민정음 전문가인 김슬옹 박사에게 질문했다. 이를 어떻게 해석해야 하느냐고. 그랬더니, 그는 이것은 우연이 아니라 충분히 기획되고 의도된 것이라고 말했다. 아, 이 무어란 말인가?

수레바퀴 인문여행

어느 날 페이스북을 보다가 눈에 번쩍 띄는 것이 있었다. 수레바퀴 인문여행! 제목도 마음에 들거니와 프로그램을 보니 더욱 다가왔다. 바로 신미대사의 자취를 찾아서 가는 답사 여행이었다. 알고 보니, 이를 주관하는 분은 이미 알고 있던 분이었다. 충북 역사에 관하여 해박한 지식을 소유한 김양식 박사였다. 몇 년 전 충북연구원 부설 충북학연구소 소장까지 역임했다.

나는 바로 참가 신청을 했다. 국립공원 속리산 법주사와 복천암 일대를 둘러보는 1박 2일 코스였다. 숙소는 그 유명한 비로산장이었다. 이 비로산장은 문장대로 올라가서 경업대를 거쳐 내려올 때 이제 다 왔구나, 하고 마음을 놓는 곳에 있는 아담한 산장이다. 하여 마음이 더 끌렸는지 모르겠다. 산장에서 자면서 신미대사에 대하여 토론을 한다? 정말 멋진 프로그램이라고 생각했다.

8월 하순이라서 아직은 더위가 가시지 않았지만, 아침저녁으로 제법 서늘한 기운이 스미는 때였다. 배낭을 꾸리고 속리산으로 향했다.

영화 〈나랏말싸미〉를 보기 전에도 갔다 왔는데, 그때와는 상황이 좀 달랐다. 영화를 보기 전에는 주로 신미대사에 대한 막연한 궁금증만 가지고 있었는데, 지금은 수많은 자료를 뒤지고, 책을 읽고 나름대로 생각을 무장한 채 속리산을 찾은 것이다. 그러니 모든 것이 달리 보였다.

김양식 박사는 역사학자로서 법주사에 대하여 나름대로 많은 공부를 한 후 우리에게 해설해 주었다. 나도 법주사는 수없이 와 보았고, 학생들과 함께 산사 체험까지 여러 번 해 본 터라 익숙한 절인데, 해설을 들어보니 아는 것보다 모르는 것이 더 많았다. 이런, 이런…. 예를 들어, 법주사 금강문 들어가기 전에 왼쪽으로 마애불이 있는데, 존재는 알고 있었지만, 그렇게 깊은 뜻이 있었는지 몰랐다.

법주사를 다 둘러보고 난 후 일행에게 전격 제안했다. 신미대사 존영이 저 진영각에 모셔져 있는데 뵙고 가는 게 어떻겠냐고. 답사 주제가 '신미대사의 자취를 찾아서'이니 마다할 리가 없었다. 그런데 답사를 안내하고 있던 김양식 박사는 깜짝 놀랐다. 사실 존영이 여기에 있었는지 몰랐다고 했다. 진영각은 저번에 내가 법주사에 와서 헤맨 곳이다. 신미대사의 존영을 찾지 못해 얼마나 진땀을 흘렸는가 말이다. 이유는 당시 신미가 혜각존자라는 별칭으로 불린다는 것을 몰랐던 소치였다.

진영각에 들어서자마자 나는 일행에게 신미대사 존영을 가리키며, 바로 이 분이 혜각존자라고 말했다. 사람들은 모두 놀라워했다. 왜 놀랍지 않겠는가. 역사에 꼭꼭 숨겨진, 역사가 밝히지 않은 인물을 이제야 보니…. 훈민정음 창제와 보급에 엄청난 역할을 했다고 하는데 우리는 정작 모르고 있었으니! 우리는 진영각 마룻바닥에 가부좌를 틀고 앉아 잠시 명상을 했다. 참 편안했다. 잠깐이나마 내면의 세계로 침잠하는 행복한 시간이었다.

진영각 참배를 끝으로 법주사 답사를 마치고, 이제는 비로산장으로 향했다. 비로산장! 1965년 문을 연 후 지금까지 등산객들의 정겨운 숙소이자, 혹여 다친 사람이 있으면 아낌없이 자리를 내준 곳이란다. 특히 정·재계 인사들이 많이 찾아와 명성을 얻기도 했다고 하는데…. 앞에서도 말했지만, 천하절경의 문장대에 점을 찍고 천왕봉을 보면서 경업대로 내려오다 보면 어김없이 맞닥뜨리는 곳이 비로산장이다. 난 무심코 지나쳤었다. 늘 보면 사람들이 와서 진을 치고 있었다. 지금 그 유서 깊은 비로산장을 가고 있다.

세심정까지 차를 타고 올라왔다. 이건 비로산장에서 1박을 하므로 국립공원 측에서 특별히 배려해 준 덕분이었다. 세심정에서 짐을 내리고 각자 먹을거리를 양손에 들고 어깨에 짊어지고 비로산장까지 갔다. 맑은 계곡이 이어진다. 시원한 물소리가 심장을 뻥 뚫는다. 거기에다 폐부 깊숙이 스미어오는 솔잎 향기, 새소리, 바람 소리…. 야, 기분 좋다. 정말 좋다.

산장에 도착해서 땀을 씻고 여기저기 둘러보았다. 건물을 보니 한 1970년대 정도에 지은 것 같은데, 토담집 같기도 하고 나무집 같기도 하다. 참 오래된 건 틀림없어 보인다. 이방 저방을 보는데, 앗, 이게 무언가? '대도무문(大道無門)'이라는 붓글씨가 쓰여 있는 액자가 걸려 있다. 참 많이 보았던 글귀다. 일필휘지가 힘이 있어 보인다. 들어보니 1988년 김영삼 전 대통령이 이 산장을 찾았는데 그때 써 준 거란다. 그러니까 대통령 되기 전에 한참 민주화 운동할 때 여기를 찾은 모양이었다. 산장 주인장은 김영삼 전 대통령 외에도 수많은 시인 묵객이 찾아왔으며, 여기서 고시 공부를 하여 판검사가 된 사람도 부지기수라고 은근히 자랑했다.

프로그램에 따라 수레바퀴 인문여행은 정점을 향했다. 바로 빔 프로젝트로 야외에서 〈나랏말싸미〉 영화를 보는 것이었다. 그것도 속세를 떠난 속리산 깊은 계곡에서 말이다. 이 얼마나 아름다운 일인가! 밤이 깊어지니 날씨가 싸늘했다. 옆에 물이 흘러서 더 그런가 싶었다. 폐쇄된 영화관에서 보는 것과는 너무도 달랐다. 고요한 밤에 하늘과 별이 어우러진 자연 영화라고 할까. 여름 하늬바람이 들려주는 꿈의 영화라고 할까. 바로 고개 넘어 복천암에 머물렀던 신미대사가 영화에 등장하니, 오백여 년 전 인물을 현장 스크린에 소환한 느낌이 들었다.

영화를 다 보고 난 후 우리는 열띤 토론을 벌였다. 우선 김양식 박사는 조선왕조실록에 나오는 신미대사 관련 자료를 소개하면서 나름대로 설명했다. 이어서 나에게 이를 반박하라고 하면서 발표 기회를 주었다. 좀 쑥스럽지만, 그동안 공부한 내용을 토대로 나름대로 주장을 폈다. 그러니까 역사학자인 김양식 박사는 객관적인 입장에서 냉정하게 있는 그대로를 설명했고, 나는 거기에 상상과 추론을 더해 반박 주장을 편 셈이다.

질문과 답변이 이어지면서 결국은 역사 왜곡 논란에 관심이 쏠렸다. 과연 이 영화가 역사 왜곡을 했다고 보는가? 다행히 대부분이 이게 어째서 역사 왜곡이냐고 반문했다. 나로서는 천군만마를 얻은 듯 힘이 솟았다. 그러면서 우리 사회가 지닌 그 지긋지긋한 진영논리를 타박하기 시작했다. 그렇다. 나도 말하고 싶었던 거였다. 내 편이 아니면 다 적이다. 내 맘에 들면 맞는 것이고, 아니면 틀린 것이다. 무엇이 가치 있고 올바른 것인지 따지지 않는다. 다만 내 편과 네 편으로 갈리어 물고 뜯을 뿐이다. 사색당파 싸움이 그랬고, 동물 국회가 그랬다. 이런 처절한 진영 싸움은 지금도 진행 중이다. 어느 분이 심각한 표정으로 말했다.

"이건 역사 왜곡이 아니라 다양성으로 보아야 하지 않겠습니까? 그러니까 영화도 여러 가지 가능성 중의 하나…. 결국 포용성의 문제입니다. 나와 다른 것도 받아들일 수 있는 그런 포용성 말입니다. 진영논리에 갇히다 보니 무조건 반대하는 것이지요. 참 안타까운 일입니다."

이 명쾌하고도 당당한 일침에 아무도 말하지 않았다. 다만 침묵하면서 고개를 끄덕일 뿐이었다. 밤이 깊어 가면서 물소리는 더욱 커졌다. 속리산 비로산장 계곡에서 비장하게 이루어진 토론은 여기서 끝났다.

역사를 어떻게 바라보아야 할 것인가? 과연 신미는 한글 창제에 관여했을까? 했다면 어느 정도 했을까? 각자 의문을 던지며 잠자리에 들었다. 그 어느 토론보다도 의미 있고, 기억에 남을 것 같았다.

이튿날, 우리 일행은 아침 일찍 복천암으로 향했다. 비로산장에서 고개 하나 넘으면 복천암이다. 비로산장에서 복천암 가는 길은 처음이다. 사실 복천암은 이제 두 번째 들르는 것이다. 얼마 전에 연구회 회원들과 함께 와서 월성 큰스님까지 뵌 적이 있다. 그렇게 가파르지 않은 길을 걸어 고개에 올라서니 신미대사의 부도가 보인다. 아, 그때 보았던 그 부도 탑! 두 개의 부도가 여전히 나란히 서 있다. 들어서자마자 학조대사의 부도가 있고, 그 옆에 신미대사의 부도가 보인다.

김양식 박사는 역시 부도에 대하여도 역사학자답게 자세한 설명을 아끼지 않았다. 어젯밤에 영화도 영화지만 결국은 신미대사를 중심에 놓고 서로의 마음을 주고받은 것이 아닌가? 정작 그분의 무덤(부도) 앞에서 무슨 말을 하랴. 입을 다물고, 혹은 고개를 숙인 채 침묵할 뿐이다. 나는 속으로 말했다.

'기록에 있으면 역사이고, 기록에 없으면 역사가 아닌가? 기록에 모든 역사를 담을 수 있는가?'

물론 이 기록은 조선왕조실록을 말한다.

세조길

1박 2일의 답사를 마치고 세조길로 들어섰다. 세조길! 참으로 좋은 길이다. 올라올 때는 차를 타고 올라왔지만, 내려갈 때는 짐이 거의 없기에 각자 걸어서 내려가기로 했다. 올라올 때 보지 못한 풍경을 내려가면서 즐긴다. 아직은 짙은 녹음이 산 그림자를 드리우고 맑은 계곡은 마음을 씻어준다. 거기에 물 흐르는 소리, 스치는 바람의 향기가 온몸을 감싼다.

세조길은 암만 보아도 잘 만들었다. 예전에는 찻길과 사람 걷는 길이 같아 차가 지나가면 먼지를 일으켜서 여행자의 기분을 상하게 했다. 그런데 어느 날 자연과 사람이 공존할 수 있는 아름다운 길, 세조길을 만들었다. 그때가 2016년 9월쯤 되는 것 같다. 당장 와 보지는 못하고, 한참 시간이 흐른 후 속리산 등산 겸 왔었는데 그렇게 좋을 수가 없었다. 걷기 코스로는 최고라는 생각이 들었다.

세조길은 법주사 입구에서 복천암까지 편도 3.2km의 긴 오솔길이다. 세심정까지만 하면 2.4km이다. 포장길이 아닌 황톳길이다. 어느 곳에는 나무 데크로 이어지다가 저수지가 나타나고, 계곡이 나오기도 한다. 지나는 길섶에는 아름드리 소나무가 서 있기도 하고, 집채만 한 바위가 떡 버티고 있는 곳도 있다. 이 세조길을 만들고 나서 국립공원 속리산을 찾는 사람이 몇 배가 늘었다고 한다. 전국에 소문이 퍼지면서 이 길을 걷기 위해 사람들이 몰려든 것이다.

그런데 왜 이름을 세조길이라고 하였을까? 국립공원관리공단에서 국민을 대상으로 공모를 하여 세조길로 이름을 정하였다는데, 왜 하필이면 세조길일까? 그건 실제로 조선 제7대 임금인 세조가 이곳을 다녀갔기 때문이다. 앞에서도 말했지만, 정이품송이라는 벼슬을 받은 소나무도 세조 임금과 관련되어 있다. 세조는 왜 이곳을 다녀갔을까? 그건 말할 것도 없이 당시 복천사에 주석하고 있던 신미대사 때문이었다. 오로지 신미대사를 보기 위해 임금이 그 머나먼 길을 마다하고 온 것이다. 이건 조선왕조실록에 나오는 엄연한 사실이다.

거가가 보은현 동평을 지나서 저녁에 병풍송에 머물렀다. 중 신미가 와서 뵙고, 떡 1백 50동이를 바쳤는데, 호종하는 군사들에게 나누어 주었다.
—세조실록 32권, 세조 10(1464)년 2월 27일 경술 1번째 기사

세조길 안내

세조길 입구

여기서 거가(車駕)는 임금이 나들이를 위해 타던 수레를 말하고, 병풍송은 지금의 정이품송이 아닐까 한다. 떡 1백 50동이면 얼마나 많은 양인가. 이를 곧이곧대로 믿을 수는 없다. 왜냐하면, 실록 기사를 쓴 사관들이 늘 신미를 비꼰다거나 비난한 것이 다반사였기 때문이다. 신미 관련 기사를 읽어 보면 민망할 정도다. 대부분이 신미를 간승이나 요승으로 취급하고 있다. 그러니 떡을 바친 것은 맞을지 모르나 그 양을 부풀렸을지도 모른다. 세조의 사랑을 한꺼번에 받는 신미가 싫었기 때문이다. 도대체 중이 뭐라고 그렇게 많은 떡을 가져다가 바치나 하고 시샘해서 그렇게 과장한 건 아닌지 모르겠다.

세조는 자신의 조카 단종이 스스로 물러나 왕위에 올랐다. 단종이 스스로 물러났다고 하지만 사실은 세조가 몰아낸 것이나 마찬가지다. 세조의 형인 문종이 약 30년간이나 세자로 있다가 즉위한다. 그런데 문종은 2년 3개월 만에 죽고, 어린 아들 단종이 12세의 어린 나이로 즉위한다. 왕권이 위험하다고 판단한 수양대군은 계유정난을 일으켜 조정 중신들을 척살하고, 자신의 동생인 안평대군까지 사약을 내려 죽게 한다. 왕위에 오르고 나서도, 사육신의 난이라고 하여 단종을 복위시키려고 했던 신하들을 무참히 죽여 버린다.

이 두 사건은 세조에게 평생 씻을 수 없는 죄의식을 심어주었다. 하여 불교에 귀의하게 되는데, 이것은 신미대사가 있었기에 가능했다. 조선왕조실록에는 신미라는 이름이 1446년 5월 27일에 처음으로 등장한다. 그러나 이것은 기록에 의하면 그렇다는 거지, 정황이나 맥락으로 보면 훨씬 전에 세조가 신미를 알았을 가능성은 충분하다. 훈민정음 창제가 가족을 중심으로 한 비밀 프로젝트였고, 많은 사람이 여기에 주도적으로 참여한 사람이 불가의 신미였다고 주장하기 때문이다.

실제로 세조는 수양대군 시절 안평대군과 함께 신미대사를 스승으로 높이 받들었다고 한다.

수온의 형이 출가하여 중이 되어 이름을 신미라고 하였는데, 수양대군 이유와 안평대군 이용이 심히 믿고 좋아하여, 신미를 높은 자리에 앉게 하고 무릎 꿇어 앞에서 절하여 예절을 다하여 공양하고, 수온도 또한 부처에게 아첨하여 매양 대군들을 따라 절에 가서 불경을 열람하며 합장하고 공경하여 읽으니, 사림에서 모두 웃었다.

—세종실록 116권, 세종 29(1447)년 6월 5일 병인 2번째 기사

여기서 수온은 집현전 학사 김수온을 말한다. 신미의 둘째 동생이다. 이 기사는 세종이 김수온에게 좀 더 높은 벼슬을 내리려고 하는데, 대신들이 아버지인 김훈이 저지른 불효 불충의 죄를 들어 서명을 반대했다는 사실을 적시한 것이다. 세종은 대신들의 반대를 물리치고 결국 김수온에게 벼슬을 내리고 만다. 이때 난데없이 김수온의 형인 승려 신미를 끄집어내어 비아냥한 것이다.

여기서 놀랄 만한 일은 바로 세조가 수양대군 시절, 안평대군과 함께 신미를 높은 자리에 앉게 하고 무릎을 꿇어 앞에서 절하여 예절을 다하여 공양했다는 사실이다. 이로 보아 세조는 대군 시절부터 신미를 스승으로 섬기고 따랐다는 것을 알 수 있다.

세조는 신미대사가 주석하고 있는 복천사에 와서 참회와 기도를 했다. 두어 번 직접 행차한 것으로 알려져 있는데, 아마 처음에는 세종의 훈민정음 창제를 함께 도운 사람으로서 이를 널리 보급하는 문제를 상의하기 위해 신미대사를 찾았을 것이고, 다음으로는 마음의 위로를 받고 온몸에 퍼진 피부병을 고칠 요량으로 복천사를 찾은 것

같다. 특히 피부병은 단종의 어머니인 현덕왕후가 꿈속에 나타나 세조의 몸에 침을 뱉어서 생겼다고 하는데, 그만큼 죄의식에 시달렸던 것은 틀림없다.

세조길! 세조가 신미대사를 만나기 위해 왔던 길이다. 어쩌면 야욕으로 왕위를 찬탈한 것으로 역사에 그려져 부정적인 모습도 있지만, 죄를 뉘우치고 불경 언해를 하면서 훈민정음을 널리 알린 것은 훌륭한 일이다. 만일 세조가 왕위에 오르지 않았다면 사대부의 득세로 훈민정음은 꽃도 피워보지도 못하고 지고 말았을 것이다. 그의 스승 신미대사 역시 벌써 역사의 뒤안길로 사라졌을 것이다.

조선왕조실록 사이트

사람이 살면서 전혀 예상하지도 않을 일과 마주할 때가 있다. 아니, 내가 역사 학도도 아니고 조선왕조실록을 읽게 될 줄이야. 학창 시절에 조선왕조실록이라는 말을 들어보았고, 그것이 무엇을 담고 있다는 것쯤은 알고 있었지만, 언감생심 이를 찾아 읽는다는 것은 꿈도 꾸지 않았다. 분량이 엄청날 것이고 책으로 사면 몇 백 권 될 텐데, 이를 구매한다는 것은 상상도 하지 않았기 때문이다.

역시 인터넷 시대다. 네이버에 조선왕조실록이라고 쳐 보았다. 관련 사이트와 기록이 주르륵 쏟아져 나왔다. 찬찬히 살펴보는데 사이트 주소가 있었다. 앗, 홈페이지인가 하고 클릭을 해 보았다. 세상에, 국사편찬위원회가 운영하는 조선왕조실록 사이트가 따로 구축되어 있었다. 호기심이 발동하여 바로 들어가 보았는데 기가 막힌다. 그 엄청난 조선왕조실록을 제1대 태조부터 제27대 순종 때까지 쫙 펼쳐 놓았다.

검색 기능이 있어 검색어를 입력했더니, 그에 관련된 기사가 그물

코에 물고기 딸려오듯이 반짝반짝 빛을 내며 눈앞에 나타났다. 세상에 이럴 수가! 난생처음 보는 조선왕조실록 기사이다. 아니, 언제 이렇게 우리 글로 번역을 해 놓았다는 말인가! 얼핏 보니 그리 오래되지는 않은 것 같다. 2000년대 초반에 기반을 구축하고, 원문과 국역을 탑재하기 시작하여 본격적으로 새롭게 대국민 온라인 서비스를 하게 된 것은 2015년 12월쯤이다. 아마도 국가적인 사업으로 번역 작업을 한 것 같은데 정말 대단한 일이다. 아득하게만 느껴졌던 조선왕조실록을 이렇게 국민이 쉽게 접할 수 있도록 완역해 놓은 것에 찬사를 보낸다. 훈민정음 창제 이후 가장 큰 사업이 아닐까 싶다. 더구나 조선왕조실록은 1997년 유네스코가 지정한 세계기록유산이 아닌가?

내가 가장 궁금한 것은 신미대사다. 과연 신미대사는 조선왕조실록에 등장하는 인물일까? 나온다면 얼마나 나올까? 검색창에 '신미'라

세종실록(한국학중앙연구원)　　세종실록 권1 본문 시작 부분(한국학중앙연구원)

고 입력하고 엔터를 쳤더니 기사가 줄줄이 나왔다. 앗, 그런데 신미가 여러 글자다. 신미년 할 때의 신미, 새로운 쌀을 뜻하는 신미, 매운맛의 신미 등…. 놀랍다. 실록에 별것을 다 적어 놓았다. 눈을 치켜뜨고 더 내려가 보았다.

드디어 아홉 번째 기사에 대사를 지칭하는 신미가 나왔다. 내용을 보니 금방 알 수 있었다. 신미 앞에 '간승(奸僧)'이라는 수식어가 붙어 있고, 괄호 안에 반드시 '信眉'라고 병기해 놓았다. 아니, 이럴 수가! 그 말이 맞는구나. 책이나 유튜브 동영상에서 사람들은 신미를 간승이나 요승이라고 기록해 놓았다는 말이 틀리지 않았다. 자세히 보니, 간승이 아니면 거의 '중 신미'라고 해 놓았다. 이건 한자인 승(僧)을 '중'으로 번역한 것 같은데… 번역이라고는 하나 좀 씁쓸한 기분이 들었다. 기왕이면 '승려'라고 해도 될 텐데, 왜 굳이 그렇게 번역했을까? 중이란 보통명사이긴 하지만, 억불숭유의 조선시대 이래 스님을 낮추어 부르는 호칭으로 변했기 때문이다.

어쨌든 놀라지 않을 수 없었다. 조선왕조실록에 신미대사가 이렇게 많이 나올 줄이야. 사이트를 하나하나 검색하다 보니 눈이 빠져나갈 것만 같았다. 그래서 혹시 출력은 되지 않나 살펴보았다. 되었다. 오른쪽 위를 보니 인쇄 메뉴가 보였다. 클릭을 하니, '국역·원문·모두' 중에 선택하도록 해 놓았다. 또 오른쪽에 빨간색으로 '원문보기' 메뉴가 있기에 클릭해 보니 실록의 원문을 보여주었다.

와, 정말 이쯤에서 놀라서 자빠질 것 같았다. 국역을 보여주면서 실제로 조선왕조실록 책자에 있는 글자체를 원문 그대로 보여주었다. 아마도 사진을 찍어 영상 정보화한 것이라고 해야 할까. 실록을 직접 보지는 못해도 실록청에서 방금 묶어서 펴낸 책자의 한쪽을 보는 듯했다. 게다가 검색된 결과가 원문에서 어디에 해당하는지를 알려주기 위해 해당 부분을 음영 처리하여 보여주었다.

나는 며칠에 걸쳐 시간 나는 대로 출력을 하여 제본을 했다. 동시에 사이트에서 보여주는 국역과 원문을 복사 기능을 이용하여 한글 파일에 담았다. 그리고 나서 과연 신미가 기사로 몇 번 나오고, 이름으로 몇 번 등장하는지 세어보았다. 기사는 하나하나 세었고, 이름은 한글에서 찾기 기능을 이용하여 헤아렸다. 그랬더니 기사로는 69건, 이름으로는 139번(국역의 제목과 본문)이나 등장했다. 이렇게 많이 나올 줄 몰랐다. 이렇게 대단한 분일 줄 정말 몰랐다. 조선왕조실록에 이렇게 많이 나오는 분이 어찌 세상에는 알려지지 않았을까? 정말 의아했다.

나는 마음먹고 실록을 읽기 시작했다. 읽다가 잠시 멈추고 또 멈추고 생각에 잠겼다. 모르는 말이 나오면 네이버 고전 사전을 찾아 의미를 알아냈다. 그러면서 '신미'라는 거대한 인물에 대하여 한발짝 한발짝 다가가기 시작했다.

모음 11자는 신미가 만들었다고?

영화 〈나랏말싸미〉를 보고 한글 창제에 관하여 의문을 갖게 된 후, 나는 틈나는 대로 그 궁금증을 풀기 위해 자료를 뒤지고 있었다. 책을 사서 읽는가 하면 유튜브 동영상을 보기도 하고, 관련 기사를 검색하여 저장하기도 했다. 주기적으로 공부한 내용을 SNS에 올리는가 하면, 그 내용을 인터넷 연구회 카페에 탑재하였다. 현재까지 SNS에 20회 정도 시리즈로 올렸는데 그런대로 반응이 좋다. 적어도 100명 이상이 '좋아요'를 누르고 댓글도 많이 달아 주었다.

앞에서도 밝혔지만, 이렇게 한 것은 순전히 개인적인 호기심일 수도 있고, 글 쓰는 사람으로서 한글 사랑의 발로라고 할 수도 있다. 하나 더 있다면, 그동안 학생을 가르치는 교육자의 한 사람으로서 신미는 대단한 인물로 다가왔고, 공부하지 않으면 안 되는 그런 분이라는 생각이 들었다. 억불숭유의 조선에 와서 꺼져 가는 불교를 되살리고자 하는 꿈도 있었겠지만, 무엇보다 세종을 도와 백성이 쉽게 읽을 수 있는 새로운 문자를 만들고자 했던 그 높은 뜻을 의심할 수가 없었다.

어느 날 깜짝 놀랐다. 이건 영화 〈나랏말싸미〉만큼이나 충격을 주었다. 그동안 신미대사가 한글 창제에 관여했다는 주장을 펴온 교수를 알게 된 것이다. 바로 정광 고려대 국어국문학과 명예교수였다. 현직에 계시지는 않고, 대학에서 퇴직하신 지 오래된 노교수였다. 언론 기사에서 이를 보고 그분의 저서를 바로 샀다.

『한글의 발명』(한글 연구의 차원을 바꾼 심도 깊은 역작), 『동아시아 여러 문자와 한글』(한글 창제의 비밀을 밝히다), 『훈민정음의 사람들』 등 세 권이다. 펼쳐보니 한자도 섞여 있고, 당시 동아시아에서 쓰던 생소한 문자가 등장했다. 예를 들어, 인도의 산스크리트어, 몽골의 파스파 문자, 티베트의 서장 문자 등이 소개되어 있어 비전공자인 내가 읽기에는 버거운 책들이었다. 하지만 입을 굳게 다물고, 먼저 신미대사 관련 부분을 찾아 읽어 내려갔다.

그 중 발행연도가 빠른 『한글의 발명』(2015)은 신미를 네 군데 정도에서 언급했다. 체계적으로 언급한 것이 아니라 관련이 있을 때마다 이름을 소개하는 형식이었다. 이 책은 신미보다도 한글 창제에 관한 그동안의 통설을 뒤집는 주장을 펼치는 데에 방점을 두었다. 정광 교수는 책의 머리말에서 다음과 같이 말하고 있다.

한글은 한자음 발음을 표기하기 위해 발음기호로 만든 것이다. 중국 한자음과 우리 한자음이 너무 달라서 우리 것을 교정해 '동국정운' 한자 음을 만들었고, 이를 백성들에게 가르쳐야 하는 올바른 발음이란 의미로 '훈민정음'이란 이름을 붙였다. (…중략…) 이 책은 지금까지의 한글에 대한 정설을 모두 부정하기 때문에 그동안의 한글에 대한 지식을 버리지 않으면 한 장도 읽기가 힘들 것이며, 아마 바로 책을 휴지통에 던져 넣을 것이다.

한마디로 놀랍다. 훈민정음이 발음기호로 제정되었다는 말에 놀라지 않을 수 없다. 얼핏 생각하기에 그런 것 같으면서도, 머릿속에 박혀 있는 선입관으로는 선뜻 받아들이기 어렵다. 훈민정음이란 '백성을 가르치는 바른 소리'라고 배워오지 않았는가? 발음기호를 위해 제정했다는 것이 여러 가지 이유 중의 하나일지는 몰라도, 그것이 한글 창제 목적의 전부는 아닐 것이다. 어쨌든 처음에는 한자음의 발음기호로 훈민정음을 제정했다는 것이 정광 교수의 주장이다.

『동아시아 여러 문자와 한글』(2019)에서는 신미대사가 본격적으로 등장하기 시작했다. 부제에서도 밝혔듯이, 한글 창제의 비밀을 밝히고 있었다. 『한글의 발명』을 펴낸 지 4년 만에 다시 낸 이 책에서 정광 교수는 신미대사가 산스크리트어(범어)에 의거해 모음 11자를 추가했다고 주장했다. 세종 25(1443)년에 제정된 훈민정음 27자는 모두 초성, 즉 자음이라고 설명했다. 이는 최만리가 올린 반대 상소에서 초성 27자만을 비판한 것을 보면 알 수 있다고 했다. 나중에 초성 17자에 신미가 제안한 모음 11자를 합쳐 28자를 완성했다고 덧붙였다. 정말 파격적인 주장이다.

위의 책과 거의 동시에 출간한 『훈민정음의 사람들』(2019)은 한술 더 떴다. 훈민정음 제정과 보급에 관여한 사람들을 중심으로 기술되어 있었다. 그 중 제2장 「훈민정음의 제정을 도운 학승과 불교인」에서 소단원으로 '혜각존자 신미'를 아주 깊이 있게 다루었다. 무려 30여 쪽에 달하는 분량을 신미대사에게 할애하고 있었다. 이어서 그의 친동생인 집현전 학사 김수온에 대하여도 단원을 달리하여 다루었다.

2019년에 펴낸 위 두 책에서 정광 교수는 반복적으로 훈민정음은 세종과 그의 가족, 불가의 학승이 힘을 합쳐 만든 산물이라고 했다. 『월인석보』라는 불서에 훈민정음 언해본을 첨부해 간행한 것이 가장 확실한 증거라고 했다. 그러면서 훈민정음은 백지상태에서 고안된 문자가 아니라, 몽골의 파스파 문자를 비롯한 동아시아 문자와 교류를 통해 만들어진 글자라고 밝혔다. 그 예로, 훈민정음에서 왜 기역(ㄱ)이 가장 먼저 나오는지에 대해 명확하게 답하는 학자가 없다면서, 티베트 문자와 파스파 문자가 모두 케이(k) 발음으로 시작하고, 이러한 현상은 고대 인도 범자에서도 나타난다고 지적했다. 그는 저서에 이렇게 주장했다.

신미대사가 실담(悉曇, 범자)의 마다(摩多)와 체문(体文)에 대하여, 그리고 이 각각을 반자(半字)로 이해하여 학습한 범자에 대한 지식은 훈민정음의 초성과 중성, 그리고 종성으로 나누는데 크게 기여한다. 그 가운데 모음, 즉 중성의 글자를 인정하여 독립된 글자로 한 것은 훈민정음의 제정에서 대단한 공로라고 보아야 한다.

—정광(2019), 『훈민정음의 사람들』, 박문사, 100쪽.

내가 국문학이나 언어학을 전공한 사람이 아니라서 어려운 용어를 솔직히 이해하기 어렵다. 저자에 의하면 여기서 '마다와 체문'이란, 중국 당나라의 승려 지광이 편찬한 『실담자기』에 수록된 범자의 문자표를 말한다. 마다가 12음, 체문이 35성의 글자로 모두 47자라고 한다. 지금으로 말하면, 마다는 모음이고 체문은 자음이다.

요약하면 이렇다. 신미는 대장경 공부를 통해 인도 범어에 통달했고, 그 결과 숭성, 즉 모음이 있다는 것을 알아냈다. 아울러, 이를 독립적으로 적용하면 훈민정음이 단순히 한자음의 발음기호 차원을 넘어 무슨 소리든 적을 수 있는 대단한 글자가 될 수 있다는 사실을 고생 끝에 깨달았다. 신미는 이를 세종에게 진언했고, 세종은 이를 받아들여 새로운 문자 28자를 완성하기에 이르렀다. 그렇다면 중성, 즉 모음은 주역의 삼재에서 왔다고 하는데 자칫 혼란스러울 수 있다. 이는 이렇게 생각해 보면 어떨까?

신미는 사실 어릴 적에는 성균관의 유생이었다. 그러던 중, 아버지인 김훈이 불효 불충의 죄로 유배를 당하자 성균관에서 쫓겨나 함허당 득통스님에게 출가했다. 당대의 최고 학승이었던 함허당 밑에서 열심히 공부한 결과, 대장경뿐만 아니라 주역에도 밝았다. 따라서 신미는 주역에 나오는 천지인 삼재를 이미 알고 있었고, 거기다가 대장경을 통해 범어의 마다와 체문을 발견했다. 그 결과 삼재(·, ㅡ, ㅣ)를 중성, 즉 모음으로 채택하여 훈민정음 제정에 적용하지 않았을까 생각해 본다.

어쨌든 놀랍다. 세 권의 책이 모두 훈민정음에 대한 일반적 상식을 깨고 있었다. 무엇보다 신미대사에 관한 언급이 점점 많아지면서 깊어졌다. 특히 마지막 두 책은 단호히 모음 11자는 신미대사가 추가한 것이라고 결론지었다.

정광 교수는 어느 방송사의 한글날 특집 방송에 출연해서도 이와 똑같은 주장을 펼쳤다. 한글 창제는 극히 비밀리에 진행된 가족 프로젝트인데, 여기에 신미대사가 결정적인 역할을 했다고 말했다. 참고로 정광 교수는 서울대학교 국어국문학과를 졸업하고 동 대학원에서 석사를 마치고 국민대학교 대학원에서 박사학위를 받았다. 이는 국어학 분야에서 받은 제1호 박사학위라고 했다.

80세를 바라보는 노교수가 허투루 말할 리는 없고, 문외한인 내가 책을 한 장 한 장 곱씹으며 읽어 보아도 정연한 논리에 압도되었다.

완전히 이해할 수는 없어도 뭔가 있구나, 하는 것을 절감했다. 인터뷰에서 정광 교수는 이 책들을 냈더니 비판이 아니라 비난에 시달렸다고 토로했다. 근거 있는 비판은 언제든지 받아들일 수 있으나, 감정이 섞인 비난은 사양한다고 점잖게 말했다. 제3자인 나로서는 학계에서 이런 신선하고도 새로운 주장에 대하여 왜 침묵하고 고민하지 않는지 그저 안타까울 뿐이다.

신미는 훈민정음 T/F팀의 전문적 실무자!

정광 고려대 명예교수보다 더 파격적인 주장을 하는 분이 있다. 이 분 역시 평생을 국문학 연구에 몸을 바친 학자인데 바로 사재동 충남대 명예교수다. 사재동 교수는 그의 저서 『훈민정음의 창제와 실용』 제1부 총론에서 아주 색다른 주장을 펴고 있다. 이는 논문이나 신문 기사에서나 볼 수 있는 주장인데, 이 분은 책 전체에서 일관되게 같은 주장을 펴고 있다. 깜짝 놀랄 일이다.

저자는 훈민정음의 창제와 실용에 관한 전반적인 흐름을 불교 문화학적 방법으로 고찰하고 있다. 혹여 뜻을 왜곡할지 몰라서 조금 길지만 그대로 인용하고자 한다. 훈민정음 창제의 실제적 진행 과정을 다음과 같이 서술하고 있다.

그 착수단계에서는 정음청을 예비하는 궁중의 공간에서 총체적 책임자 세종과 총괄적 주관자 수양대군, 전문적 실무자 신미 등이 어전회의를 열어 정음 창제의 결의와 모든 계획·방안을 전지하고 확인하였다. 그 작성단계에서는 적절한 시기에 속리산 복천사 같은 별천지에서 전문적 실무자 등이 어의에 따라 극비리에 모든 자료와 이론·실제를 통하여 가장 쉽고 간편하고 정확하면서 그 운용이 자유·무궁한 훈민정음 예의 원본의 초본을 작성하였다. 그 검증단계에서는 신미 등이 그 예의 원본의 초본과 해례본 초본에 제진 상소문까지 붙여 수양대군에게 보고하고 함께 그 초안들을 일일이 검증하였다. 확정단계에서는 수양대군과 신미 등이 그 어전에서 위 두 초본을 바치며 제진 상소를 올리니 세종이 어람하고 그때에 교시한 그 계획·방안에 부합하는 그 초본들에 만족·칭탄하고 이 예의를 어제로 확정하였다. 이어 세종이 신중을 기하여 대군들과 공주·왕비와 주변의 궁인들을 통하여 다각도의 실험단계를 거친 다음, 그 25년 마지막 날에 중신들이 불참하고 집현전 학사들과 호의적 신료들이 동참한 편전에서, 그 훈민정음 예의 원본을 친제로 공표하고 그 해례본 초본에 의거하여 해설케 하니, 그 학사들이 모두 그 문자적 실상·기능이 신묘함에 비로소 경탄하였다.

—사재동(2014), 『훈민정음의 창제와 실용』, 역락, 107~108쪽.

사재동 교수는 한마디로 훈민정음은 불교중흥의 염원에서 나온 작품이라는 것이다. 한술 더 떠서, 신미 등이 숭불 군주인 세종을 만나 왕의 비호 아래 훈민정음을 만들어 불교 왕국을 재건하려 했다는 논리를 편다. 정말 파격적인 주장이다. 일면 그럴 듯도 하다. 알다시피, 고려 때까지는 불교가 융성했다. 그런데 억불숭유 정책으로 조선 초기에 불교가 뿌리째 뽑혀 나갈 지경에 이르렀다. 이를 안타깝게 여긴 조선 불교계는 신미를 중심으로 다시 뭉쳤고, 세종과 함께 새로운 문자 만드는 일에 온 힘을 바쳤다는 것이다. 그 문자는 쉽고도 간편해야 했다. 왜냐하면, 꺼져 가는 불교를 백성을 통해 다시 살려야 했기 때문이다.

사재동 교수는 훈민정음 창제 과정을 착수단계, 작성단계, 검증단계, 확정단계, 실험단계, 공표단계 등 6단계로 나누어 설명했다. 이 점도 참 특이하다. 그는 훈민정음 창제의 착수 시기를 대강 세종 20(1438)년 전후로 보고 있다. 왜냐하면, 세종이 숭불 군주가 된 시기가 훈민정음을 완성하고 공표하던 세종 25년의 5년 전쯤으로 보기 때문이다. 이런 근거로, 창제 작업은 적어도 착수된 지 5년은 걸렸을 것이라고 말했다. 아쉬운 것은, 만일 그것이 조금이라도 사실이라면 조선왕조실록에 왜 기록되지 않았는가 하는 점이다. 그 정도로 비밀이 요구된 작업이라서 그랬을 것으로 짐작은 가면서도 안타깝다.

난 이 책을 읽으면서 가장 놀란 부분은, 훈민정음 창제와 실용을 말하면서 비밀 프로젝트에 참여한 각자 인물들의 역할을 분류했다는 점이다. 위 인용에도 나와 있듯이, 세종은 총괄적 책임자로, 수양대군(세조)은 총괄적 주관자로 명명했다. 이런 주장은 내 생각과도 거의 같았다. 나는 영화 〈나랏말싸미〉를 보고 난 후, 수많은 자료를 뒤지고 고심을 거듭한 끝에 훈민정음은 그야말로 새 문자 만들기 T/F팀이 조직되어 궁중과 그 밖에서 아무도 몰래 실행된 국가적 차원의 비밀 프로젝트였다고 결론지었다.

그럼, 여기서 신미는 어떤 역할을 했을까? 사재동 교수는 '전문적 실무자'라고 했다. 전문적 실무자란 무엇인가? 쉽게 말해 전문가란 뜻이다. 전문가란, 어떤 분야를 연구하거나 그 일에 종사하여 그 분야에 상당한 지식과 경험을 가진 사람을 말한다. 신미가 그 당시 언어학의 전문가였다는 것은 수많은 자료에서 확인되고 있다. 당장 훈민정음이 창제되고 난 후 『석보상절』, 『월인천강지곡』, 『사리영응기』 등의 저술을 돕거나, 각종 불전 언해 사업을 주도한 것만 보더라도 언어학의 대가였음을 알 수 있다.

알려진 바에 의하면, 신미는 한자로 된 불경이 너무 어려워 일반 백성이 접근하기 쉽지 않다는 것을 일찍이 깨닫고 이를 쉽게 적을 방법이 없을까 고심했다고 한다. 또한, 원전 한문 불경이 부처님의 가르침을 온전히 담고 있지 못하다는 것을 알고, 직접 원어인 범어(산 스크리트어)를 공부했다고 전해진다. 이로 보면, 신미는 세종이 새로운 문자인 훈민정음을 창제하고자 했을 때, 믿고 맡길 수 있는 적임자였 음이 분명하다.

앞에서도 언급했지만, 세종은 처음에는 불교를 억압했으나 나중에 는 불교를 숭상하는 숭불 군주로 변했다. 이렇게 된 이유는 여러 가지 로 본다. 그 중 하나는 두 아들인 광평대군(5남)과 평원대군(7남)이 죽고, 이어서 왕비인 소헌왕후를 떠나보낸 슬픔으로 불교에 귀의했다 는 주장이다. 그런데 이는 근거가 좀 빈약하다. 이때가 세종 28(1446) 년 전후의 일인데, 세종은 이전에도 불교에 심취하고 있었음이 분명 하기 때문이다.

세종은 즉위하자마자, 신미의 스승인 함허 득통 스님(1376~1433)과 교류하면서 불교의 핵심 경전인 『금강경』, 『능엄경』 등을 읽고 감동했 다고 한다. 세종의 어머니인 원경왕후가 세종 2(1420)년에 죽는데, 그 이듬해에 세종은 신미의 스승인 함허 득통을 청하여 명복을 빌게 한 다. 『함허당득통화상어록』에 세종의 어머니 원경왕후를 위한 영가 법문이 전하는 걸 보면 알 수 있다.

"자리에 앉아 향을 집어 들고 말하였다."
이 한 숨의 향은 그림자 없는 나무에서 채취하여 싹 나지 않는 가지에 서 거두었는데 산승(함허 득통)이 오늘 원경왕후의 혼령을 위하여 손수

집어 향로에서 태우며, 원경왕후 혼령께서 마야부인(부처님의 어머니)처럼 높이 올라 더러움 없는 교주(석가모니)와 같은 경지를 증득하기를 바랍니다.

이 한 줌의 향은 뿌리가 공륜(空輪, 불교의 우주관에서 가장 아래에 있는 허공)까지 뻗었고, 잎은 유정천(有頂天, 불교의 우주관에서 무색계의 가장 꼭대기에 있는 하늘)을 덮었는데, 산승이 오늘 주상 전하(세종)를 위하여 손수 집어 향로에서 태우며 주상 전하께서 길이길이 임금 가운데 으뜸이 되시고, 오래도록 모든 백성들의 의지처가 되어 주시기를 바랍니다.

—득통 기화, 박해당 옮김(2017), 『함허당득통화상어록』, 동국대학교출판부, 35쪽.

또한, 세종실록 8권, 세종 2(1420)년 7월 11일 정축 5번째 기사를 보면, 세종은 아버지 태종과 원경왕후의 원찰을 짓는 문제를 놓고 의견을 달리한다. 즉 태종은 원찰을 짓지 말라고 하는데, 세종은 빈 골짜기가 쓸쓸하니 정사를 짓고 깨끗한 중을 불러 모아 두면 좋겠다고 주장한다. 이런 근거로 볼 때, 세종은 즉위 초부터 불교를 알았고, 함허 득통을 통해 신미의 존재를 알 수 있었다. 신미는 이미 함허 득통에게 출가하여 스승을 늘 곁에서 모시고 있었기 때문이다.

또 하나는, 세종이 품었던 원대한 꿈을 들 수 있다. 세종은 중국의 속박에서 벗어나 조선을 자주독립 국가로 만들려고 했다. 어느 나라에도 뒤지지 않는, 백성이 주인 되는 찬란한 문화 국가를 완성하려고 했다. 그러기 위해서는 새로운 문자가 필요했다. 세종은 그야말로 학자 군주로서 어려서부터 배우기를 좋아했다. 그 당시 유행하는 책이란 모조리 읽었다고 한다. 그러니 국제 정세에도 밝았을 것이다. 주변 여러 나라를 보면 나라를 통일하거나 혁신하기 위해서 반드시 문자를 제정했다.

예를 들어, 원나라 세조 쿠빌라이 칸이 몽골 어문으로 대장경을 번역하기 위하여 파스파 문자를 만든 것은 유명한 일이다. 파스파는 그 당시 원나라의 국사(國師)인 라마승의 이름이다. 인도를 최초로 통일한 아소카 대왕이 불교 경전을 편찬하여 전파한 것이나, 중국의 양나라 무제, 명나라의 성조가 대장경을 한자로 번역하여 널리 알린 것은 역사적 사실이다. 예는 또 있다. 티베트를 최초로 통일한 송찬감포 왕은 인도의 대장경을 모국어로 번역하기 위해 티베트(서장) 문자를 만들었다. 지금도 티베트인들이 앞에 놓고 일상으로 외우는 지렁이 기어가는 듯한 문자가 그것이다. 이는 원나라의 파스파 문자 제정에 영향을 주었다고 한다. 이들은 왜 문자를 만들었을까? 그것은 자신의 치세를 드높이고 국격을 만방에 드러내기 위해서였다. 이들은 한결같이 불교를 신봉하는 숭불 국왕으로서 나라의 고유한 어문으로 대장경을 번역 유포하여 자신의 위업을 달성하고자 했다.

세종도 아마 주변 국가의 이러한 문자 정책에 영향을 받았을 것이다. 조선을 최고의 나라로 만들기 위해서는 대장경이라는 엄청난 문자의 보고인 불교를 활용하지 않을 수 없었다. 하여 자연스럽게 숭불 국왕으로 기울고, 당시 신미와 같은 학승과 함께 새로운 문자 창제를 고민했을 것이다. 그럴 수 있는 개연성은 충분하다. 신미는 이러한 세종의 제안을 천금 같은 기회로 여겼을 것이고, 세종의 원대한 꿈을 이루기 위해 모든 것을 바쳤을 수 있다.

모든 가능성은 열어 놓고 보아야 한다. 사재동 교수는 책의 서문에서 사계의 질정을 받고자 한다면서, 이러한 불교 문화적 고찰이 훈민정음 창제와 실용, 발전사 등을 다시 돌아볼 수 있는 계기가 되기를 바란다고 밝혔다. 나도 그러기를 진심으로 바란다.

국립한글박물관에 신미는 없었다!

　난 사실 한글박물관이 있는지 몰랐다. 『훈민정음』 해례본 강의를 듣기 위해 서울에 올라왔을 때, 수강자 중 한 분이 한글박물관에 근무한다고 했다. 앗, 한글박물관? 그런 것도 있었나…. 학교에서 학생을 가르치는 교육자의 한 사람으로서 순간 부끄러웠다. 얼른 네이버를 검색해 보니 한글박물관이 있었다. 서울 용산구 국립중앙박물관 옆에 있다고 나왔다.

　언젠가 한글박물관에 꼭 가보리라고 마음먹었다. 그러면서 여기에 가면 신미대사에 관한 자료를 많이 볼 수 있겠지 하고 내심 기대도 했다. 마침 해례본 강의를 듣는 동기들과 저녁 회식 날짜를 잡았기에 서울에서 하룻밤을 자고 그 이튿날 가기로 했다.

　드디어 수강자 동기들과 회식하는 날이 되었다. 저녁을 먹으며 열띤 토론을 벌였다. 난 당연히 신미대사가 한글 창제에 관여했을 가능성을 주장했다. 속리산 복천암에 갔다 온 이야기며, 조선왕조실록을 읽은 소감 등을 토해냈다. 수강자 동기 중에는 출판사 대표도 있었다.

이 분은 세종대왕에게 흠뻑 빠진 분이었다. 그런 데다 전주 이씨라고 했다. 세종대왕과 관련한 책을 주로 발행하는 분이었는데, 내가 신미대사에 대하여 열렬히 주장하니 처음에는 못마땅하다는 표정을 지었다. 그런데 한참을 듣고 나더니 고개를 끄덕이면서 수긍했다. 들어보니 그럴 만도 하다는 것이다. 순간 무어라 할까. 열변을 토한 후의 보람과 쾌감을 느꼈다.

밤이 늦도록 술과 대화를 나누고는 인근의 호텔에서 하룻밤을 자고, 이튿날 아침 일찍 용산 한글박물관으로 향했다. 지하철을 한 번 갈아타니 박물관에 도착했다. 긴 출구를 빠져나오자 국립중앙박물관이 먼저 나타났다. 와, 우람하다. 정말 오랜만이다. 여기를 와 본 지가 10년은 더 된 것 같다. 그때는 학생들 인솔하고 체험학습을 왔었다. 학교 교사로 근무하다가 교육청의 장학사를 하다 보니 여기 중앙박물관에 올 일이 없었다.

여기저기 두리번거려 보았다. 도대체 한글박물관은 어디에 있다는 말인가? 저쪽에 표지판이 보였다. 우거진 숲이 보이는 오른쪽으로 가란다. 아, 저기가 국립한글박물관! 처음 보는 건물이다. 알고 보니, 한글박물관은 2014년에 완공되어 그해 한글날에 개관했다고 한다. 얼마 되지 않았다. 그러나 이게 어디인가. 한글의 모든 것을 전시해 놓았을 테니. 건물은 그리 크지 않았다. 게다가 무료입장이었다. 별관 건물을 살짝 보니 어린이들이 많이 와서 뭔가를 하고 있었다. 참 보기 좋았다.

박물관에 일찍 온 덕에 전시물을 꼼꼼히 살펴볼 수 있었다. 한글의 역사와 우수성에 대하여 나름대로 잘 정리해 놓았다. 훈민정음으로 언해 한 고서와 영상물도 꽤 있었다. 마음속으로 나는 신미대사에 관한 기록이 어디 있나 하고 찾아보았다. 한참을 보아도 신미에 관한 자료는 없었다. 이를 보고 갑자기 영화 〈나랏말싸미〉가 생각났다. 이 영화가 왜 역사 왜곡 논란으로 사람들의 공분을 샀는지 확실히 깨달았다. 신미는 국립한글박물관에 그 어디에도 없었다. 자세히 보니, 2층 상설전시장에 아주 작게 언급된 것을 볼 수 있었다. 『선종영가집』과 『목우자수심결』 등을 언해했다는 설명에 이름이 두어 번 등장할 뿐이었다.

세조 때 간경도감의 책임자로 불경을 언해하여 훈민정음 보급에 많은 공을 세웠다는 기록도 찾아볼 수 없었다. 이건 익히 알려진 사실이고, 역사 교과서에도 버젓이 나오는 건데…. 한글을 빛낸 33인의 스승을 유심히 보았으나 여기에도 없었다. 이 무어란 말인가? 〈나랏말싸미〉 영화감독은 이런 사실도 모르고, 뭣 때문에 이런 나쁜 영화를 만들었단 말인가? 종교적으로 말하면 이단이요, 왕조 시대로 표현하면 역적 행위가 아닌가?

신미는 분명히 한글 창제와 보급에 이바지했다. 나는 확신한다. 실록의 행간 속에 녹아 있고, 역사적 맥락으로 보아도 분명하다. 그동안 많은 학자가 꾸준히 주장해 왔다. 그런데 왜 국립한글박물관에는 언급조차 되지 않았을까? 『훈민정음』 해례본을 썼다고 하는 집현전 8명의 학사는 크게 해 놓았다. 기록이 없으면 아무 소용이 없다는 것을 잘 알면서도 왠지 슬프다. 혹시 종교적인 이유가 작용한 건 아닐까?

신미를 배출한 한국불교는 지금도 힘이 없다. 조선 5백 년 동안 억압을 당하고 해방 후에 좀 살리려고 했더니, 서양에서 기독교가 들어와 우리의 지배 종교가 되었다. 우리 사회에서 기독교의 영향력은 대단하다. 아마 주류 학자들도 그럴 거라 본다. 나는 혹시나 이런 것이 역사적 진실을 찾는 데 걸림돌이 되지 않기를 바란다.

한글박물관 주위 국립중앙박물관 산책길을 걷자니 아담한 석탑이 나타났다. 아, 고려 말기의 보제 존자 나옹선사 사리탑이다.

"청산은 나를 보고 말없이 살라 하고, 창공은 나를 보고 티 없이 살라 하네."란 명시를 남긴 분이 아닌가? 국가 보물이란다. 그래도 우리나라 문화재의 70% 정도가 불교 관련 문화재다.

세종이 즉위하고 얼마 안 되어 팔만대장경을 일본에 주려다, 신하들이 이걸 주면 다른 것도 또 달라고 하면 어떡하냐고 해서 주지 않았다고 한다. 참 어처구니없는 일이다. 지금도 마찬가지다. 억불숭유의 시대는 아니지만, 불교 문화재의 소중한 가치를 알고 이렇게 중앙박물관 마당에 잘 보존하고 있으니 얼마나 다행한 일인가?

갈릴레오는 태양이 도는 것이 아니라, 지구가 돈다고 주장하여 죽을 뻔했다. 영화 〈나랏말싸미〉가 그런 거라면 얘기가 달라진다. 역사적 진실은 참 비참한 곳에 몰래 숨어 있을지도 모른다. 그러니 한글은 더 위대하다.

복간본 『훈민정음』을 가슴에 품다!

국립한글박물관을 간 이유는 크게 세 가지다. 첫째는 나만 모르고 있던 한글박물관이 궁금했고, 둘째는 신미대사에 관한 기록이 알고 싶었고, 셋째는 『훈민정음』 해례본 영인본이 있으면 사고 싶어서였다.

자세히 보았으나, 신미에 관한 기록이 없어 너무도 실망했다. 해례본 영인본이 있기는 한데 허접했다. 근데 11만 원을 달란다. 이거라도 사? 망설이고 또 망설이다가 혹시 몰라서 청주 우리문고 서점에 전화했다. 지인이 복간본인 『훈민정음』 해례본이 그 서점에 있을지 모른다고 알려준 덕에 한 달 전 이미 전화로 살 의향을 밝혔었다. 서울에서 청주로 오자마자 바로 서점에 갔다. 벌써 밖에 내놓았다. 찾는 이가 없어 그동안 서고에 있었단다. 세상에 이럴 수가!

펼쳐보는 순간 아, 국보 제70호이자 우리의 세계기록유산이여! 조심스럽게 장수를 세어보았다. 한 장 한 장 넘기는 손끝이 가녀리게 떨려왔다. 정말 33장일까? 그랬다. 정확하게 표지 빼고 33장이었다. 영인본과는 차원이 다르다. 복간본이라서 그런지 고색 찬연하다. 지금은 이 복간본이 100만 원을 호가한단다. 문제는 없어서, 사고 싶어도 못 산다. 그런데 내가 이걸 가슴에 품다니! 혹시 신미대사의 가호인가?

복간본은 2015년에 훈민정음 반포 570주년, 광복 70주년을 맞이하여 간송미술관에 보관된 원본과 가장 가깝게 제작한 것이다. 쉽게 말해, 원본 복제품이라 보면 된다. 훈민정음 학자인 김슬옹 박사가 해제를 쓰고, 강신항 성균관대 명예교수가 감수를 했다. 하여 세트로 된 두 권의 책이다.

정가 25만 원에 샀다. 교보문고에서 한정판으로 만든 것이라서 지금은 희귀본이 되었는데, 그걸 정가로 산 것이다. 감동이다. 광화문 세종대왕이 왼손에 든 책을 내가 소장하게 되다니…. 책 향이 그윽하다. 난 이 복간본을 앞에 놓고 삼배의 예를 올렸다. 여기에 한글 창제의 비밀이 다 들어 있다. 이 어찌 감격스럽지 아니한가?

나는 이 복간본 『훈민정음』 해례본을 소중히 싸서 학교에 가지고 갔다. 그리고는 교무실을 직접 찾아다니며 선생님들에게 소개하고 설명했다. 선생님들은 처음 본다며 신기해했다. 아예 해례본의 존재 조차도 모르는 선생님도 있었다. 그럴 만도 하다. 나도 그랬으니까. 훈민정음이 뭔지는 알고 있었어도, 서울 광화문광장의 세종대왕이 왼손에 들고 있는 책이 이 훈민정음인지는 최근에 알았다.

내가 주로 설명한 것은 이렇다. 해례본의 앞 두 장이 왜 필체가 다른지, 제목은 훈민정음인데 왜 해례본이라고 부르는 건지, 무엇 때문에 신미대사가 한글 창제에 관여했을 수도 있다고 하는지 등을 상세히 알려주었다. 또 이 해례본이 언제 어떻게 발견되어 지금까지 내려왔는지에 대하여도 설명했다. 그랬더니 여기저기서 놀랍다는 표정을 지었다. 특히 모든 것이 한자로 되어 있는데, 익히 보아왔던 ㄱ,

ㅋ, ㆁ, ㄷ, ㅌ, ㄴ, ㅂ, ㅁ 등이 보이니까 바로 질문을 했다. 역시 똑똑한 선생님이었다. 그분은 국어 선생님이었다.

"아니, ㄱ, ㄴ, ㄷ, ㄹ, ㅁ 등의 순서가 아니고, 여기에는 글자 순서가 다르게 되어 있네요. 왜 그런 거예요?"

"그렇지요. 신기하지요. 나도 놀랐어요. 훈민정음 반포 당시만 해도 획을 더하는(가획) 원리에 따라 이렇게 배열했는데, 조선 중기에 와서 최세진이라는 학자가 그의 저서『훈몽자회』에서 이렇게 정하는 바람에 순서가 뒤바뀌었다고 하네요."

세종 서문이 있는 정음편을 보여주고 나서, 정음해례편의 제자해·초성해·중성해·종성해·합자해·용자례 등을 보여주는데 너무도 신기해했다. 나는 용자례에서 질문을 던졌다.

"여기 용자례를 보세요. 앞에 나온 ㄱ, ㅋ, ㆁ, ㄷ, ㅌ 등의 문자를 어떻게 활용할 수 있는지, 그 예를 보여주고 있는데요 정말 놀랍지 않아요? 자, 질문입니다. 여기에 예로 들어 놓은 글자가 모두 몇 개일까요?"

세어보지 않는 한 알 리가 없었다. 나는 몇 개 정도를 보여주면서 15세기 당시에 이런 말이 있었고 이렇게 적었다고 힘주어 말했다. 하도 궁금해 하기에 바로 정답을 알려주었다. 모두 94개라고! 그러면서 마지막으로 의미심장한 질문을 던졌다.

"자, 그러면 이 용자례에서 마지막으로 예를 든 글자는 무엇일까요?"

이랬더니 모두 눈이 휘둥그레졌다. 해례본 용자례에는 주로 15세기 표기로 되어 있지만, 오늘날과 뜻이 똑같은 글자도 꽤 있다. 예를 들어, 감·담·밥·호미·누에 등이다. 다만, 다른 것은 ㅡ나 ㅣ를 아래아(·)로 표기해 놓았을 뿐이다.

94개 중 마지막으로 들어 놓은 예는 무엇일까? 바로 '별(星)'이었다. 와, 왜 별일까? 놀라지 않을 수 없다. 왜 하필이면 별을 마지막으로 들어 놓았을까? 혹시 훈민정음을 기획 주도한 세종대왕의 뜻은 아니었을까? 만백성을 하나하나 하늘의 별처럼 소중하게 여긴 세종이었기에 그렇게 하지 않았을까?

선생님들에게 모두 설명을 마친 후 학생들에게도 안내했다. 궁금한 학생들은 직접 교장실로 오라고 했다. 그랬더니 며칠간에 몇 명씩 그룹을 지어 왔다. 나는 학생들을 반갑게 맞이했다. 조심스럽게 해례본을 펼쳐 보여주며 선생님들에게 한 것처럼 설명해 주었다. 역시 매우 신기해 했다. 그런데 배경지식이 없어서인지, 아니면 내가 설명이 부족해서인지 선생님들처럼 잘 이해하지는 못하는 듯했다. 그러나 이만 해도 어디인가? 그 중에 혹시 세종대왕을 뛰어넘는 대단한 언어학자가 나올지 누가 알겠는가?

훈민정음 해례본(복간본) 용자례 일부(김슬옹 박사 제공)

한글날에 한글을 생각한다

올해 한글날은 유난히 의미 있게 다가왔다. 아마도 내가 한글에 관심이 커져서 그럴 것이다. 굳이 말하자면 그놈의 영화 〈나랏말싸미〉 때문이다. 이 영화를 보고 난 후 견딜 수 없을 정도로 한글 창제에 대한 의문이 생겼으니까.

한글날이 한동안 국가 공휴일에서 제외된 적이 있었다. 공휴일이 많다는 이유에서였다. 지난 일을 말해야 무슨 소용이 있겠냐만, 그건 정말 잘못된 정책이었다. 요즘 한글이 외국어에 밀리고 무시당하는 일이 빈번한 것은, 아마도 한글날을 공휴일에서 제외한 어처구니없는 결정이 영향을 미쳤을 것이다.

우리의 한글은 다른 나라에서 더 인기가 있는 것 같다. 요즘의 한류 때문에 외국 청소년이 한글을 배우려고 야단이다. 유네스코에서 제정한 세종대왕상이 있다는 것을 들어보았는가? 솔직히 교직에 있는 나도 이제야 알게 되었으니 부끄러운 일이다. 정식으로 말하면 '세종대왕 문해상 King Sejong Literacy Prize'인데, 문맹 퇴치에 공로가 있는 기관 또는 개인에게 매년 9월 8일 '문해의 날'에 수여한다. 1989년 6월 한글 창제에 담긴 숭고한 정신을 기리고, 문맹 퇴치 운동을 북돋우기 위해 유네스코가 제정한 상이란다. 벌써 역사가 오래되었다. 이 얼마나 자랑스러운 상인가!

한글에 대한 세계 석학의 평가도 대단하다. 미국 여류 소설가 펄벅은 "한글은 단순한 알파벳과 몇 가지 조합 규칙만으로 무한 수에 가까운 소리를 표현해낼 수 있는 놀라운 언어. 세종대왕은 한국의 레오나르도 다빈치다."라고 격찬했고, 영국 석세스 대학의 언어학자 재프리 심슨 교수는 "한글은 의심할 여지없이 인류의 가장 위대한 지적 성취 중의 하나로 꼽아야 한다. 한글은 신이 인간에게 내린 선물이다."라고 말했다. 또, 언어학 분야에서 세계 최고를 자랑하는 영국 옥스퍼드대 언어학 대학이 세계 문자 가운데 1위로 한글을 꼽은 것은 정말 놀라운 일이다.

한글의 원래 명칭은 훈민정음이다. 백성을 가르치는 바른 소리란 뜻이다. 그러나 만드는 것도 비밀리에 진행되었지만, 만든 후에도 엄청난 반대에 부딪혔다. 양반들은 언문이라 칭하고, 부녀자들이나 쓰는 글이라 깎아내리며 여전히 한문을 고집했다. 놀라운 것은, 조선 후기 기존 성리학을 비판하고 나온 실학자들조차 한글을 외면했다는 사실이다. 다산 정약용이 그 많은 저서를 남겼다고 하지만, 한글로 된 책은 한 권도 없다.

일제강점기를 거쳐, 그렇게 어렵게 지켜온 우리글인 한글이 지금은 영어에 시달리고 있다. 다음은 소강춘 국립국어원 원장이 최근 중앙일간지에 기고한 글 중의 일부이다.

부의 정책 집행 과정에서도 어려운 용어는 흔히 나타난다. 규제 샌드박

스, 스튜어드십 코드, 포괄적 네거티브, 제로 페이 등 중앙과 지방 행정기관이 경제 활성화를 위해 저마다 내놓은 정책들의 이름이다. 누구를 위한 정책인지 알 수 없다. 혹시 그 누구를 정책에서 소외시킬 목적은 아닌지 의심이 들 정도다. 지난 2015년 문화체육관광부가 실시한 국민 언어문화 인식 실태 조사에서 일반 국민의 92%, 공무원의 88%가 국민 삶과 직접 연결된 공공기관의 언어가 쉬운 우리말로 바뀌어야 한다는 의견을 내놓았다.

요즘은 영어를 쓰지 않으면 왠지 스스로 무식해 보인다. 아파트 이름을 외국어로 지은 지는 아주 오래되었다. 오죽하면 시어머니가 며느리 집을 찾지 못하도록 그렇게 했다는 우스갯소리가 있을까. 이건 그래도 민간 부문이니 어찌할 수 없다고 치자. 공공언어는 어떠한가?

소강춘 국립국어원 원장이 위의 기고에서 지적한 것처럼, 우리글을 솔선수범해서 써야 할 공공 행정기관에서 외국어 남발을 더 부추기고 있다. 어느 땐가 국회에서 유난히 패스트트랙, 캐스팅보트, 사보임 등을 많이 썼다. 국회가 아니라 언론이 그렇게 보도했을지도 모른다. 이 얼마나 어려운 말인가? 영어나 한자어로 된 말이라도, 이걸 우리말로 얼마든지 순화할 수 있는데 꼭 그렇게 써야 했는가 성찰해 보아야 한다. 예를 들어, 패스트트랙을 '신속 처리법안'이라고 하면 얼마나 금방 이해가 잘 되는가?

조선시대에는 한자를 써야 유식해 보였고, 지금은 영어를 써야 멋져 보이나 보다. 중국에 가서 간판을 유심히 보면, 위에는 그들만의 한자 간체자를 쓰고, 영어는 반드시 그 아래에 쓰고 있다. 중국은 대국이라 그렇고 우리는 소국이라 그런가?

말과 글이란, 공자가 지적한 것처럼 서로 잘 통해야 한다. 그러면 그만이다. 어디, 세종 당시나 지금이나 외국어를 써서 잘 통하는가? 이렇게 해야 우리가 잘 살 수 있는가? 그 수많은 국적 불명의 아파트 이름부터 고치면 좋겠다. 하트리움, 제이파크, 힐데스하임, 아이파크 …. 그나마 이렇게 소리 나는 대로 한글을 쓰면 다행이다. 아예 영어로 써 놓은 것이 문제다.

또 깜짝 놀랐다. 유도리, 쇼부, 쿠사리, 기스, 땡깡, 만땅… 이게 다 일본말이란다. 나도 가끔 썼는데 부끄럽다. 이건 알아듣기는 하나 자존심 문제다. 심지어 우동도 일본말이란다. 이것은 차례로, 여유, 승부, 면박, 홈집, 떼, 가득 등으로 고치면 된다.

제573돌 한글날에 『훈민정음』 해례본을 바라보며, 창제 정신을 다시금 새겨본다. 백성을 위해 고군분투하신 세종대왕께 머리 숙여 예를 올린다. 고려는 직지를, 조선은 훈민정음을 낳았다. 그리고 대한민국은 메모리 반도체를 만들었다. 난 이를 우리 민족이 창조한 기록 문화의 3대 걸작품이라고 본다.

『훈민정음』 해례본 간행 573돌을 기념하기 위해 '한글을 빛낸 인물 28인 전시회'가 서울도서관에서 열렸다. 한글날이 『훈민정음』 해례본이 간행된 날(1446년 9월 상순)을 기준으로 정해졌기 때문에, 한글날이나 해례본 간행 기념일이나 모두 573돌이다. 서울특별시가 주최하고 세종국어문화원이 주관하는 뜻깊은 행사다. 한글을 빛낸 28명이 누굴까 하고 궁금했다. 이 숫자는 새로 만든 문자 28자를 말한다. 나의 가장 큰 관심은 신미대사가 여기에 포함되었느냐 하는 것이다. 아, 28인에 들어 있었다. 정말 기쁘다. 주관 단체인 세종국어문화원의 원장은, 다름 아닌 훈민정음 학자 김슬옹 박사이다. 그분이 신미대사를 28인에 넣었다.

임금에게는 왕사 급의 대우를 받으면서, 어찌도 그렇게 유신들에게는 혹독한 비판과 폄훼를 당했을까? 신미는 조선왕조실록에 기사로 69건, 이름으로 139번(국역의 제목과 본문)이나 나오는 실존 인물이다. 몇 번이고 세고 또 세었다. 신미대사가 28인에 든 이유는 '한글 보급의 숨은 공신'임을 인정했기 때문이다. 실록 기록에 의하면 그럴 수밖에 없다는 점을 알고 있다.

좀 아쉽기는 해도, 신미대사를 연구하는 나로서는 고맙기가 그지없었다. 국립한글박물관에도 없는 신미를 끄집어내어 주었기 때문이다. 오로지 하나다. 한글의 탄생은 아직도 베일에 가려져 있다. 그 역사적 진실은 무엇인가?

조선왕조실록을 카페에 올리다

두 달여 동안 힘들고도 어려운 작업이었다. 살다가 별일도 다 있지. 내가 조선왕조실록을 거들떠볼 줄이나 알았나. 앞에서도 말했지만, 사이트가 있겠지 하고 검색하니, 조선왕조실록 사이트가 나왔고, 키워드로 검색하니 관련 내용이 주르륵 나타났다. 출력도 할 수 있었다.

이를 하나의 책자로 묶고는, 읽으며 줄을 치고, 생각하고 또 생각했다. 어려워 이해되지 않는 것은 주를 보고, 그래도 안 되면 네이버 고전 용어사전에 의존했다. 관련 부분을 진하게 하고, 핵심은 밑줄 처리했다. 기사마다 내 나름대로 괄호를 하여 제목을 달았다.

'훈민정음'이란 말은, 세종에서 정조 때까지 기사로 정확하게 10건이 나온다. 나머지에서는 모두 '언문'이란 말로 나온다. 언문은 세종에서 순종 때까지 무려 기사로 419건이 나온다.

여기서 말하는 훈민정음은 아마도 『훈민정음』 해례본이 아닌가 싶다. 여기에 정통한 학자에 의하면, 훈민정음은 두 가지 의미가 있다고 한다. 하나는 새로 만든 문자로서의 훈민정음, 이때는 '백성을 가르치는 바른 소리'라는 뜻이다. 또 하나는 책의 제목으로서의 훈민정음이다. 이는 바로 『훈민정음』 해례본이라는 66쪽의 책자를 말한다.

훈민정음이 과거 시험의 과목으로 채택된 적이 있다. 이것도 조선왕조실록을 읽고 나서야 알게 된 사실이다.

> 이조에 전지하기를, "금후로는 이과와 이전의 취재 때에는 『훈민정음』도 아울러 시험해 뽑게 하되, 비록 의리는 통하지 못하더라도 능히 합자하는 사람을 뽑게 하라." 하였다.
> ―세종실록 114권, 세종 28(1446)년 12월 26일 기미 3번째 기사

이때는 훈민정음을 반포하고 나서 얼마 안 되는 시점이다. 아마도 세종대왕 재위 시절에는 최소한 과거의 초급 시험에서 훈민정음을 시험 과목으로 채택한 것 같다. 그러나 세종이 죽고 나서는 훈민정음을 과거 시험의 과목으로 채택했다는 기사는 없고, 다만 문과 초장에서나 성균관에서 사서오경을 단계적으로 공부할 때 강의를 해줄 것을 건의하는 기사가 있을 뿐이다. 이는 세종이 죽자 훈민정음을 시험 과목에서 슬그머니 빼버렸다는 것을 말해준다.

다음의 세조 때 실록 기사를 보면 훈민정음을 중요하게 여겼던 것 같다. 세조는 수양대군 시절 가족의 한 구성원으로 훈민정음 창제에 참여했으니 그 소중함을 알았을 것이다.

> 예조에서 아뢰기를, "『훈민정음』은 선왕께서 손수 지으신 책이요, 『동국정운』·『홍무정운』도 모두 선왕께서 찬정하신 책이요, 이문도 또 사대에 절실히 필요하니, 청컨대 지금부터 문과 초장에서 세 책을 강하고 사서·오경의 예에 의하여 분수(점수)를 주며, 종장에서 아울러 이문도 시험

하고 대책의 예에 의하여 분수를 주소서." 하니, 그대로 따랐다.

―세조실록 20권, 세조 6(1460)년 5월 28일 계묘 2번째 기사

신미대사는 기사로 69번 나오고, 이름으로는 139번(국역의 제목과 본문) 나온다. 세종에서 시작하여 문종, 단종, 세조, 예종, 성종, 연산군 때까지 나온다. 그런데 참으로 놀랍다. 앞에서도 말했지만, 신미는 왕들에게는 왕사 같은 대우를 받는다. 신하들이 신미를 아무리 헐뜯고 비난하여도 웬만해서는 들어주지 않는다. 특히 문종은 선왕이 존숭했던 중이 아니냐고 입버릇처럼 말한다.

예를 들어, 다음 기사는 임금인 문종이 신미를 얼마나 존숭했는지를 알 수 있다. 이 기사는 장령 하위지가 문종에게 올린 상소인데, 신미대사에게 내린 칭호(직첩)가 부당함을 아뢰는 대화 중 일부이다.

임금이 말하기를, "세종께서 일찍이 말씀하기를, '왕사라고 칭하면 불가하지마는, 그 밖의 직은 무방하였다.'라고 하시었다. 이것은 왕사가 아니고 다른 직과 같으니, 무엇이 불가할 것이 있느냐? 만일 세종의 분부가 있었다면 비록 왕사라도 또한 공경하여 따라야 한다." 하였다.

―문종실록 2권, 문종 즉위(1450)년 7월 9일 신해 3번째 기사

나는 조선왕조실록을 읽으며 자세히 살폈다. 혹시 신미대사가 훈민정음이나 언문 창제에 관여했다는 기록이 있는지…. 그런데 아무리 찾아보아도 직접적인 기록은 없었다. 다만, 문종실록에 실낱같은 실마리를 찾을 수 있었다. 바로 정음청에 관한 기록이다. 정음청이 무엇인가? 정음청은 세종이 훈민정음 창제 후 널리 펴기 위해 궁궐 안에 두었던 특별 관청이다. 세종실록에는 언문청으로 나타나는데 이것이

문종 때 변하여 정음청이 되지 않았나 생각된다. 아마도 여기서 새로운 문자로 『훈민정음』 해례본, 『동국정운』, 『용비어천가』 등을 편찬하거나, 『석보상절』, 『월인천강지곡』 등의 불교 경전을 언해하는 일도 했을 것이다.

> 임금이 말하기를, "너희들이 말한 바가 모두 족히 의논할 만한 것이 없는 일이다. 다만 신미와 정음청의 일만은 너희들이 심상하게 이를 말하나, 신미의 직호는 이미 고치었고, 정음청은 오늘에 세운 것이 아니라 일찍이 이미 설치한 것인데, 하물며 그 폐단도 별로 없는 일이겠는가? 너희들의 뜻이 반드시 나더러 불교를 좋아하여서 불경을 찍으려 하여 그러한 것이라고 하겠으나, 그러나 나는 잠시도 불교를 좋아하는 마음이 없다. 만약 마음으로 성심껏 불교를 좋아하면서도 '불교를 좋아하지 않는다.'고 한다면 마음이 실로 스스로 부끄러울 것이다. 대군 등의 무리가 불경을 찍는 일과 같은 것을 내가 어찌 금하겠는가?" 하였다.
>
> ─문종실록 4권, 문종 즉위(1450)년 10월 28일 무술 2번째 기사

여기에서 문종은 신미와 정음청의 이야기를 하고 있다. 이 기사는 안왕경 등 6명의 대신이 문종과 사정전에서 대화를 나눈 기록이다. 처음에는 날씨 이야기를 하다가 나중에는 진관사 같은 사찰의 폐단을 말하고, 결국은 신미에 관한 일을 논한다. 당연히 신미에 대하여 부정적이다. 이 과정에서 대신들은 정음청 문제를 꺼내 들었고, 이에 대하여 문종 임금은 단호하게 대답한다. 아마도 그때까지도 정음청은 존속한 것 같다.

왜 문종은 정음청을 신미와 결부 지어 말했을까? 이건 간과해서는 안 될 중요한 단서다. 모르긴 해도, 실록을 편찬하는 과정에서 신미가

훈민정음 창제에 관여했다는 기록을 다 삭제할 수는 있었어도 이것만은 깜빡 놓쳤을지도 모른다. 정음청은 세종 때 설치한 관청이고, 말그대로 훈민정음과 관련되어 있다는 것은 틀림없는 사실이다.

　나는 조선왕조실록에 있는 훈민정음과 신미대사 관련 기사를 연구회 카페(http://cafe.daum.net/2019mbg)에 모두 올렸다. 카페 이름은 '한글창제와 신미대사 연구회'다. 정말 쉽지 않았다. 검색을 하고, 검색된 기사를 확인한 후 하나하나를 복사한다. 그리고는 내용을 자세히 읽어 보고 제목을 단 다음, 해당하는 부분에 밑줄 처리를 하여 게시판에 올린다. 매일 들어가서 보면, 누군가 카페를 방문하여 읽는 사람이 있었다. 참 신기했다. 누군가 내가 올린 자료를 공유하고 있다는 것이! 내가 카페 운영자라서 통계를 볼 수 있는데 카페 개설한 지 5개월 만에 3,140명이 방문했다. 그래도 이게 어디인가? 게시물마다 다른데, 어떤 것은 150건이 넘는 조회 수를 기록하는 것도 있었다.

　내가 무엇을 바라는가? 카페를 운영하는 것도 SNS에 글을 올리는 것도 한글 창제, 그 역사적 진실을 알고 싶어서다.

김수온의 『식우집』을 찾다

사람이 간절하면 찾아진다고 했던가? 세종이 신미를 불러서 만났다는 기록이 『식우집』에 나온다고 하는데, 원문을 꼭 보고 싶었다. 그 원문을 찾고야 말았다. 이 책은 신미대사의 둘째 동생이자 집현전 학사였던 김수온의 문집이다. 모두 24권이 있었다는데 현재는 권2와 권4만 원본으로 전한다.

한국고전번역원이라는 곳이 있었다. 들어는 보았으나 관심이 없으니 찾을 리가 없었다. 2007년에 설립되었는데, 말 그대로 한국 고전을 번역하는 국가기관이었다. 틈내는 대로 들어가 찾아 헤매다가 '한국문집총간'에서 결국 『식우집』을 찾았다. 식우는 김수온의 호다. 문제는 번역문이 없었다. 다른 문집도 그런가 했더니 거의 번역이 되어 있지 않았다.

아뿔싸! 이럴 줄 알았으면 한학 공부나 해 둘 걸…. 급한 마음에 학교 한문 선생님에게 달려가 앞뒤를 대충 해석해 보았다. 다행히 내가 알고 싶은 부분은 다른 사람이 해석해 놓은 것이 있어 금방 확인할 수 있었다. 그런데 다른 부분은 아득하기만 했다. 글이라는 게 앞뒤를 알아야 이해가 되지 않겠는가? 답답하기가 이루 말할 수가 없었다. 어서 빨리 완역되기를 바랄 뿐이다.

세종이 신미를 만났다는 부분은 다음과 같다.

"예전에 세종께서 신미의 이름을 듣고 산으로부터 불러 담소를 나눴다. 신미의 대답이 모두 이치에 맞고 의리가 정밀하고 넓었다. 아뢰고 답하는 것이 세종의 뜻에 어긋남이 없었다. 이로부터 세종이 총애하고 만나는 날이 많아졌다."

初世宗大王聞釁者名。自山召至。賜坐從容。談辨迅利。義理精暢。奏對稱旨。自是。寵遇日隆 …。

側醫藥禱祀尚未得效於是招集淨侶至誠精勤
果蒙靈應。聖躬乃安諸宗室爭出金帛乃阿
彌陀觀音大勢至三像慧覺尊者眉公來相是寺
九爲勝地乃撤舊以新之層樓傑閣飛甍山谷遂
遼安三像於此初　世宗大王聞尊者名自山谷
召至　賜坐從容談辨迅利義理精暢奏對稱旨
自是寵坐日隆。　文宗賜號慧覺尊者禪敎都總
之至又即住恩門及我　聖上自在潛邸相與知音
成佛像所在而尊者又先王所春遇天順八年
春二月　駕行于忠淸大駕到淸州留二日驗皮
嶺道懷仁本月二十七日庚戌。

屛風松翠翼日辛丑大軍于山下　命獅子衝
控弦衞壯勇限司慎及孝寧大君臣補臨瀛大君
臣璔永膺大君臣琰永順君臣溥永川卿臣定龜
城君臣浚銀川副正臣徹領議政府事臣申叔舟
雲城府院君臣朴從愚河城尉臣鄭顯祖仁山君
臣洪允成文城君臣柳洙行上護軍臣李允孫兵
曹判書臣尹子雲王曹判書臣金守溫戶曹
臣金國光行上護軍臣元濬兵曹判書臣宋文
琳都承旨臣盧思愼右承旨臣李坡右副承旨臣
申潊僉知中樞府事臣尹欽惡淸道觀察使臣辛
永孫等扈駕。上與中宮殿下王世子幸是寺
日正午。　上御衰龍袍諸佛前獻香旦。命是日

爲起始定三十三負爲上堂大設法會
約三日而罷。傳肯于戶曹給田二百結米三百
石又令刊曹蜀藏飯三十口伻常住鄉火之費
灑宸翰誕成十行奎章璧瑛輝映天地以昭
鎮于山門尊者臣眉信臣樺德臣斯智大禪師臣學
悅擧祖等頓首稱謝顆批文臣記于是寺乃　命
典護帝王之治之學可見況佛氏爲三敎之尊
出治之原昔賁帝之訪具莢凄堯之務光楷諸
莫不崇仁義以臻治道之美亦莫不本淸淨以澄
臣守溫筆之臣伏惟古帝王之治天下國家也
德之主乎故歷代帝王或崇或信非徒茍爲而已
也惟我　主上殿下聖德神功卓冠百王仁文義

武格于上下即位以來中外乂安風雨順時以
致自有東方未有之太平尙應吏治之或未戢民
生之或未裕延臨外服省其耕歟亦東方未有至尊
座峯也樸踏臻禮三寶屈身至尊
迎著德崇問與義決心要其所以澄心原以
出治之本者雖具莢之訪務光之接何以加之我
鳴呼至我蓋以有尊者故四方之人地無遠近人
有俗離山以有尊者故四方之人皆知報恩之
繼崇爲之重歟況我　聖上至道是崇宿德是崇
山亦爲之重歟況我　聖上至道是崇宿德是崇
親舉王趾照臨山谷風雲爲之洞壑爲之爭
輝昭回乎日月擁衛乎天龍寶山此寺千百載

拭疣集 卷二

稀有之盛事也曠世難逢之奇會也嗚呼
地不知其幾千萬年而乃有此寺自有天
其幾百年而乃有今日其䂓偉與天地
相敵億萬年無疆之勝慶也皇此山
而擬其長短曾幸于此故爲治御路如此又
傅曰雖祖僧側石布道山中古老相得
德之盛治學之羙班我聖朝與否未知功
以爲山中之羙是年春二月有日奉
教謹記

利靈應記

上之三十有一年秋七月十九日癸卯傳旨
議政府曰太宗嘗建佛堂于文昭殿之側所
以追寔福於列聖者也又昭殿今既徙建而佛
堂未管于恐墜先王之顧即命議政府左

司直臣鄭奉中樞院使臣閔伸判内侍府事臣徊濕
贊臣直臣擢懶副司直臣逵大海行直長臣刊命敏
行司礎局丞臣賁思義掌丹履之事錦城大君臣
臣李春護軍臣安堅行司勇臣李揚美臣强吉生
廷慶之安平大君臣瑈領之又命内侍府謁者
瑜義昌君臣珝等卜地于宮城之此始於
七月二十八日壬子畢於冬十一月二十日壬寅
總二十六間凡百制度極一時之盛初
歟大王以賛金轎三身如來未就而賓天至是
上命行令内侍府臣韓渷同判内侍府事臣田
畇堅行司直臣金南洽行副司直臣姜升左副承

『식우집』 권2 「복천사기」(한국문집총간 제9권, 한국고전번역원, 1988), 75~77쪽.

여기서 중요한 것이 있다. 바로 앞뒤 문맥과 '초(初)'에 관한 해석이다. 어떤 이는 위의 첫 번째 원본의 왼쪽에서 두 번째 행에 나오는 경오년의 일을 확대해석하여 세종이 신미를 산에서 부른 해를 경오(1450)년이라고 주장한다. 이는 잘못된 해석이다. 세종은 1450년 2월 17일에 사망했고, 1446년 소헌왕후 장례 때 신미가 이를 주관했기 때문에 세종은 신미를 경오년 이전에 얼마든지 만날 수 있었다.

다음으로, 두 번째 원본 다섯 번째 행에 나오는 '초(初)'에 관한 해석이다. 원본에 보면 '初' 자 뒤의 칸을 많이 띄웠다. 활판 식자 상의 문제인지 탈자가 된 건지는 몰라도 유난히 띄웠다. 이는 아마도 '初' 자에 중요한 방점을 둔 것이 아닌가 생각해 본다. '初' 자는 자전에 보면, '처음'이란 뜻도 있지만 '이전, 종전, 옛날'이란 뜻도 있다. 그러니까 문맥상으로 보면, 세종이 병이 나기 이전에 세종이 신미를 불러 만났는데 질문을 해 보니 시원하게 대답을 하여 신뢰하게 되었고, 이로부터 더 자주 만나게 되었다는 것을 강조한 것이 아닌가 생각된다. 여기서 질문과 대답은 훈민정음 제정과 관련되지 않았나 짐작해 본다. 문구를 자세히 보면 어딘가 생략된 듯한 의심이 들기도 한다.

또 어떤 이는 〈복천사기〉가 김수온이 자신의 친형인 신미대사를 기념하기 위하여 쓴 개인 문집이기 때문에 증거로서 신빙성이 떨어진다고 평하기도 한다. 이 역시 잘못된 판단이다. 위 〈복천사기〉 세 번째 원본 중 오른쪽에서 다섯 번째 행을 보면 "尊者臣信眉禪德臣斯智, 大禪師臣學悅, 學祖等。頓首稱謝。願托文臣記于是寺。乃命臣守溫筆之。"란 말이 나온다. 이는 "혜각존자 신 신미, 선덕 신 사지, 대선사 신 학열, 학조 등이 전하(세조)께 돈수 사은하였다. 그리고 신 불초 김수온에게 이 절의 기문을 지으라 명하시었다."라고 해석할 수 있다.

이는 〈복천사기〉가 김수온이 단지 자신의 형인 혜각존자를 기념하기 위하여 자발적으로 쓴 글이 아니라, 왕명에 의하여 기록을 위해 썼음을 밝히고 있다. 또한, 네 번째 원본 말미에도 "왕명을 받아 삼가 적다."라고 정확히 써 놓고 있다. 그렇다면 〈복천사기〉는 매우 중요한 역사적 증거로 인정받아야 한다.

김수온, 그는 누구인가? 조선 초기의 문신이자 대문장가로 세종의 총애를 받았다. 아버지는 김훈으로 불효 불충의 죄로 유배형에 처해졌으나, 나중에 복원되어 영의정에 추증되었다. 무엇보다 김수온은 신미대사의 친동생이라는 사실이다. 김수온은 친형인 신미 때문에 수없이 곤욕을 치른다. 유자의 나라에서 형님이 승려이니 여기저기서 지청구를 받는다. 신미도 안쓰럽지만, 그 동생인 김수온도 안쓰럽기는 마찬가지다.

앞에서도 언급했지만, 세종이 김수온에게 고신(告身, 조정에서 내리는 벼슬아치의 임명장)을 내리고자 하는데, 대신들이 서경(署經, 임금이 관원을 임명할 때 그 성명, 문벌, 이력 따위를 써서 사헌부와 사간원의 대간에게 그 가부를 묻던 일)을 반대한다. 그러나 세종은 단호히 이를 물리친다.

사간원에서 아뢰기를, "훈련 주부 김수온이 이제 서반에서 동반으로 옮겨 임명되었사온데, 그 아비 김훈이 기왕에 불충을 범하였으므로 고신에 서경할 수 없나이다."하니, 임금이 말하기를, "수온이 문과 출신으로 이미 동반을 지냈는데, 너희의 말이 늦지 아니하냐. 또 조정의 신하로서 이 같은 흠절이 있는 자가 자못 많은데, 너희들이 그것을 다 쫓아낼 것이냐. 속히 서경함이 마땅하니라." 하였다.

수온의 형이 출가하여 중이 되어 이름을 신미라고 하였는데, (…하략…)

—세종실록 116권, 세종 29(1447)년 6월 5일 병인 2번째 기사

아마도 김수온(1410~1481)은 과거 시험을 늦게 본 것 같다. 1441(세종 23)년이 되어야 식년 문과에 병과로 급제하였기 때문이다. 이때가 그의 나이 31세다. 그것도 병과의 정자라는 벼슬로 시작했다. 따져 보면 바로 이해가 된다. 아버지 김훈이 유배형에 처해 지자, 명문 사대부 집안이 일순간에 풍비박산이 났다. 맏형인 김수성은 성균관에 다니다가 퇴학을 당하여 결국은 승려가 되었고, 김수온 자신도 적잖게 방황을 했을 것이다.

운이 좋게도 명문 집안에서 태어나 재능이 뛰어났고, 아버지 김훈의 죄가 풀리자 바로 과거에 도전했던 것으로 보인다. 세종은 김수온

이 뛰어남을 알고 바로 집현전 학사로 임명한다. 승승장구하여 1474
년에는 영중추부사에 오른다. 형인 신미의 영향을 받아서인지는 몰라
도 불경에 통달했을 뿐 아니라, 사서삼경 등 유교 경전에도 해박했다
고 한다. 김수온의 졸기(卒記, 돌아가신 분에 대한 마지막 평가)를 보면
세종이 김수온을 얼마나 아꼈는지를 알 수 있다.

> 김수온은 나면서부터 영리하고 뛰어나 정통에 진사시에 급제하고, 신
> 유년에 문과에 급제하여 교서관 정자에 보임되었다. 세종이 그 재주를
> 듣고 특별히 명하여 집현전에 사진하게 하고, 『치평요람』을 수찬하는 일
> 에 참여하게 하였다. 임금이 때때로 글제를 내어 집현전의 여러 유신을
> 시켜 시문을 짓게 하면, 김수온이 여러 번 으뜸을 차지하였다. 훈련원 주
> 부·승문원 교리를 지내고, 경태에 병조 정랑에 특별히 제수되고, (…하
> 략…)

> —성종실록 130권, 성종 12(1481)년 6월 7일 경술 1번째 기사

집현전 학사인 김수온은 형인 신미대사와 함께 불경 언해 작업에
많이 참여했다. 정광 고려대 명예교수는 "세종은 신미의 새 문자에
대한 지식을 인정해 수양대군, 김수온과 더불어 『증수석가보』를 언해
하고 『석보상절』을 편찬하게 했다."라고 말했다. 아마도 세종이 583수
의 찬불가인 『월인천강지곡』을 손수 지었다고 하는데, 김수온과 그의
형인 신미가 이를 도운 것은 자명한 사실이다.

『식우집』으로 다시 돌아가 본다. 여기에는 세종이 신미를 만났다는
기록은 나와 있는데, 언제 만났는지 날짜가 나와 있지 않다. 참 아쉬운
부분이다. 관련 자료를 더 찾아보면 실마리가 보일 수 있다. 아무리
친형이라고 해서 없는 사실을 거짓말로 꾸몄을까? 그것도 왕명으로

기록했다고 명문으로 나와 있는데 말이다. 또 세종이 김수온을 그렇게 총애했는데, 그의 친형인 신미를 세종이 모를 수 있었을까?

역사는 기록이 없다고 무조건 내팽개칠 것이 아니다. 조그만 실마리라도 주워 담아 보듬어야 한다. 흩어진 모래알에서 진주가 나올지 누가 알겠는가?

이단으로 몰린 불교

비 오는 일요일이다. 꼼짝 않고 서재에 앉아 책을 읽는다. 이것저것
번갈아 읽다가 이번에는 흥미로운 책을 손에 쥐었다.『왜 세종은 불교
책을 읽었을까』란 책이다. 언해 불전 연구를 오랫동안 해 온 오윤희
작가가 쓴 책인데 나에게 확 당기었다.

여전히 난 '훈민정음은 누가 만들었을까. 세종 혼자 만들었을까.
그 어려운 문자를 어떻게 혼자 만들어?'라는 질문을 하고 있다. 그러
면서 누군가 함께 한 사람이 있다. 그는 바로 신미대사일 거로 생각하
고 있다. 최근 나름대로 논문을 쓰고 난 후, 그것은 거의 확신으로
변했다.

이 책을 읽다가 기가 막힌 역사적 사실을 발견했다. 바로 이단에
대한 해석인데…. 알다시피, 불교는 조선에서 이단의 종교였다. 특히
조선 초기에 더 그랬다. 조선을 세운 유자들이 제일로 내세운 것이
억불이요, 척불이다. 이것은 '태승니(汰僧尼)'라는 정책으로 실행되었
다. 즉 승려들을 씻어낸다는 뜻이다.

『논어』 위정편 제16장에 "공호이단(攻乎異端) 사해야이(斯害也已)"라는 말이 나온다. 주자가 이를 "이단을 전공하면 해로울 뿐이다."라고 해석해 놓았다. 이를 근거로 유자들은 억불을 주장하기 시작했다. 세종 때 다음의 상소문을 보면 이를 알 수 있다.

성균관 대사성 김반 등이 상소하기를, "신 등은 그윽이 들으오니, 이단의 교리는 천리를 멸하고 인륜을 저버리므로 원래부터 천하와 국가를 다스리는 도가 아니기 때문에, 공자께서도 이를 배척하시기를, '그 어버이를 사랑하지 아니하고 다른 사람을 사랑하는 것은 패덕이라 이른다.'고 하였고, 또 이르기를, '후하게 할 데에 박하게 하고 박하게 할 데에 후하게 하는 자는 있지 않는 것이다.'고 하였는데, 주자가 해석하기를, '후하게 할 데라고 하는 것은, 부자 형제의 은혜를 마땅히 후하게 할 것을 이른다.'고 하였거늘, 저 석가는 이를 벗어나서 후하게 할 데에 박하게 하니, 비록 육도만행이 구족원만 할지라도 그 불효·부제(不悌)한 죄를 면하지 못할 것이오니, 이른바, '이단을 공부(전공)하는 것은 해롭다(攻乎異端, 斯害也已).'고 한 것이 이 때문입니다."

—세종실록 94권, 세종 23(1441)년 윤11월 18일 신사 1번째 기사

여기서 전공이란 '전념하여 연구하다.'라는 뜻이다. 주자가 누구인가? 바로 중국 남송의 학자로서 기존의 유학을 새롭게 해석하여 성리학을 만든 분이다. 조선은 이를 받아들였고, 국시로 삼았다.

공호이단에서 공(攻)은 칠 공자이다. 생각이 다른 사람을 공격한다는 뜻이다. 따라서 이는, 이단을 공격해 보았자 시비만 일어나니, 그보다 스스로 내실을 기하는 것이 더 낫다고 해석해야 옳다. 실제로, 조선 후기에 와서 정조는 신하들과의 경연에서 이런 의문을 던진 적이 있

다. 천주학이 들어와 논쟁이 벌어졌을 때, 정조가 좌의정인 채제공과 대화를 나누는 중에 다음과 같이 말한다.

상(정조)이 좌의정 채제공에게 이르기를, "이단을 공격하면 해로울 뿐이라고 한 것에서 성인의 깊은 뜻을 엿볼 수 있고, 중국은 오랑캐를 치기를 일삼지 않는다고 하였으니 비록 오호로 하여금 중국을 침입하게 하지는 못하더라도 진한처럼 전쟁을 지나치게 하여 나라를 병들게 하는 것도 옳지 않은 것이다. (…중략…) 그러나 이단은 오랑캐와 같은 것이니 또한 어찌 끝까지 다스릴 수 있겠는가?" 하였다.

—정조실록 33권, 정조 15(1791)년 10월 25일 병인 1번째 기사

정조는 공호이단을 '이단을 공격하면 해로울 뿐이다.'라고 해석하고 있다. 공(攻)자를 전공이 아니라 공격이라고 말한 것이다. 공자의 깊은 뜻을 알겠다는 뜻이다. 천주학도 서양 오랑캐의 학문이라서 이단은 이단인데, 그렇다고 해서 공격만 하면 이로울 것이 없다는 뜻을 내비친 것이다. 정조의 탁월한 식견이 보인다.

그런데 주자는 왜 공호이단을 다르게 해석했을까? 바로 그 시대도 억불숭유가 당면 과제였기 때문이다. 유학을 다시 살리기 위해서는 당나라 때부터 융성했던 불교를 억눌러야 했기 때문이다. 한마디로 유학자가 불교를 공부해서는 안 된다는 것을 강조한 것이다. 주자는 사실 성리학을 창시하기 전에 불교는 물론 이전의 학문을 섭렵한 것으로 알려져 있다. 혹시 불교의 가르침이 훌륭하다는 것을 알고 이를 차단하기 위해 그런 것은 아닐까? 모든 것은 정치와 관련되어 있기 때문이다.

그렇다면 조선은? 세종은 초기에 억불정책을 폈지만, 나중에는 호

불정책을 펼쳤다. 이 틈에 신미대사가 끼어들 수 있었다. 불교를 좋아하니 신하들의 상소가 빗발친다. 그 상소에서 단골로 인용되는 문구가 바로 이 '공호이단 사해야이'다. 즉, "전하, 이단에 빠지면 아니 되옵니다. 불교의 씨를 아주 말끔히 없애버려야 하옵니다."라고 주장한다. 이런 상황에서 신미가 한글 창제에 관여했다고 하더라도, 그 업적을 유신들이 인정할 리가 없다. 아니, 세종이 비밀로 한 채 입도 뻥긋하지 않았을 수도 있다.

지금은 어떠한가? 우리는 이단을 공격하는가, 이단에 빠지는가? 주자가 그렇게 해석한 이래, 주야장천 우리는 이단을 공격하고 있지는 않은가? 그 폐해가 이루 말할 수가 없다. 이단은 외부에만 있는 것이 아니라, 내부에도 있다. 조선은 마침내 불교를 씻어내자, 이제는 사색당파로 나뉘어 피바람을 불러일으켰다. 이단은 늘 공격의 대상이었다. 나와 다른 것은 전념하여 연구할 필요가 없는 것이다. 공부하고 연구해 보아야 알 텐데…. 불교는 기독교를 알고, 기독교는 불교를 알아야 이해가 될 수 있다.

"이단을 공격하면, 해로울 뿐이다!"

아, 공자는 이렇게 말한 것인데…. 세종과 정조는 아마도 공자의 이 깊은 뜻을 알고 있었던 같다. 하여 성군이다.

소설 『직지』 속의 신미대사

소설가 김진명은 베스트셀러 작가다. 최근 10년간 가장 많이 팔린 책은 바로 김진명 작가의 소설이다. 1993년에 나온 『무궁화 꽃이 피었습니다』라는 소설을 읽고 얼마나 감동을 하였는지 모른다. 이 소설은 북핵을 둘러싼 한일관계의 지형도를 파격적으로 그린 첫 소설인데, 자그마치 700만 부가 팔렸다고 한다. 정말 대단하다. 나도 책을 내보았지만 2쇄 이상을 찍어본 적이 없다.

이어서 『고구려』, 『미중전쟁』, 『사드』 등을 내놓았다. 최근에는 세계에서 가장 앞선 금속활자로 찍은 직지심체요절을 소설화한 『직지』를 펴냈다. 김진명 작가는 우리 시대에 가장 사랑받는 팩션(Faction) 소설가로 유명하다. 팩션 소설이란, 역사적 사실에 상상력을 덧붙인 새로운 장르의 소설이다. 팩션은 팩트(fact)와 픽션(fiction)을 합성한 용어다. 역사상 실제로 있었던 일과 실존 인물의 이야기를 작가가 상상력을 발휘하여 밀도와 긴장감을 더해 이끌어나간다.

어느 언론의 인터뷰에서 김진명 작가는 팩션 소설을 "기록된 문서

만으로 찬란한 과거를 복원할 수 없을 때, 육하원칙의 기술만으로는 궁지에 몰린 인간의 사명을 설명할 수 없을 때, 조급한 추궁의 세계가 아닌 거대한 미궁의 세계와 만나고 싶을 때, 의혹으로 가득 찬 팩트의 국경을 넘는다. 팩트에 픽션을 더한, 팩션 소설은 그렇게 탄생한다." 라고 말했다.

정말 그런 것 같다. 내가 요즘 읽기를 막 끝낸 『직지』도 그랬다. 김진명 작가의 작품을 읽어 보면 왠지 민족적 자부심이 용솟음친다. 그만큼 우리 한민족의 우수성을 아주 논리적으로 깊이 있게 다루고 있기 때문이다. 힘이 불끈

직지와 훈민정음

솟기도 하고, 미처 몰랐던 사실을 알게 되면서 탄성을 지르기도 한다. 소설이라서 거짓말이겠지 하다가도 아, 그럴 수도 있겠다고 생각하는 순간 잠자고 있던 상상력이 기지개를 켠다.

직지가 무엇인가? 이의 본래 이름은 '백운화상초록직지심체요절' 이다. 줄여서 '직지심체요절'이라고도 하고, 더 줄여서 '직지'라고도 한다. 고려 우왕 3(1377)년에 청주 흥덕사에서 금속활자로 찍었다. 이는 독일의 구텐베르크가 인쇄한 42줄 성서보다 78년이나 앞선다. 고려 말기의 백운화상이 선불교의 핵심적인 가르침만을 뽑아서 지은 책이다. 이것이 얼마나 소중했으면 제자들이 금속활자까지 만들어 책을 펴냈을까? 2001년에 그 가치를 인정받아 유네스코 세계기록유산으로 등재되었다.

김진명의 장편소설 『직지』는 모두 2권으로 되어 있다. 소설은 직지의 내용보다는 직지를 찍은 금속활자에 천착하여 동서양을 넘나든다.

직지를 인쇄한 흥덕사지

고려와 조선, 그리고 유럽과 현대를 자유로이 유영한다. 소설을 먼저 읽은 지인이 어느 날 『직지』에도 신미대사가 나온다고 말해 주었다. 나는 귀가 번쩍 뜨여 책을 얼른 구매하여 읽었다. 책을 읽을 때 정독을 하는 습관을 갖고 있어 진도가 잘 나가지 않았다. 이제나저제나 신미대사가 어디서 등장하나 하고 마음 졸였다.

신미는 1권이 아니고 2권에 나왔다. 살인사건이 발생하고 기자가 그 원인을 알아내기 위해 유럽까지 가서 이를 쫓고 있는 과정을 그리는데, 신미는 2권 두 번째 장인 「정체를 숨기는 선비」에서 전격 등장했다. 연극으로 말하면 막이 완전히 바뀌는 장면을 연출한다. 여기서 선비는 세종대왕을 말한다. 청주 초수리(지금의 초정약수) 인근의 주막에서 세종과 신미가 만난다. 여기서부터 숨 가쁘게 이야기가 전개되는데 손에 땀을 쥐게 한다.

신미는 여러 장면에서 등장한다. 몇 가지 장면을 소개하면 다음과
같다.

때는 1441년, 세종과 신미가 천하의 누구도 모르는 사이 아주 새로운
글자를 거의 완성해 가고 있을 무렵이었다.

　　　　　　　　　　　　　　　　　　　—『직지』제2권, 20쪽

신미는 깊이 고개를 숙였다. 그는 왕의 바람을 누구보다 잘 알고 있었
다. 새로운 글자는 누구나 한나절이면 익힐 수 있고, 보름이면 능숙하게
쓸 수 있도록 쉽고도 쉽게 만들어지고 있었다.

　　　　　　　　　　　　　　　　　　　—『직지』제2권, 23쪽

전하께옵서도 대소신료들의 눈을 피해 신미대사님께 일을 맡기신 형편
이온데, 새 글이 나왔다 해서 이런 형편이 바로 해소되지는 않을 것이옵
니다.

　　　　　　　　　　　　　　　　　　　—『직지』제2권, 28쪽

그렇다면 새 글을 모두 28자로 하고, 해례본은 33장으로 하며, 나의 어
지는 108자로 하겠소.

　　　　　　　　　　　　　　　　　　　—『직지』제2권, 31쪽

이후로도 소설에 신미는 계속 등장한다. 「조선왕의 비애」장에서는
대신 중의 한 명인 강종배가 명나라의 사신 주구에게 신미의 존재를
보고한다. 신미란 요사한 중이 왕과 함께 명나라 몰래 새로운 글자를

만들고 있는데, 당장 잡아 죽여야 한다고 말한다.

나의 가장 큰 관심은 베스트셀러 작가 김진명이 신미대사를 어떻게 기술했느냐 하는 거였다. 정말 깜짝 놀랐다. 이 분이 영화 〈나랏말싸미〉를 보고 소설을 쓰지는 않았을 텐데, 어찌 영화 내용과도 비슷하고 내 생각과도 그리 똑같냐 이거다. 나만 이렇게 SNS에 글을 올리고 연구 논문을 쓰고 하면서 고군분투하는 것이 아니라, 우리나라에서 내로라하는 김진명 작가가 이렇게 생각하고 있으니 천군만마를 얻은 기분이다.

내가 무엇을 바라겠는가? 오로지 한글 창제의 비밀을 알고 싶어서다. 훈민정음은 과연 어떻게 탄생했는가? 이는 아직도 베일에 가려져 있다. 설만 분분할 뿐. 내가 어디서 태어났는지 부모도, 고향도 모른다면 얼마나 답답하겠는가? 비유하자면, 그런 심정이다.

『월인석보』 권1의 장수가 108장이라고?

　김진명 작가의 소설 『직지』 1, 2권을 다 읽고는 깊은 생각에 잠겼다. 왜냐하면, 뭔가를 배우고 나서 그걸 곱씹지 않으면 얻는 것이 없기 때문이다. 나는 걸으면서 사색하기를 좋아한다. 마치 소가 여물을 먹고 나서 새김질을 하듯이 생각의 알갱이를 이리저리 굴려본다. 그러면 낱개의 생각들이 한 덩어리로 뭉치기도 하고, 굴비가 새끼줄에 보기 좋게 꿰어지듯이 논리가 선다.

　며칠의 시간이 흘렀다. 훈민정음에 대한 궁금증이 또 도졌다. 그동안 사 놓은 책을 뒤적뒤적하다가 한 권에 눈이 꽂혔다. '『월인석보』, 훈민정음에 날개를 달다'란 책이다. 벌써 사 놓고 다른 책에 밀려 읽지도 못한 채 그냥 꽂혀 있었다. 물론 그 책이 무슨 내용을 담고 있었는지는 알고 있었다. 앞부분을 읽다가 이게 무슨 소리인가? 『월인석보』 권1의 장수가 108장이란다. 헉! 어디서 들어본 것 같기도 하고…. 막 궁금해지기 시작했다.

　나는 궁금해지면 못 견디는 성미다. 어떻게든 확인해야 직성이 풀리는 그런 성격이다. 아니, 훈민정음 언해본, 즉 '나랏말싸미 중국에 달아…'로 시작하는 세종 어제 서문이 108자요, 『훈민정음』 해례본의 정음편 한자의 갈래 수가 108자라는 것은 앞에서도 말한 적이 있다. 그런데 뭐가 또 108장이라고? 원본을 직접 보지 않는 이상 확인할 길이 없었다.

'『월인석보』, 훈민정음에 날개를 달다'란 책은 정진원 동국대학교 연구교수가 썼다. 저자의 약력 소개를 보니, 국어학자이면서 동시에 불교학자였다. 홍익대학교에서 『석보상절』과 『월인석보』를 주제로 문학박사 학위를, 동국대학교에서 『삼국유사』를 주제로 철학박사 학위를 받았다.

책을 쓰게 된 배경을 참 재미있게 밝혀 놓았다. '30년 선재 동자 놀이'라고 표현해 놓았다. 『화엄경』 입법계품에 나오는 선재 동자가 53 선지식을 찾아다니는 여정을 비유한 듯하다. 처음에는 중세 국어를 알아보기 위해 『월인석보』를 공부했는데, 이 책의 내용이 불교다 보니 어려움을 겪었다. 결국에는 이를 해결하기 위해 불교까지 공부하게 되었단다. 그 과정에서 수많은 선배 학자들을 찾아다니며 공부를 했다고 밝히고 있다.

그런데 이 책에서는 『월인석보』 권1의 장수가 108장이라만 해 놓았지, 원본이 첨부되어 있지 않았다. 원본이라 할 수 있는 것은, 책 중간중간에 원본을 영인한 사진을 제시해 놓은 것이 전부였다. 그리고는 그에 관한 현대어 번역과 저자 나름의 해설을 써 놓았다. 이것만 읽어도 가슴이 벅찼다. 그 어려운 15세기 표현을 어떻게 이리 쉽게 읽을 수 있도록 해 놓았는가!

나는 궁리를 거듭하다가 영인본이 없을까 하여 인터넷을 뒤졌다. 마침 한글서예연구회에서 15세기에 발행된 책을 시리즈로 영인하여 판매하는 한글 서체 교본이 있었다. 그러잖아도 일전에 『훈민정음』 해례본과 언해본이 동시에 실려 있는 교본을 산 적이 있었다. 그 생각이 번득 스친 것은 나에게 행운이었다. 쿠팡으로 시켰더니 바로 그 이튿날 도착했다. 『월인석보』 권1이 고스란히 들어 있는 영인본이었다.

받아보는 순간 가슴이 쿵쿵 뛰었다. 과연 『월인석보』 권1이 108장으로 이루어져 있다고 하는데 과연 그럴까? 글의 체제가 108장(章)으로 되어 있다는 건지, 아니면 종이로 셀 때 그 장수가 108장(張)이라는 건지 확인할 수 있는 순간이었다. 퇴근하자마자 옷도 벗지 않은 상태에서 영인본을 뒤지는 나를 보고 아내는 심드렁하게 바라보고 있었다.

일단 내용을 보니, 글의 체제로서 108장은 아니었다. 종이를 세어보았다. 그런데 108장이 나오지 않았다. 이게 뭔가 하고 실망을 하다가 앞에 써 놓은 안내문을 보았다. 『훈민정음』 언해본이 여기에 없었다. 『월인석보』 권1은 언해본으로 시작된다. 언해본이란 『훈민정음』의

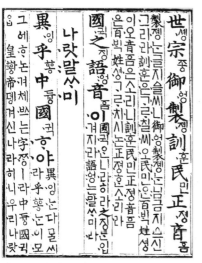

『월인석보』 서 첫 면.

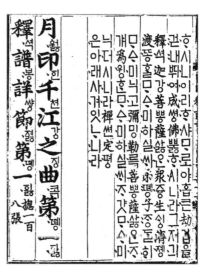

『월인석보』 권1 마지막 면.

정음편을 언문(한글)로 옮겨 놓은 것을 말한다. 그 정도는 이미 알고 있었다.

부랴부랴 일전에 사 놓은 언해본의 장수를 세고, 이어서 『월인석보』 권1의 장수를 손에 땀을 쥐며 헤아렸다. 정확하게 108장이었다. 어찌 이럴 수가! 더 놀란 것이 있다. 권1의 맨 끝에 친절하게도 '摠 一百八張'이라고 쓰여 있었다. 편제를 보니 훈민정음언해 15장, 팔상도 7장(낙장 1장), 석보상절 서 6장, 어제 월인석보 서 26장, 불패(패기) 1장, 본문 52장 등이다. 팔상도에서 '쌍림열반상'이 없다.

『월인석보』는 세조 5(1459)년에 간행한 책이다. 세종 말기에서 세조 초기까지 양대에 걸쳐 약 13년 동안에 편찬한 책이다. 석가모니 일대기의 결정판일 뿐만 아니라, 훈민정음 반포 이후 제일 먼저 나온 불경 언해서다. 25권 정도가 간행되었다고 하는데, 현재 전하고 있는 『월인석보』는 모두 19권이다. 그 중 권1의 종이 장수가 108장이다. 왜 그랬을까?

『월인석보』는 『월인천강지곡』과 『석보상절』을 합본한 책이다. 세종의 명으로 수양대군(세조)이 『석보상절』을 지어 올렸는데, 이를 본 아버지 세종이 감탄하여 『월인천강지곡』을 지었다고 한다. 『석보상절』은 앞에서 말한 대로 석가모니의 일대기(족보)를 담은 책이고, 『월인천강지곡』은 석가모니의 공덕을 583수의 시로 노래한 찬불가다. 부처님의 은혜가 천 개의 강에 비친 달과 같다는 뜻이다. 아마도 임금 세종도 천 개의 강을 비추는 하나의 달이 되고 싶었을 것이다.

『석보상절』은 세종의 비 소헌왕후가 죽고 나서 최초로 훈민정음으로 펴낸 책이다. 매우 의미 있는 책이다. 『월인석보』는 『월인천강지곡』의 '월인'과 『석보상절』의 '석보'를 따서 지었다. 아버지 세종이 지은 책이기에 월인을 앞에 두고, 석보는 뒤에 놓았다. 세조가 즉위하고 나서 맏아들 의경 세자가 요절하자, 그 슬픔을 이기지 못하여 『월인석보』를 지었다고 하는데, 학자들은 세종 때 이미 만들어진 책을 재편한 것으로 보고 있다.

『월인석보』 편찬을 위한 자문을 맡은 사람이 누구일까? 바로 신미대사였다. 아마도 『석보상절』과 『월인천강지곡』도 신미가 도움을 주었을 것이다. 그런데 어제 월인석보 서문에 아예 신미의 이름이 명문으로 나와 있다. 혜각존자 신미를 위시하여 수미, 홍준, 학열, 학조, 김수온 등의 이름이 기록되어 있다. 이중 신미는 가장 핵심적인 역할을 하고 있다. 세조가 여러 사람에게 업무를 나누어 주었는데, 모르는 것은 신미대사에게 물어서 처리하라는 내용이 있다. 쉽게 말하면, 신미가 자문위원장을 맡은 셈이다.

아, 그렇다면 권1을 108장으로 한 것은 신미인가, 세조인가? 우연인가, 의도적인가? 아무래도 의도적인 것 같다. 팔상도 같은 그림이 왜 들어가 있을까? 이것은 목판화다. 이걸 여기에 왜 넣었을까? 기어코 108장을 채우기 위해서 그런 걸까? 앞에서도 말했지만, 팔상도에 쌍림열반상이 없다. 또 중간에 '불패'라는 패기가 있다. 이는 불교식 위패라고 보면 된다. 앞면에 '세종어제월인천강지곡, 소헌왕후동증정각'을, 뒷면에 '금상찬술석보상절, 자성왕비공성불과라'라고 나란히 썼다. 불교적 기원이 가득하다.

여기서 큰 의문이 제기된다. 신미대사가 훈민정음 창제에 관여하지 않았다면 이 엄청난 언해 작업을 할 수 있었을까? 훈민정음을 잘 모르는 사람이 어찌 그 어려운 자문역을 맡을 수 있을까? 자문이란 모든 걸 다 꿰뚫고 있는 사람만이 할 수 있는 일이다. 이는 또 하나의 훈민정음 비밀코드다. 이럴 수가!

연구 논문을 쓰다

그동안 한글 창제와 신미대사 관련 글을 페이스북에 올렸더니, 관심을 보이는 분이 꽤 계셨다. 직접 의사를 표하는 분도 계셨고, 댓글로 지지나 성원을 보내는 분도 계셨다. 그 중 한 분이 '충북학연구소'를 소개하면서 논문을 제출해 보기를 권했다. 그것 참 좋겠다고 생각하고 꼬박 한 달이나 노심초사하며 논문을 썼다.

오랜만에 논문을 쓰려니 머리에 쥐가 날 것 같기도 하고, 무엇보다 근거를 제시하면서 글을 체계화하기가 쉽지 않았다. 대학원 석사논문을 쓰고 처음이니…. 논문을 왜 썼겠는가? 오로지 하나다. 너무도 궁금한, 하여 더 신기한 한글 창제다. 그 어려운 훈민정음을 세종 혼자 힘으로 만들었다고 하는데 그럴 리가 있나. 이제까지 어느 한 사람도 이에 동의하는 사람을 보지 못했다. 아니, 한글의 뿌리, 즉 훈민정음이 어떻게 태어났는지도 정확하게 모르면서 그 우수성을 논한다는 것이 좀 그렇지 않은가?

사람이 살다 보면 정말 때가 있다는 것을 느낀다. 아무리 뭔가를 이루려고 해도 억지로 되지 않는다. 사람을 만나는 것도 그렇고, 공부를 하는 것도 그렇다. 들판의 나무가 봄이 되어야 꽃이 피듯이 사람의 일도 그런 것 같다.

요즘 시절인연이란 말을 자주 떠올린다. 10년 전에 입적하신 법정 스님이 애용했던 말이다. 시절인연, 이는 세상사 모든 것이 때가 있다는 뜻이다. 중국 명나라 말기 승려인 주굉이 쓴 책인 『선관책진』에 "시절인연이 도래하면 자연히 부딪혀 깨쳐서 소리가 나듯, 척척 들어맞으며 곧장 깨어나 나가게 된다."라는 글귀에서 유래한다.

모든 것은 인연으로 이루어진다. 인연에서 인은 직접적인 원인을 말하고, 연은 조건으로서 간접적인 원인을 말한다. 예를 들어, 한 알의 씨앗이 있다고 치자. 여기서 씨앗은 직접적인 원인이고, 흙이나 물은 간접적인 원인이다. 두 가지 원인이 딱 들어맞아야 싹이 튼다. 인연의 법칙은 예외가 없다. 물질적이든, 정신적이든 인과 연이 결합해야 결과가 나온다.

내가 신미대사와 맞닥뜨린 것은 순전히 시절인연의 결과다. 신미대사를 공부한 끝에 결국 논문을 제출하여 『충북학』 21집에 실렸다. 제목이 「맥락적 근거 제시를 통한 신미대사의 한글 창제 관여 가능성 고찰」이다. 나로서는 그렇게 기쁠 수가 없다. 논문이 실린 충북학은 충북학연구소에서 매년 펴내는 지역 학술지다. 이런 학술지가 있다는 것도 누군가 알려주어서 알았다. 이것도 시절인연의 소치다.

난 글을 쓰면서 가끔 아찔함을 느낀다. 만일 우리글, 한글이 없었다면? 이 한글이 없었다면 우리말을 어떻게 쓰고 있을까⋯. 여전히 한자를 쓰고 있겠지. 아니야. 영어를 쓰고 있을지도 몰라. 그때는 중국을 섬겼기에 한자를 써야 했고, 지금은 미국을 좋아하니 영어를 쓰고 있을 거야. 이런 생각을 하다 보면 괜히 작아지고 자존심까지 무너져 내린다. 그런데 한자가 얼마나 어렵나. 영어? 영어는 더 어렵다. 내가 모자라서 그런지 몰라도, 영어를 배워보려고 무진 애를 썼지만 지금도 영어가 되지 않는다.

아무리 글로벌, 글로벌 외치지만 영어는 외국어일 뿐이다. 새로 지은 아파트에 가보면 영어 투성이다. 몇 년 전까지만 해도 '입구, 출구, 안내' 등 이렇게 한글로 되어 있었는데, 요즘은 'In, Out, Information'으로 영어로 되어 있다. 정말 한심한 노릇이다. 아니, 거기에는 외국인만 살고 있는가? 외국인이 오면 못 찾을까 봐 그렇게 과잉 친절을 베푸는가? 모국어를 사랑해야 나라가 살고 내가 사는 법이다. 이러다가는 정말 그 어려운 영어를 모국어를 쓰는 날이 오지 않을까 겁이 난다.

때는 바야흐로 15세기, 유럽에서는 구텐베르크가 그제야 금속활자를 만들어 42행 성서를 인쇄할 즈음이다. 조선 초기에 세종과 신미가 있었으니, 이 두 분의 미스터리가 참으로 묘하다. 세종은 그 중요한 훈민정음 창제 사실을 1443년 한 해가 다 가는 12월 30일에 문득 발표한다. 내가 이달에 새로운 문자 28자를 만들었노라고. 그리고는 아무런 언급이 없다. 뭔가 잘려 나간 듯하다. 반포는 3년 뒤인 1446년에 가서 이루어진다. 깜깜도 그런 깜깜이가 없다. 훈민정음은 과연 어떻게 태어났을까? 이것이 늘 의문이었다. 한글을 그렇게 사랑하고 세종대왕을 누구보다도 흠모하는 나인데, 이것만은 의심하지 않을 수 없었다. 누군가 도와준 사람이 있다. 바로 그 사람은 신미대사다. 마침, 영화까지 등장하여 신미대사를 알렸으니 이런 시절인연이 어디 있겠는가!

세종은 백성을 위해 새로운 문자를 만들고 싶었다. 하지만 그 문자라는 것이 어디 쉬운 일인가? 중국의 눈치도 보아야 하고, 유신들이 반대할 것도 뻔했다. 세종은 결단을 내린다. 바로 유·불의 융합이다. 누구보다 억불숭유 정책을 편 세종이지만, 불교에 기대기로 마음먹는다. 백성의 정서는 아직 불교였기에…. 더구나 두 왕자와 소헌왕후를 잃으면서 더욱 불교에 의지한다. 이때 혜성처럼 나타난 분이 신미대사다. 신미 입장에서는 불교를 살릴 수 있는 절호의 기회였기에 마다할 리가 없었다. 훈민정음은 유·불의 융합으로 탄생했다고 봐야 한다. 앞에서도 누누이 말했지만, 훈민정음 창제 후 처음 펴낸 책이 불경이고, 해례본에는 곳곳에 불교의 법수가 박혀 있다.

그렇다. 내가 신미를 맞닥뜨린 것이나, 세종이 당시 신미를 만난 것이나, 모두가 시절인연의 소치다. 훈민정음은 그렇게 태어났다. 그 어려움 속에서도, 지금 다시 한글로 살아난 것도 시절인연이다. 논문을 써서『충북학』학술지에 게재하게 된 것도 그렇다. 나는 이 책자를 여유 있게 보내 달라고 하여, 속리산 복천암의 월성 스님과『훈민정음』해례본을 가르쳐 주신 김슬옹 박사님에게 드렸다. 나는 안 표지에 이렇게 적었다.

훈민정음! 백성을 가르치는 바른 소리
대왕 세종이 길을 트고, 대사 신미가 이를 돕다.
유·불의 융합, 이 시대라고 다를쏜가.
위대한 한글이여, 이 땅의 웅혼으로
아리아리 으라차차!

3부 훈민정음에서 신미를 보다

훈민정음은 어떻게 탄생했을까?

훈민정음은 세종대왕 혼자서 만들었다고 한다. 과연 그럴까? 아무리 천재이고 음운학에 밝았다고 하지만, 그 어려운 문자를 혼자의 힘으로 만들 수 있을까? 아마도 대왕을 도운 숨은 공로자가 있지 않을까? 바로 당시 언어학에 능통하고, 세종과 소통했던 불교의 학승이며 실록에도 기사로 69건, 이름으로 139번(국역의 제목과 본문) 등장하는 신미대사가 아닐까?

조철현 감독의 영화 〈나랏말싸미〉는 바로 세종의 단독 창제설에 도전장을 내민 영화였다. 상영되기 전에도 말이 많았지만, 상영된 후에 한 달도 채 안 되어 종영되고 말았다. 이유는 역사 왜곡 논란이다. 우리나라에서는 함부로 말하면 안 되는 두 분이 계신다. 바로 세종대왕과 이순신 장군이다. 특히 세종대왕은 성군으로 우리에게 성역이다. 모두가 한글은 세종이 혼자, 혹은 집현전 학사들과 함께 만든 거로 아는데, 승려 신미가 수도한 것처럼 묘사하니 놀라고 화가 난 것이다. 게다가 종교적 불편함도 작용했을 거라 본다. 포털 사이트에 들어가 보니, 평점 테러라 할 만큼 욕설과 비난이 가득하다.

세계에서 유례가 없을 만큼 독창적인 훈민정음은 과연 어떻게 만들어졌을까? 최근 성인 약 1,000명을 대상으로 한 어느 설문 조사에서 이를 물었더니, '세종과 집현전 학사들과 함께'가 55.1%로 1위를 차지했고, '세종은 지시만'이 24.4%로 2위, '세종대왕이 몸소'는 17%로 3위를 차지했다는 결과가 나왔다.

아직도 많은 사람은 집현전 학사들과 함께 만들었다고 알고 있다. 이는 교과서의 영향이 클 것이다. 대부분 성인은 학창 시절에 이렇게 배웠기 때문이다. 요즘은 관련 학회의 요구로 많은 교과서가 '세종대왕 단독 창제'로 수정된 것으로 알고 있다. 교과서도 수정된 마당에, 그러면 왜 영화까지 등장하면서 세종 단독 창제가 아닐 수도 있다고 주장하는가? 그 이유는 무엇일까? 여기에는 누군가가 비밀리에 세종을 도운 사람이 있을 것이라는 가정이 깔려 있다.

나는 그 인물이 바로 조선 초기의 승려, 신미대사일 수 있다고 보고, 역사적 자료와 맥락적 근거를 중심으로 그 이유를 제시하고자 한다.[2]

---

2) 이 글은 충북학연구소와 충청북도청이 공동으로 발행한 『충북학』 21집에 실린 연구 논문을 바탕으로 쓴 글임을 밝힌다. 논문 제목은 「맥락적 근거 제시를 통한 신미대사의 한글 창제 관여 가능성 고찰」이다. 논문 원본은 충북학연구소 누리집(http://csi.cri.re.kr/main.php)에 가면 볼 수 있다. 여기서는 독자의 편의를 위해서 논문 형식을 버리고, 내용을 더 편안하게 구성하고자 노력했다.

훈민정음, 무엇이 쟁점인가?

조선은 유자의 나라였다. 고려가 불교의 타락으로 망하는 것을 보고 성리학을 국시로 삼았다. 따라서 그동안 기득권을 누렸던 승려들의 신분은 천민으로 떨어졌다. 사대문 안에 들어올 수 없었고, 혹여 공을 세웠다 하더라도 왕조실록이나 다른 역사서에 기록될 수 없었다.

새로운 조선이 개국되었지만, 여전히 일반 백성들은 불교를 믿고 있었다. 역성혁명을 통해 통치 이념을 바꾸었다 하더라도, 종교적 신념까지 하루아침에 뒤집을 수는 없었다. 승려에게 도첩제를 시행하고, 세종 초기에 선교 양종을 통합하면서 사찰 36개만 남기라는 특단의 조치를 취했어도, 삼국시대부터 천 년 이상 도도히 흘러온 불교적 정서는 조선에 와서도 그대로였다. 뛰어난 학승들이 있었고, 국사와 왕사 제도는 사라졌어도 대신과 백성들의 뇌리에는 아직도 고승 대덕을 예우하는 풍토도 남아 있었으리라 본다.

이런 상황에서 훈민정음은 어떻게 탄생하였을까? 이에 대한 설은 분분하다. 서두에서도 언급했지만, 첫째는 세종대왕 단독 창제설이고, 둘째는 집현전 학사들과의 공동 창제설이며, 셋째는 왕실 가족 협찬설이고, 마지막으로 신미대사 관여(조력)설이다. 현재는 세종 단독 창제설이 정설로 되어 있다. 집현전 학사들과 함께 만들었다는 공동 창제설은 사실이 아님이 밝혀졌다. 왜냐하면, 신하들과 함께 만들었다면 그렇게 목숨 걸고 반대할 이유가 없었기 때문이다. 더구나 사대부들은 한자를 더 선호했으며, 그 어렵게 만든 문자를 언문이나 암글이라 하여 부녀자들이나 쓰는 것이라고 폄하했다. 심지어 조선 후기에 성리학을 비판하고 나온 실학자들조차도, 한글을 쓰지 않고 한자를 사용했다. 다산 정약용이 그 많은 책을 저술했다고 하지만 한글로 된 책은 한 권도 없다.

그렇다면 훈민정음은 세종 혼자서, 아니면 누군가가 도와서 만들었다는 것인데, 여기서는 신미대사 관여설에 무게를 두고자 한다. 왜냐하면, 신미도 세종 못잖게 언어학, 특히 산스크리트어의 전문가였기 때문이다. 이와 관련된 주장은 오래전부터 있었다. 거슬러 올라가면 15세기부터다.

조선 최고의 만물박사라는 성현(1439~1504)이 한글 반포 50여 년이 지나 쓴 『용재총화』에서 "그 글 자체는 범자에 의해서 만들어졌으며, 우리나라와 다른 나라의 어음문자로써 표기하지 못하는 것도 모두 막힘없이 기록할 수 있었다."라고 했다. 또 이수광(1563~1628)도 『지봉유설』에서 "우리나라 언서는 글자 모양이 전적으로 범자를 본떴다."고 했으며, 황윤석(1729~1791)도 『운학본원』에서 "우리 훈민정음의 연원은 대저 여기에 근본 하였으되, 결국 범자의 범위 내에서 벗어나지 않는다."라고 했다
— 법보신문, 2019년 7월 31일자 기사

학자이자 예술가였던 성현이나 실학의 선구자로 인정받고 있는 이수광은 물론, 운학자로 알려진 황윤석조차도 훈민정음은 불경 언어였던 산스크리트어(범어)의 영향을 받았다고 밝힌 것이다.

심지어는 세종이 아니라, 아예 신미가 훈민정음을 창제했다고 주장하는 사람도 있었다. 한때『원각선종석보』라는 책이 발견되어 세종이 창제하기 8년 전에 이미 신미가 만들었다고 하여 세상이 발칵 뒤집힌 적이 있다. 학자들은 이 책의 표기법이 신미가 언해한『능엄경언해』와 똑같다는 점에 주목하고 있다.『능엄경언해』는 간경도감에서 최초로 간행한 불경 언해서다. 그러나『원각선종석보』는 복사본이라서 그 진위를 가릴 수 없다고 하여 지금은 논란이 잠잠해졌다.

세종이 백성을 위해 새로운 문자를 만들려고 한 것은 분명하다. 뜨거운 애민정신이 이를 뒷받침한다. 또 임금이기에 새로운 문자 창제가 가능했다고 본다. 하지만 그 험난한 과정을 혼자 해냈으리라고 믿는 사람은 그리 많지 않다. 세종을 도와준 사람이 분명히 있으리라 생각한다. 이런 의문이 연구의 단초가 되었다. 요즘 흔히 쓰는 '합리적 의심'이다. 정작 이런 의심을 부채질하는 것은 조선왕조실록이다.

이 달에 임금이 친히 언문 28자를 지었는데, 그 글자가 옛 전자를 모방하고, 초성·중성·종성으로 나누어 합한 연후에야 글자를 이루었다. 무릇 문자에 관한 것과 이어에 관한 것을 모두 쓸 수 있고, 글자는 비록 간단하고 요약하지마는 전환하는 것이 무궁하니, 이것을『훈민정음』이라고 일렀다.

是月, 上親制諺文二十八字, 其字倣古篆, 分爲初中終聲, 合之然後乃成字, 凡干文字及本國俚語, 皆可得而書, 字雖簡要, 轉換無窮, 是謂『訓民正音』.

—세종실록 102권, 세종 25(1443)년 12월 30일 경술 2번째 기사

이것이 전부다. 앞뒤의 과정이 없다. 원본 한자는 달랑 57자다. 그 위대한 훈민정음 창제 사실을 이렇게 간단히 기록할 수 있는가? 최소한 언제부터 시작하여 어떤 과정을 거쳐 훈민정음을 만들었노라고 밝혀야 맞는 것이 아닌가? 실록은 왜 앞뒤도 없이 훈민정음을 불쑥 세상에 내놓았을까? 이는 훈민정음 창제가 비밀 프로젝트로 진행되었다는 것을 말해준다.

반포는 3년 후 1446년에 가서야 이루어진다. 반포에 관한 실록 기사를 보면 다음과 같다.

이 달에 훈민정음이 이루어졌다. 어제에, 나랏말이 중국과 달라 한자와 서로 통하지 아니하므로, 우매한 백성들이 말하고 싶은 것이 있어도 마침내 제 뜻을 잘 표현하지 못하는 사람이 많다. 내 이를 딱하게 여기어 새로 28자를 만들었으니, 사람들로 하여금 쉬 익히어 날마다 쓰는 데 편하게 할 뿐이다.

是月, 訓民正音成. 御製曰: 國之語音, 異乎中國, 與文字不相流通, 故愚民有所欲言, 而終不得伸其情者多矣. 予爲此憫然, 新制二十八字, 欲使人(易)[易]習, 便於日用耳.

—세종실록 113권, 세종 28(1446)년 9월 29일 갑오 4번째 기사

이것이 그 유명한 훈민정음 반포의 어제 서문이다. 한자 54자로 되어 있고, 그 글자 수가 108의 딱 절반이다. 이것도 참 묘한 일이다. 1940년 안동의 어느 고택에서 『훈민정음』 해례본이 발견되어 이 실록 기사는 더욱 명확해졌다.

훈민정음은 세종이 친히 창제했다고 이렇게 명확하게 밝히고 있는데, 왜 신미대사가 관여했을 것이라는 주장이 끊이질 않는가? 거기에는 여러 가지 이유가 있다.

언어학의 대가로서 세종과 소통

신미는 당시 5개 국어에 능통한 뛰어난 학승이었고, 세종과 은밀히 만났다는 기록이 있다. 신미는 영산(충북 영동) 김씨로 영의정을 지낸 사대부 집안의 장남으로 태어났다. 그의 본명은 김수성으로 성균관 유생으로 있다가, 아버지 김훈이 유배형에 처하자 회암사의 함허 스님에게 출가하였다. 함허는 여말선초에 이름을 떨친 지공·나옹·무학 등 3대 화상 중 무학대사의 제자이다. 역사에 잘 알려져 있듯이 무학대사는 이성계의 왕사이기도 했다.

함허는 김수성의 머리를 손수 깎아주고는 '신미(信眉)'라는 법명을 지어주었다. 신미는 함허에게서 기초 공부를 마친 후 속리산 복천사로 내려갔다. 이후 학문에 정진하여 주역과 불경은 물론, 산스크리트어, 티베트어, 파스파 문자, 만주어, 일본어 등 5개 국어에 능통했다. 그의 친동생이자 집현전 학사인 김수온이 쓴 『식우집』 권2〈복천사기〉에 세종이 신미를 불러서 만났다는 기록이 나온다. 이는 앞의 2부에서도 밝힌 바 있다.

예전에 세종께서 신미의 이름을 듣고 산으로부터 불러 담소를 나눴다. 신미의 대답이 모두 이치에 맞고 의리가 정밀하고 넓었다. 아뢰고 답하는 것이 세종의 뜻에 어긋남이 없었다. 이로부터 세종이 총애하여 만나는 날이 많아졌다.

初世宗大王聞尊者名。自山召至。賜坐從容。談辨迅利。義理精暢。奏對稱旨。自是。寵遇日隆。

—『식우집』 권2 기류(한국고전번역원 한국문집총간 제9권, 1988)

그런데 이 만난 시점이 언제인지는 나와 있지 않다. 아마도 여기서 산은 속리산을 말할 것이고, 아뢰고 답한 것은 팔만대장경에 숨어 있는 소리글자인 산스크리트어의 음운학적 이치일 것이다. 혜각존자 신미평전, 『훈민정음의 길』을 쓴 박해진 작가가 정리해 놓은 신미대사의 주요 행장을 보면 짐작이 간다.

1403년 출생. 영산 김씨. 본명 김수성. 아버지 김훈과 어머니 여흥 이씨의
　　　　장남.
1415년(13세) 성균관 입학.
1416년(14세) 아버지가 유배됨에 따라 성균관에서 퇴학당함.
1417년(15세) 출가하여 양주 천보산 회암사에 들어감. 함허당 득통의 제
　　　　자가 되어 법명 '신미(信眉)'를 받음.
1418(16세)~1422년(20세) 양주 회암사, 가평 현등사, 고양 대자암 등에서
　　　　함허당을 모시고 받듦.
1424년(22세) 속리산 법주사에서 수미(守眉) 대사와 만남.
1426년(24세) 속리산 복천사로 감.
1427년(25세)~1441년(39세) 복천사에서 대장경을 읽고 주역을 궁구함.

1442년(40세) 효령대군이 세종에게 신미를 추천함.

1443년(41세) 12월 30일 훈민정음 창제 사실 공표.

1444년(42세) 세종은 4개월간 청주 초수 행궁에 머물며 신미와 함께 훈민
정음의 보완과 안질 치료.

1445년(43세) 경기도 고양의 대자암으로 올라옴.

1446년(44세) 세종의 비 소헌왕후가 죽자 궁궐에서 불경을 금으로 베껴
쓰고 전경법회를 열었을 때 신미가 그 예식을 주관함. 9월
29일 『훈민정음』 해례본 간행.

1447년(45세) 『석보상절』과 『월인천강지곡』 간행.

1448년(46세) 신미와 김수온이 세종의 명을 받아 『삼불예참문』을 지어올림.

1449년(47세) 찬불가 『사리영응기』를 지음. 복천사를 중수하고 그곳에 아
미타삼존불을 봉안함.

1450년(48세) 1월 26일. 세종이 병환이 깊어지자 신미를 불러 침전 안으
로 맞아들여 설법을 듣고 높은 예로써 대우함.

2월 4일. 세종이 죽기 전 "혜각존자라는 법호와 판선교종이
라는 직함을 신미에게 전하라."라는 유훈을 남김.

2월 17일. 세종이 사망함

2월 23일. 문종이 즉위함.

6월 6일. 고양 대자암 불사와 세종의 국상을 끝내고 속리산
복천사로 돌아옴.

7월 6일. 문종이 '선교종도총섭 밀전정법 비지쌍운 우국이
세 원융무애 혜각 존자'로 삼음.

8월 7일. 문종이 신하들의 극렬한 반대 상소를 받아들여 신
미의 칭호를 '대조계 선교종도총섭 밀전정법 숭양조도 체
용일여 비지쌍운 도생이물 원융무애 혜각종사'로 수정함.

위의 행장을 보면, 신미는 1426년(24세)에 속리산 복천사로 가서 두문불출하다가, 1445년(43세)에 경기도 고양의 대자암으로 올라온다. 대자암은 뒤에서도 언급하겠지만, 왕실에서 대대로 보호하는 특별사찰이었다. 이로 보아 적어도 1445년 이전에 만났을 가능성은 충분하다.

혜각존자 법호와 뜬금없는 '병인년' 언급

세종이 죽기 전에 유훈으로 26자나 되는 긴 법호를 내린다. 바로 "……우국이세 원융무애 혜각존자"가 그것이다. 여기서 우국이세(祐國利世)란 '나라를 돕고 세상을 이롭게 했다.'는 뜻이다. 정말 파격적이다. 자연히 나라를 도운 것이 무엇이냐에 관심이 간다. 그때는 나라가 곧 임금이었으니, 바로 세종의 한글 창제를 도운 것이 아니냐고 추론할 수 있다. 또 신미에게 존자라고 했다. 이는 매우 존경할 만한 스승이란 뜻으로, 불교국가였던 고려시대에도 흔치 않은 일이었다. 실제로 수양(세조)과 안평대군은 신미를 스승으로 모셨다는 기록이 있다.

문종 즉위년 4월 6일, 문종은 선대왕인 세종이 죽기 전에 유언한 법호를 신미에게 내리고자 한다. 영의정 하연 등 의정부 대신들과 상의하니, 소헌왕후 장례나 다 치르고 나서 제수하는 것도 늦지 않다고 말한다. 하여 문종은 이로부터 약 3개월 후에나 26자나 되는 긴 법호(승직)를 내린다.

또 중 신미를 선교종 도총섭 밀전정법 비지쌍운 우국이세 원융무애 혜
각 존자로 삼고, 금란지에 관교를 써서 자초폭으로 싸서 사람을 보내어
주었는데, 우리 국조 이래로 이러한 승직이 없었다. 임금이 이 직을 주고
자 하여 일찍이 정부에 의논하고, 정부에서 순종하여 이의가 없으므로
마침내 봉작하게 되었는데, 듣는 사람이 놀라지 않는 이가 없었다.

又以僧信眉爲禪敎宗都摠攝密傳正法悲智雙運祐國利世圓融無礙慧覺尊
者, 以金鸞紙書官敎, 裹以紫綃幅, 遣人就賜之, 我朝以來, 無如此僧職. 上欲
授此職, 嘗議于政府, 政府順旨, 無有異議, 竟致封爵, 聞者莫不驚駭.

—문종실록 2권, 문종 즉위(1450)년 7월 6일 무신 1번째 기사

여기서 행간을 잘 읽어 볼 필요가 있다. '금란지에 관교를 써서 자
초폭으로 싸서 사람을 보내어 주었다.'는 것은 예우가 극진함을 말해
준다. 또 '우리 국조 이래로 이런 승직이 없었다.'라는 것은 불교 국가
였던 고려시대 이전에도 없었음을 밝히고 있다. 다만, 이전에 나옹선
사를 '보제존자'로, 무학대사를 '묘엄존자'로 부른 경우는 있었으나,
신미처럼 존자에다가 '우국이세'가 직접 들어간 승직은 없었다. 그
다음, 문종이 승직을 주려 하자 의정부 정승들이 이의를 제기하지
않아 주기는 주었는데, '듣는 사람이 놀라지 않는 이가 없었다.'라고
쓰고 있다.

이는 무엇을 말하는가? 유교를 국시로 삼은 조선에서 웬 승려에게
이렇게 엄청난 직함을 내리느냐 하는 것으로 도무지 이해되지 않는다
는 뜻이다. 문종은 왜 신미에게 이렇게 극진한 예우로 전례가 없고
모두가 놀라워하는 직함을 주었을까?

혹자는 세종이 죽기 전 신미가 쌓은 4년 동안의 공적으로도 그럴
수 있다고 말한다. 첫째는 소헌왕후 장례를 주관한 공적이다. 1445년

신미가 대자암 주지로 오면서 그해 3월 소헌왕후가 죽자, 궁궐에서 불경을 금으로 베껴 쓰고 전경법회를 열었을 때 신미가 그 예식을 주관했다. 또 1448년에는 동생 김수온과 함께 내불당을 궁 안에 짓고 법요를 주관하였으며, 『삼불예참문』, 『사리영응기』 등 찬불가를 지어 올렸다. 그런데 왕후 장례식에는 신미 말고도 수많은 승려가 참여했다.

> 대자암에서 전경회를 베풀었다가 7일 만에 파회하였다. 중들을 대자암에 많이 모아서 전경회를 베풀었다가 7일 만에야 파회하였다. 중이 대개 천여 명이나 되었는데, 장설 관리가 분주히 접대하면서 밤낮으로 쉬지 않았으며, 떡과 과일의 음식이 산더미처럼 쌓여 있었다.
> —세종실록 114권 세종 28(1446)년 10월 15일 기유 2번째 기사

조선왕조실록에서 신미가 처음 등장하는 시점은 이보다도 앞선 1446년 5월이다. 승려들을 모아 경전을 대자암으로 이전하였다는 기사이다. 신미는 위의 행장에서도 밝혔듯이, 1445년에 이미 속리산 복천사에서 경기도 고양에 있는 대자암으로 올라와 있었다. 여기서도 수많은 승려가 참여했고, 특히 눈에 띄는 것은 소윤 정효강의 칭찬이다.

> 승도들을 크게 모아 경을 대자암에 이전하였다. 처음에 집현전 수찬 이영서와 돈녕부 주부 강희안 등을 명하여 성녕 대군의 집에서 금을 녹이어 경을 쓰고, 수양·안평 두 대군이 내왕하며 감독하여 수십 일이 넘어서 완성되었는데, 이때 이르러 크게 법석을 베풀어 대군·제군이 모두 참예하고, 이 회에 모인 중이 무릇 2천여 명인데 7일 만에 파하였으니, 비용이 적지 않았다. 소윤 정효강이 역시 이 회에 참예하였는데, 효강이 성질이

기울어지고 교사하여 밖으로는 맑고 깨끗한 체하면서 안으로는 탐욕을 품어, 무릇 불사에 대한 것을 진심껏 하여 위에 예쁘게 뵈기를 구하고, 항상 간승 신미를 칭찬하여 말하기를, "우리 화상(큰스님)은 비록 묘당(조정)에 처하더라도 무슨 부족한 점이 있는가." 하였다.

—세종실록 112권, 세종 28(1446)년 5월 27일 갑오 2번째 기사

아무리 신미가 대자암의 주지로 책임을 맡았다고는 하나, 다른 승려들도 있는데 유독 신미에게만 그렇게 '우국이세'라고 할 정도로 예우를 한 것은 이해하기가 쉽지 않다.

둘째는, 훈민정음 창제 후 불경을 언해했다는 공적이다. 수양대군이 『석보상절』을 언해하고, 이를 보고 감탄한 세종이 손수 583수의 찬불가인 『월인천강지곡』을 짓는데 신미가 이를 도왔다. 그런데 『석보상절』의 앞부분에 신미 말고도 승려 수미, 설준, 홍예, 효운, 지해, 해초, 학열, 학조 등도 도왔다는 기록이 있다. 그렇다면 이들도 뭔가 공적을 논해야 할 텐데 유독 신미만 예우한 것은 납득이 되지 않는다.

따라서 1446년에 세종이 처음 신미를 만나서 1450년에 죽기까지 4년 동안의 공적만으로 그렇게 긴 법호를 내렸을 것으로 판단하는 것은 무리가 따른다. 이 4년의 공적이란 다음의 실록 기사 중 '병인년' 언급에 근거를 두고 있다.

대행왕께서 병인년부터 비로소 신미의 이름을 들으셨는데, 금년에는 효령대군의 사제(개인 저택)로 옮겨 거처하여 정근하실 때에 불러 보시고 우대하신 것은 경들이 아는 바이다. (…중략…) 또 의논하기를, "선왕께서 신미에게 판선교종을 제수하려고 하여 일의 계획이 이미 정해졌는데도 마침 신미가 질병이 있어 그대로 되지 못하였으니, 금일에 제수하는 것이

어떻겠는가?" 하였다.

—문종실록 1권, 문종 즉위(1450)년 4월 6일 기묘 2번째 기사

여기서 병인년은 1446년이다. 그렇다면 세종은 신미를 훈민정음을 반포할 때나 알았다는 뜻인데, 이것이 참으로 의아하다. 그것도 병인년부터 비로소 신미의 이름을 들었다는데…… 앞의 세종 28(1446)년 5월 27일 기사에 의하면, 병인년에 벌써 세종과 신미는 아주 가까운 사이였을 것으로 보인다. 자신의 사랑하는 아내의 장례를 맡길 정도면 얼마나 신뢰가 두터웠겠는가. 실록 기사대로 이름만 들었다면, 전혀 모르는 사람이 어느 날 왕비의 장례식에 불쑥 나타나 누군가 말해 주어서 알게 되었다는 뜻인데 이건 아무리 생각해도 앞뒤가 맞지 않는다.

그럼 왜 문종은 신하들이 묻지도 않았는데, 자기 아버지 세종이 신미를 1446년에야 알았다고 굳이 밝혔을까? 신미가 만약 훈민정음 창제에 관여했다면 세자인 문종이 이를 모를 리가 없다. 또, 뜬금없이 혼자 독백처럼 말하고 있다. 앞으로 조선왕조실록 기사를 다루면서 자세히 언급하겠지만, 문종이 병인년을 언급하기 전의 문장이 매끄럽게 이어지지 않는다. 뭔가 내용이 잘려 나간 듯한 인상을 준다. 이것은 4부 문종실록 기사 「13」번에서 확인할 수 있다.

혹시 문종은 선대왕의 유지를 받들려고 일부러 그런 거짓말을 한 것은 아닐까? 선대왕의 유지인 법호를 무난히 내리기 위해서 말이다. 신미가 훈민정음 창제에 관여했다는 것을 잘 아는데 혹시, 그전에 세종이 신미를 알았다고 하면 신하 중에 "전하, 그러면 신미가 훈민정음 창제에 공을 세워 그런 긴 법호를 주려 하시는 겁니까?" 하고 따질까 봐 선수를 친 건 아닌지 모르겠다. 문종의 이러한 알 수 없는 언급이 오히려 신미의 훈민정음 창제 관여 가능성을 부추긴다.

혜각존자 법호에 대한 격렬한 반대 상소

문종이 26자나 되는 긴 법호를 내리자 대신들의 상소가 빗발친다. 기사로 치면 모두 11건이 나오는데, 횟수로는 하위지가 6회로 가장 많고, 홍일동이 2회, 이승손이 2회, 박팽년·사헌부·어효첨·신숙주·유성원 등이 각각 1회의 상소를 이어간다.

개인으로 치면 박팽년의 상소가 가장 길고 격렬하다. 신미에게 그런 법호를 내리는 것에 분통을 터뜨리며 심지어는 목숨까지 건다. 박팽년과 신숙주는 『훈민정음』 해례본의 공동 저자이기도 하다.

칭호 부여 반대와 삭제를 청하는 상소의 일단을 보면 다음과 같다.

장령 하위지가 아뢰었다.

"지금 산릉(장례)이 이미 끝나고, 전하가 비로소 만기를 처리하시니, 안팎이 눈을 비비며 간절히 유신의 정치를 바라고 있습니다. 그런데 처음 정사에서 간사한 중에게 존호를 내리시었으니, 바르지 못한 것이 이보다 더 큰 것이 없으므로 신 등은 놀라와 마지아니합니다. 청컨대 이 명령을 거두소서." 하였다.

—문종실록 2권, 문종 즉위(1450)년 7월 8일 경술 4번째 기사

장령 하위지가 아뢰기를 "전일에 하교하시기를, '신미의 칭호는 선왕께서 정하신 것이라.'고 하시었으나, 신 등이 물러가 생각하니 이것은 근고에 없는 일입니다. 옛날 공민왕 때에 왕사·국사의 칭호가 있었으나, 우리 태종·세종께서 극력 배척하고 그 칭호를 폐지하였는데, 지금 갑자기 이렇게 칭호하는 것은 불가합니다."

—문종실록 2권, 문종 즉위(1450)년 7월 9일 신해 3번째 기사

우정언 홍일동이 아뢰기를 "청컨대 헌부의 아뢴 바에 따라서 신미의 관교를 환수하소서. 불씨를 존숭하는 것은 쇠한 세상의 일입니다. 지금 전하가 즉위하신 초기에 백성이 바라는 것이 지극한데, 간사한 중에게 칭호를 주는 것은 심히 불가합니다."

—문종실록 2권, 문종 즉위(1450)년 7월 12일 갑인 1번째 기사

집현전 직제학 박팽년 등이 상서하기를 "신 등은 대간에서 신미의 일을 논하여 윤허를 얻지 못하였다는 것을 듣고, 분격함을 이기지 못하여 죽음을 무릅쓰고 아룁니다. 무릇 호를 가하는 것은 존숭하기 때문입니다. 제왕의 공덕이 있으면 올리고, 장상이 공훈이 있으면 주는 것으로, 그 예가 대단히 성한 것입니다. (…중략…) 신미는 간사한 중입니다. 일찍이 학당에 입학하여 함부로 행동하고, 음란하고 방종하여 못하는 짓이 없으므로, 학도들이 사귀지 않고 무뢰한으로 지목하였습니다."

—문종실록 2권, 문종 즉위(1450)년 7월 15일 정사 1번째 기사

사헌부에서 상소하기를 "이달 초6일 정비로 중 신미를 선교도총섭 밀전정법 비지쌍운 우국이세 원융무애 혜각존자로 삼았으니, 놀라움을 이기지 못하여 여러 번 망령된 말을 진달해서 천위를 더럽혔으나, 아직 청한 것을 얻지 못하였습니다."

—문종실록 2권, 문종 즉위(1450)년 7월 16일 무오 1번째 기사

사헌부 대사헌 이승손, 집의 어효첨, 장령 신숙주·하위지, 지평 조안효 등이 함께 궐정에 엎드려 아뢰기를 "신 등이 신미의 칭호를 삭제하기를 청하여 여러 번 번독하기를 마지않았으나, 아직 윤허를 얻지 못했습니다. 어제 장소를 봉하여 올렸을 때 주상께서 하위지를 인견하시고 말씀하기를, '존자 두 글자를 제거하면 어떠하냐? 네가 물러가서 동료들과 다시 의논하여 올리라.' 하시었습니다. (…중략…) 청컨대 나머지 칭호도 아울러 삭제하소서."

—문종실록 2권, 문종 즉위(1450)년 7월 17일 기미 1번째 기사

신 등은 다시 생각하건대, 대저 한 중에게 칭호를 주는 것은 크게 해되는 것 같지는 아니한 듯하나, 이와 같은 존자의 칭호는 불법을 높이고 중하게 여기는 세상의 일이요, 본래 성한 조정의 아름다운 법이 아닙니다. 또 불도로 말하면, 본래 청정을 숭상하여 임금과 부모를 버리고 이익과 명예를 피하는 것이니, 구구한 작상을 반드시 좋게 여기지 않을 것입니다. 하물며 이 중은 다만 한 개의 깎은 대가리인데, 무엇이 국가에 복리가 있기에 우국 이세의 칭호를 주어, 일국의 보고 듣는 것을 놀라게 하십니까?

—문종실록 2권, 문종 즉위(1450)년 7월 18일 경신 2번째 기사

이를 보면 대신들의 상소가 집요하기가 짝이 없다. 7월 18일 경신

2번째 기사 중에는 신미를 '한 개의 깎은 대가리'라고 말했다. 정말 심한 표현이다. 머리 깎은 대가리 중에게 대체 '우국이세' 칭호가 뭐냐는 거다. 여기서 중요한 언급이 있다. '무엇이 국가에 복리가 있기에'이다. 우국이세(祐國利世)란 이 표현대로 국가를 위해 무언가를 했다는 뜻이다. 소헌왕후 장례 치러준 것이 과연 국가 복리였을까? 불교식 장례라면 그 당시 어느 승려라도 할 수 있었을 것이다. 그런데 왜 신미에게 우국이세인가? 문종은 알고 있다. 신미가 한글 창제에 크게 이바지했다는 사실을…. 차마 신하들에게 이 말을 못했을 것이다.

왜 신하들은 그토록 치열하게 반대 상소를 올렸을까? 이미 신미의 존재를 알고 있지는 않았을까? 선대왕인 세종께서도 결국 내리지 않은 법호인데, 왜 굳이 즉위하자마자 그런 엄청난 승직을 내리느냐 이것이었다. 국가 존망이 달려 있고, 자식으로서 아버지 세종에게 오히려 불효하는 거라고 문종에게 따진다.

그러나 문종은 신하들을 어르고 달랜다. 박팽년은 파직까지 당한다. 더욱이, 박팽년은 신미가 출가하기 전 성균관 유생으로 있을 때 동문수학했던 인물이다. 결국, 두 달 정도 후에 법호는 수정되고 만다. 문종도 끝까지 버티지 못한 것이다. 문종실록의 일단을 보면 다음과 같다.

세종께서 일찍이 말씀하기를, '왕사라고 칭하면 불가하지마는, 그밖의 직은 무방하였다.'라고 하시었다. 이것은 왕사가 아니고 다른 직과 같으니, 무엇이 불가할 것이 있느냐? 만일 세종의 분부가 있었다면 비록 왕사라도 또한 공경하여 따라야 한다.

—문종실록 2권, 문종 즉위(1450)년 7월 9일 신해 3번째 기사

"신미는 선왕이 공경하신 중이니, 관교(官教)를 빼앗을 수 없다."

"선왕께서 공경하신 것은 대신들도 일찍부터 아는 바이다. 내가 어찌 거짓말을 하겠느냐?"

"내가 스스로 한 것이 아니요 선왕께서 정하신 것이며, 또 처음에 대신과 의논하여 한 것이다."

—문종실록 2권, 문종 즉위(1450)년 7월 11일 계축 2번째 기사

너희들의 청에 따라서 거두면 어찌 지극한 효도가 되고, 너희들의 청을 듣지 않고 거두지 않으면 어찌 불효가 되는가? 너희들의 말이 오활하다.

—문종실록 2권, 문종 즉위(1450)년 7월 12일 갑인 1번째 기사

상소 안에 말한 선왕을 속이고 전하를 미혹하게 하였다는 것은, 속인 것은 무슨 일이며, 미혹한 것은 또 무슨 일인가? 또 선왕을 속일 때에는 어째서 간하지 않고, 지금에야 이런 말을 하는가? 또 신미가 아비를 죽였다는 말은 어디에서 들었는가? 이 무리를 불러서 딴 곳에 두고, 하나하나 추궁하여 물어서 아뢰어라.

—문종실록 2권, 문종 즉위(1450)년 7월 15일 정사 1번째 기사

이것이 모두 전일에 이미 아뢴 일이다. 내가 처음에 대신과 더불어 의논하여 한 것인데, 너희들이 어찌 그리 고집하는가?

—문종실록 2권, 문종 즉위(1450)년 7월 16일 무오 1번째 기사

예전에 승직은 이보다 더한 것이 또한 많고, 국일도대선사와 존자가 다 같이 무방한 칭호다. 무방한 일을 가지고 이미 내린 명령을 고치는 것이 어떠한가? 그러나 존자 두 글자는 내가 다시 상량하겠고, 그 나머지

칭호의 글자는 단연코 삭제할 수 없다.

—문종실록 2권, 문종 즉위(1450)년 7월 17일 기미 1번째 기사

신미의 칭호는 너희들이 모두 그르다고 하므로, 내가 존자 두 글자를 고치고자 한다. 박팽년의 일은 네가 물러가서 그 죄를 자세히 알아서 다시 아뢰어라.

—문종실록 2권, 문종 즉위(1450)년 7월 17일 기미 2번째 기사

대사헌 이승손 등이 대궐에 나와 신미의 호를 삭제하기를 청하니, 임금이 말하기를, "우국 이세의 네 글자는 내가 마땅히 생각하겠다."

—문종실록 2권, 문종 즉위(1450)년 7월 18일 경신 5번째 기사

하루 이틀 도리로 대신들의 불가 상소가 빗발치자, 결국 문종은 이미 내린 법호를 수정하여 내린다. 기존 법호를 약간 수정하면서 '우국이세'와 '존자'란 말을 다른 것으로 교체하고야 만다. 여기서 문종은 '존자'를 선왕, 즉 세종이 정한 것이 아니라고 한다. 그렇다면 본인이 신미를 그렇게 존중하고 싶었다는 것인데, 이 말에도 깊은 함의가 들어 있다.

문종이 내린 수정 법호는 '대조계 선교종도총섭 밀전정법 승양조도 체용일여 비지쌍운 도생이물 원융무애 혜각종사(大曹溪 禪敎宗 都總攝 密傳正法 承揚祖道 體用一如 悲智雙運 度生利物 圓融無礙 惠覺宗師)'이다.

세종의 두터운 신뢰와 극진한 예우

앞에서도 말했지만, 신미는 1445년(43세)에 경기도 대자암의 주지로 부임한다. 대자암은 왕실이 비호하는 사찰이었다. 태종의 넷째 아들 성녕대군이 죽자 그의 명복을 빌고 묘소를 보호하기 위해 창건했다. 세종의 비 소헌왕후가 죽자 신미는 왕후의 국상 관련 불사를 총괄했다. 세종은 왜 신미를 대자암의 주지로 불렀을까? 아무도 모르는 사람을 그 중요한 사찰의 주지로 임명할 수 있을까?

이는 분명히 세종과 이미 소통하고 있었음을 말해준다. 박해진 작가는 세종은 둘째 형인 효령대군의 추천으로 신미를 만났다고 밝히고 있다. 또 친동생인 김수온이나, 세종실록에 24번이나 등장하는 그의 아버지 김훈을 통해서도 얼마든지 세종은 신미를 알 수 있었다. 실록에 의하면, 세종은 집현전 학사인 김수온을 무척 총애했다.

김수온의 자는 문량이고, 본관은 영동이며, 증 영의정 김훈의 아들이다. 김수온은 나면서부터 영리하고 뛰어나 정통 무오년에 진사시에 급제하고, 신유년에 문과에 급제하여 교서관 정자에 보임되었다. 세종이 그 재주를 듣고 특별히 명하여 집현전에 사진하게 하고, 『치평요람』을 수찬하는 일에 참여하게 하였다. 임금이 때때로 글제를 내어 집현전의 여러 유신을 시켜 시문을 짓게 하면, 김수온이 여러 번 으뜸을 차지하였다.

—성종실록 130권, 성종 12(1481)년 6월 7일 경술 1번째 기사

세종은 친히 신미를 침전에까지 불러 지극히 예우했다는 기사가 있다. 정말 놀랄 일이다.

임금의 병환이 나았는데도 정근을 파하지 않고 그대로 크게 불사를 일으켜, 중 신미를 불러 침실 안으로 맞아들여 법사를 베풀게 하였는데, 높은 예절로써 대우하였다.

—세종실록 127권, 세종 32년 1월 26일 임인 1번째 기사

이때는 세종이 죽기 얼마 전이다. 가장 천한 중을 임금님의 침실로 불러들였다. 이게 어디 가당하기나 한 일인가? 파격도 이만저만 파격이 아니다. 세종은 즉위 초기에 선교 양종을 통합하는 등 억불 정책을 썼으나, 두 명의 왕자가 죽고, 또 소헌왕후까지 승하하자 불교에 더욱 의지한다. 이런 와중에 신미대사는 더욱 다가왔을 것이다. 문종실록을 보면 세종은 아마도 신미를 왕사 정도로 대했던 것 같다.

세종은 백성을 위해 쉬운 문자를 만드는 것이 꿈이었고, 이로 인해 눈이 나빠질 만큼 고심하고 있었다. 이러던 차에 신미는 아마 천군만마와 같은 존재였을 것이다. 훈민정음 창제는 임금에게는 중대한 일이었으나, 신하들 몰래 진행할 수밖에 없었다. 효령대군의 집이나, 정의공주의 집에서 신미를 만났을 수도 있고, 조용히 궁궐 안으로

오게 하여 만났을 수도 있다. 이렇게 만나서 신미에게 연구 과제를 부여하고, 신미는 몰래 대자암, 현등사, 복천사, 진관사 등을 전전하며 훈민정음 창제에 몰두했을지도 모른다.

사람이 죽게 되면 살아온 날들을 반추하게 된다. 그동안 신세 진 사람에게 고마움을 전하고 싶어진다. 세종은 절대 권력의 제왕이었으나 훈민정음 창제만큼은 신하들의 눈치가 보였다. 그러나 공을 세운 사람에게 꼭 보상하고 싶었을 것이다. 세자(문종)를 불러 신미에게 26자나 된 긴 법호를 내린 것도 이때쯤이다.

다시 말하지만, 법호 중에 '밀전정법'과 '우국이세'를 눈여겨봐야 한다. 밀전정법(密傳正法)이란 '바른 법을 비밀리에 전했다.'란 뜻이고, 우국이세(祐國利世)란 '나라를 돕고 세상을 이롭게 했다.'란 뜻이다. 아마도 여기서 바른 법이란, 훈민정음을 말할 수 있고, 나라를 도왔다는 것은 훈민정음 창제에 많은 공을 세웠다는 뜻일 수 있다.

역대 왕들의 끊임없는 예우

알려진 바에 의하면, 신미는 세종보다 여섯 살 아래이다. 신미는 1403년에, 세종은 1397(태조 6)년에 태어났기 때문이다. 신미가 1480년 78세의 일기로 입적할 때까지 세종, 문종, 단종, 세조, 예종, 성종 등 6명의 임금을 거친다. 다음 실록 기사는 세종이 얼마나 신미를 신임했는지 알 수 있다.

안평대군 이용이 명을 받고 속리산 복천사로 갔다. 대개 이곳에 중 신미가 살고 있었는데, 세종께서 이 중을 위하여 중창하게 하여 그 공역이 이미 끝났기 때문에 가서 보도록 한 것이다.

—문종실록 9권, 문종 1(1451)년 9월 5일 경자 4번째 기사

이것은 세종이 죽고 난 후의 일이다. 세종은 죽어서도 신미를 아끼고 도왔다는 사실을 말해준다. 복천사에 아미타 삼존불을 봉안하게 하고, 절이 노후 되었기에 새로 짓도록 명한 것이다. 아마도 세종은

아들 안평대군에게 죽기 전에 복천사 공역이 끝나면 꼭 가서 확인하라고 명했던 것 같다. 문종의 예우는 앞에서 많이 언급했으므로 생략하기로 한다.

세조는 왕이 되기 전에 수양(진양)대군으로서 부처님의 일대기인 『석보상절』을 지었다. 물론 소헌왕후의 명복을 빌기 위해 한 일이지만, 이는 훈민정음을 널리 알림과 동시에 불교적인 성향으로 흐르게 한다. 이때 신미와 함께했다는 것은 주지의 사실이다. 세조는 대군 시절에도 그랬지만, 왕위에 오르면서 신미에게 더 극진한 예우와 함께 지원을 아끼지 않는다. 속리산 복천사와 오대산 상원사 등에 불사를 지원했다는 실록의 기록을 보면 알 수 있다.

> 중 신미에게 정철 5만 5천 근, 쌀 5백 석, 면포·정포 각각 5백 필씩을 내려 주었다.
>
> —세조실록 34권, 세조 10(1464)년 12월 22일 신축 1번째 기사

> 중 신미가 강원도 오대산에 상원사를 구축하니, 승정원에 명하여, 경상도 관찰사에 치서하여 정철 1만 5천 근, 중미 5백 석을 주고, 또 제용감에 명하여 면포 2백 필, 정포 2백 필을 주게 하고, 내수소는 면포 3백 필, 정포 3백필을 주게 하였다.
>
> —세조실록 35권, 세조 11(1465)년 2월 20일 정유 3번째 기사

> 호조에 전지하여 강릉부 산산 제언(제방)을 혜각존자 신미에게 내려 주니, 신미는 그때 강릉의 대산 상원사에 거주하고 있었기 때문에 이러한 명령이 있었다.
>
> —세조실록 44권, 세조 13(1467)년 11월 26일 무자 1번째 기사

이 외에도 세조 때 지어진 『평창 상원사 중창 권선문』은 유명하다. 이는 2첩으로 된 필사본인데 그 가치를 인정받아 국보 제292호로 지정되었다. 세조가 오대산 상원사 중수의 소식을 듣고 물자를 보내면서 지은 글인 상원사 어첩과 함께 첩장으로 월정사 성보박물관에 소장되어 있다.

이들은 각각 한문 원문과 한글 번역으로 되어 있는데, 전자에는 신미와 학조 등, 후자에는 세조와 왕비, 세자와 세자빈 및 전국 관료들의 수결과 옥새가 찍혀 있다. 첩장에 세조와 왕비 등 모든 사람의 수결(서명)이 들어 있다는 것은 가볍게 볼 일이 아니다. 얼마나 불심이 돈독하면 그러했겠느냐고 할 수도 있지만, 이는 세조가 신미를 얼마나 극진하게 예우했는지를 바로 보여주는 예이다.

신미는 세조의 뒤를 이은 예종, 성종 때도 그 예우가 이어지는데, 예를 들면, 신미와 그의 제자들을 비판하는 상소를 수없이 접하면서도, 선대왕이 존경했던 중이라 어쩔 수 없다고 말한다. 이로 보면, 신미가 신분상으로는 천대받던 중이었지만 왕사 급의 예우를 받았고, 대신들도 함부로 하지 못했음을 말해준다. 예종 때는 신미가 한글로 써서 예종에게 직접 상소를 올렸다는 기사가 나온다.

중 신미가, 임금이 중들에게 『금강경』과 『법화경』을 강하여 시험해서 능하지 못한 자는 모두 환속시키려고 한다는 말을 듣고, 언문으로 글을 써서 비밀히 아뢰기를, "중으로서 경을 외는 자는 간혹 있으나, 만약에 강경을 하면 천 명이나 만 명 중에 겨우 한둘뿐일 것이니, 원컨대 다만 외는 것만으로 시험하게 하소서." 하니, 임금이 중사를 보내어 묻기를, "이 법은 아직 세우지 않았는데, 어디서 이 말을 들었느냐? 내가 말한 자를 크게 징계하려고 한다." 하니, 신미가 두려워하며 대답하기를, "길에서 듣고 급히 아뢴 것이니, 노승에게 실로 죄가 있습니다." 하니, 임금이 신미를 졸한 광평 대군의 집에 거처하게 하고, 병졸들로 하여금 문을 지키게 하여 사알(私謁, 사사롭게 윗사람을 찾아가서 청탁하는 일)을 금하게 하였다.

—예종실록 6권, 예종 1(1469)년 6월 27일 기묘 5번째 기사

이로 보면 예종도 아버지 세조처럼 신미를 극진히 예우했다. 주목할 것은 신미가 한글로 써서 상소했다는 점이다. 신미가 수많은 불교 경전을 편찬하고 언해한 것은 사실이지만, 상소문까지 한글로 써서 임금께 올렸다는 것은 특기할 만하다. 신미는 다른 유신들과 달리 정말로 훈민정음을 사랑했기에 가능했을 것이다. 여기서도 충분히 훈민정음 창제에 관여했을 것이라는 개연성을 보여준다.

불교 법수와 칠언고시 표현

『훈민정음』해례본이나 언해본을 보면 곳곳에 불교의 법수가 박혀 있다. 이는 앞장에서도 밝힌 바 있지만, 깜짝 놀랄 일이다. 이건 다빈치 코드가 아니라, 훈민정음 코드다. 3, 28, 33, 108 등이 그것이다. 새로 만든 문자는 모두 28자이고, 그 중 중성(모음) 기본자는 3자다. 『훈민정음』해례본은 표지 빼고 33장이며 66쪽이다. 『훈민정음』언해본의 '나랏말싸미 중국에 달아~'의 글자 수는 정확하게 108자다. 『석보상절』과 『월인천강지곡』을 합해서 만든 『월인석보』의 권1 장수도 정확하게 108장으로 되어 있다. 더욱 놀라운 것은, 『훈민정음』해례본 예의편의 한자 갈래를 세어보았더니 그 한자 수도 어김없이 108자로 되어 있다.

김광해 서울대 교수는, 언해본 서문이나 『월인석보』에 들어 있는 108이라는 수는 그냥 만들어진 것이 아니라, 의도가 있다고 말했다. 바로 한글 창제가 불교 보급을 위해 은밀히 진행되었음을 보여주는 증거라고 했다.

이쯤 되면 뭔가 있구나, 하고 의심하게 마련이다. 3은 주역에서 삼
재라고 하나, 불교에서는 3보이다. 또 28, 33은 불교의 우주관이다.
지금도 사찰에서는 아침에 28번, 저녁에 33번의 종을 친다. 108은 백
팔번뇌로서 불교의 상징이다. 이것은 우연이라기보다는 기획된 숫자
로 보아야 한다.

『훈민정음』 해례본은, 제자해·초성해·중성해·종성해·합자해 등으
로 구성되어 있다. 여기에 '결왈(訣曰)'이라는 용어가 등장한다. 이 용
어는 불경에 자주 등장하는 형식이다. 주로 선사들이 게송 형식으로
끝을 맺을 때 쓰는 시적 표현 방식이다. 해례본에는 새로운 문자 원리
를 해설하고는, 끝부분에 칠언고시 형태로 이를 요약해 놓고 있다.
시문이 매우 수려할 정도다.

이를테면, 제자해 끝부분에 다음과 같은 결왈 표현이 나온다.

訣曰(결왈),
天地之化本一氣(천지지화본일기) 陰陽五行相始終(음양오행상시종)
物於兩間有形聲(물어량간유형성) 元本無二理數通(원본무이리수통)
正音制字尙其象(정음제자상기상) 因緣之厲每加劃(인연지려매가획)
音出牙舌脣齒喉(음출아설순치후) 是爲初聲字十七(시위초성자십칠)

요약하여 이르되, 하늘과 땅의 조화는 본디 하나의 기운이니 음양과
오행이 서로 처음이 되며 끝이 되네. 만물이 하늘과 땅 사이에서 꼴과
소리 있으되, 근본은 둘이 아니니 이치와 수로 통하네. 정음 글자 만들
때 주로 그 꼴을 본뜨니, 소리 세기에 따라 획을 더하였네. 소리는 어금니·
혀·입술·이·목구멍에서 나니, 여기에서 초성자 열일곱이 나왔네.

—김슬옹, 『훈민정음 해례본 입체 강독본』, 221~222쪽

『훈민정음』 해례본(복간본) '제자해'의 칠언고시 일부

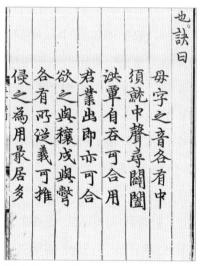

『훈민정음』 해례본(복간본) 중성해의 칠언고시 일부

　일종의 갈무리 시라고 보면 된다. 신라시대 의사대사가 지은 『법성게』가 있다. 이는 화엄경의 내용을 화엄일승법계도에 맞추어 7자 30구로 요약해 놓은 시다. 불교에서의 법, 즉 진리를 압축하여 표현한

칠언고시 형식이다. 『천수경』, 『금강경』, 『법화경』, 『원각경』 등 불교
경전을 보면, 꼭 칠언고시는 아니더라도 게송 형태로 자주 나온다.
이와 같은 표현 방식은 고려와 조선시대에도 꾸준히 등장한다. 근대
에는 경허선사가 지은 『선문촬요』에도 나타난다. 따라서 『훈민정음』
해례본에 나오는 칠언고시 형태도 이와 다르지 않다고 볼 수 있다.
　극작가이면서 연출가인 박한열 작가에 의하면, 실제로 신미가 지은
오언율시가 있다. 그 내용은 다음과 같다.

踏盡霜林葉(답진상림엽)	서리맞은 숲의 낙엽을 밟으며
行尋古寺幽(행심고사유)	고찰 찾아오는 길이 그윽하나이다.
水舂雲碓夕(수용운대석)	물레방아 찧는 저녁노을 날은 저물고
僧倚石樓秋(승의석루추)	승은 가을 누각에 의지하여 있나이다.
泉帶鸞聲在(천대란성재)	샘물은 임금님 수레 말방울 소리 같고
神扶御札留(신부어찰류)	신령이 도와 어찰에 유념하옵니다만
俗離離不得(속리리불득)	속리산을 떠날 수가 없사옵니다.
容我一來遊(용아일래유)	용서하시고 한 번 내유하시옵소서

　　—박한열(2018), 「신미대사의 흔적을 찾아서」, 『영동문화』(통권 제34호), 74쪽.

　이는 신미가 어찰에 답하는 형식으로 세조를 복천사로 초대하는
편지글이다. 이 서찰은 조선 중기 학자 김덕겸의 『청륙집(靑陸集)』
(1467)에 전한다. 청륙 김덕겸 선생이 1600년도 충청도 도사로 있을
때 속리산 복천사를 방문하여 발견한 것이라 한다. 이 기록은 신미대
사가 남긴 현존하는 유일한 오언율시다. 참으로 문장이 수려하다. 암
만 생각해도, 『훈민정음』 해례본에 나타나는 '결왈'의 칠언고시와 무
관하지가 않다.

신미는 그 유명한 조선 초기의 고승 함허 득통의 제자다. 신미의 스승인 함허 득통은 여말선초의 3대 화상 중 한 사람으로서 본향이 중원(충주)이며 1376년(고려 우왕 2년)에 태어났다. 어려서부터 유교를 배웠고, 자라서는 성균관에서 새로 도입된 성리학을 공부했다. 유교 지식인이었던 그는 성균관에서 같이 공부하던 친구가 갑자기 죽는 모습을 보고 출가하였다. 함허 득통은 어찰인 대자암의 주지를 맡으면서 영가(죽은 자) 추천 법회와 강설 등을 행하였다. 이때부터 왕실과 돈독한 관계를 맺는다.

그에 관한 기록이 전하는데, 조선 초기 배불론에 맞서 그 모순을 지적하고 불교의 우월성을 주장한 논서인 「현정론」은 유명하다. 또한, 그의 행장과 시편, 법어 등을 수록한 『함허당득통화상어록』이 있다. 여기에 보면 수많은 시편이 실려 있는데, 오언율시나 칠언고시 형식이다. 정말 깜짝 놀랄 일이다. 신미는 스승인 함허 득통에게 유교와 불교는 물론, 이런 고차원적인 게송을 짓는 방법까지 배우지 않았을까? 함허 득통의 시문이 매우 수려하다. 일단을 보면 다음과 같다.

心同水月迹同塵　마음은 물에 비친 달과 같고 자취는 세상 사람과 같은데
讚不忻忻毁不嗔　칭찬해도 좋아하지 않고 욕해도 화내지 않네.
任性隨緣閑度日　본성에 따르고 인연에 따라 한가로이 날을 보내니
灰頭土面忘天眞(嗔)　뒤집어쓴 머리 흙칠한 얼굴로 본래 참된 성품조차 잊네.
―득통 기화, 「한가한 도인을 찬탄함(贊閑道人)」, 박해당 옮김(2017),
　　　　『함허당득통화상어록』, 동국대학교출판부, 265쪽.

정우영 동국대 명예교수는 어느 세미나 발표에서 송나라 때 성리학을 집대성한 『성리대전』이나 유교 경전 어디에서도 이런 칠언고시

형태의 결왈 표현을 찾을 수 없다고 했다. 그러면서 이런 형식은 외래적 요소가 아니고, 오랜 세월 동안 존숭된 불교 경전의 일반적 형식이라고 했다. 책자로서 『훈민정음』을 불경에 상응하는 품격 있는 원천문헌으로 만들려는 의도가 있었을 뿐만 아니라, 이를 경이라고 부를 수 있는 편찬 체제를 갖추고자 했던 것으로 해석했다.

그렇다면, 이런 고차원적인 시문을 집현전 8학사 중 누가 지었을까? 유신들이 불경을 많이 공부했다면 지을 수도 있다. 그런데 그럴 리가 없다. 실록을 보면 유신들은 불교를 이단으로 몰아붙인다. 개국공신인 정도전이 쓴 『불씨잡변』에서 보듯이, 부처를 불씨라고 격하해서 불렀다. 세종실록에 보면, 어느 유신이 승려 설정을 때려 죽었는데도 함흥에 유배되는 가벼운 처벌을 받고 만다. 앞에서 언급했듯이, 신미에게 내려진 유훈에 반대하는 상소에는 신미를 간승이라 부르며, 불교를 척결하라는 내용이 가득하다.

또, 공부를 많이 했다고 해도 시가 저절로 나올 수 있는가? 이건 한글 창제 원리에 통달한 사람만이 발휘할 수 있는 능력이다. '결왈'이라는 칠언고시는 신미가 해례본 저작에도 관여했을 수도 있다는 강력한 증거다. 선승이자 학승인 신미대사니까 이런 시를 지을 수 있다고 믿기 때문이다.

불경 언해 사업 주관

훈민정음을 반포하고 제일 먼저 한 일은 『석보상절』, 『월인천강지곡』 등 불경 언해였다. 유교 국가이니 훈민정음을 보급하려면, 당연히 사서삼경을 한글로 번역해야 하는데 놀랍게도 국가에서 이단으로 치는 불경을 먼저 언해했다. 그 당시 언해된 유교 관련 서적은 전체의 5% 정도밖에 되지 않는다. 왜 그랬을까? 조선 백성의 정서는 아직 불교였기 때문이다. 어떤 사람은 중국의 눈치를 보기 위하여 불교를 활용했다고 주장하기도 한다.

세조는 즉위 후에 간경도감을 설치하여 신미가 이를 주도하도록 한다. 여기서 불경 원본 31종 500권과 불경 언해본 9종 35권을 간행한다. 예를 들어, 『목우자수심결』, 『원각경』, 『선종영가집』, 『몽산화상법어약록』[3] 등을 언해한 것은 유명하다. 또 『능엄경 언해』를 교정하기

---

3) 『몽산화상법어약록언해』: 간기가 없어 간행 연대를 알기 어렵지만, '解脫'의 '解[:갱]'가 『月印釋譜』와 같고, 순경음 'ㅸ'의 철저한 사용, 원문 한글 구결에 방점과 각자병서가 쓰인 점 등으로 볼 때 1459~60년경 완성·간행된 것으로 추정함(정우영: 40).

도 하였다. 신미가 한글 창제에 관여하지 않았다면, 훈민정음이 아무리 배우기 쉬운 문자라 해도 어떻게 그 많은 불경을 쉽게 언해할 수 있었을까?

간경도감에서 간행된 불경 언해 목록을 보면 다음 표와 같다.

연번	서명	권수	역자 및 주해자	간행연도	비고(약칭)
1	대불정수능엄경언해 (大佛頂首楞嚴經諺解)	10	반자밀제 역(般刺密帝譯), 계환해(戒環解), 세조 구결, 신미 교정	1462	능엄경
2	묘법연화경언해 (妙法蓮華經諺解)	7	구마라습 역(鳩摩羅什譯), 계환해(戒環解), 일여집주(一如集注), 세조 구결	1463	법화경
3	선종영가집언해 (禪宗永嘉集諺解)	2	현각찬(玄覺撰), 연정정원수정(衍靖淨源修正), 세조 구결, 신미·효령대군 등 번역	1464	
4	금강반야바라밀경언해 (金剛般若波羅密經諺解)	2	구마라습 역(鳩摩羅什譯), 혜능주해(慧能註解), 세조 구결, 한계희 번역	1464	금강경
5	반야바라밀다심경언해 (般若波羅密多心經諺解)	1	현장역(玄奘譯), 중희술(仲希述), 세조 구결, 효령대군·한계희 등 번역	1464	반야심경
6	불설아미타경언해 (佛說阿彌陀經諺解)	1	구마라습 역(鳩摩羅什譯), 지의주석(智顗註釋), 세조 구결·역해	1464	아미타경
7	대방광원각수다라료의경언해 (大方廣圓覺修多羅了義經諺解)	10	종밀소초(宗密所抄), 세조 구결, 신미·효령대군 등 번역	1465	원각경
8	목우자수심결언해 (牧牛子修心訣諺解)	1	지눌찬(知訥撰), 비현각결(丕顯閣訣), 신미 번역	1467	
9	법어언해 (法語諺解)	1	신미 번역	1467	
10	몽산화상법어약록언해 (蒙山和尙法語略錄諺解)	1	신미 번역	1467 또는 1459~60?	각주 참고

네이버, 한국민족문화대백과(한국학중앙연구원) 참고.

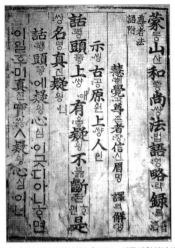

『역주 몽산화상법어약록언해』(2002, 세종대왕기념사업회)

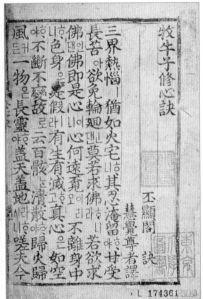

『역주 목우자수심결언해』(2009, 세종대왕기념사업회)

앞에서도 말했지만, 1447년에 간행된 『석보상절』은 세조가 수양대군 시절에 아버지 세종의 명을 받아 지은 석가모니의 일대기를 말한다. 이를 지을 때 신미가 도왔다는 것은 명백한 사실이다. 세종이 직접지었다는 『월인천강지곡』도 마찬가지다. 실록의 기록대로, 1446년에 신미가 불쑥 나타나 불경 언해를 도왔다는 건 좀 이상하지 않은가? 적어도 몇 년 전부터 인간적 교류가 있었어야지, 어떻게 만나서 금방그런 엄청난 언해 작업을 할 수 있었을까?

임금이 만든 훈민정음에 반대하는 신하들

1443(세종 25)년 12월 30일, 이달에 전하께서 친히 어리석은 백성을 위하여 새로운 문자를 만들었다고 발표하니, 집현전 부제학인 최만리 등이 반대 상소를 올린다. 이를 보면 신미가 한글 창제에 관여했더라도 이름을 올릴 수 없었음을 충분히 짐작할 수 있다. 왜냐하면, 임금이 창제했다고 하는데도 그렇게 반대를 하는데, 승려가 거기에 관여했다고 하면 과연 어떠했겠는가? 그건 상상할 수도 없는 일이다.

창제 발표를 한 지 약 2개월 후, 최만리 등 7명이 그 유명한 갑자 상소를 올린다. 여섯 가지 이유를 들어 한글 창제를 반대한다. 실록 기사의 일단을 보면 다음과 같다.

1. 우리 조선은 조종 때부터 내려오면서 지성스럽게 대국을 섬기어 한결같이 중화의 제도를 준행하였는데, 이제 글을 같이하고 법도를 같이하는 때를 당하여 언문을 창작하신 것은 보고 듣기에 놀라움이 있습니다. (…중략…) 만일 중국에라도 흘러 들어가서 혹시라도 비난하여 말하는 자가

있사오면, 어찌 대국을 섬기고 중화를 사모하는 데에 부끄러움이 없사오리까.

1. 옛부터 구주의 안에 풍토는 비록 다르오나 지방의 말에 따라 따로 문자를 만든 것이 없사옵고, 오직 몽고·서하·여진·일본과 서번의 종류가 각기 그 글자가 있으되, 이는 모두 이적의 일이므로 족히 말할 것이 없사옵니다. (…중략…) 이제 따로 언문을 만드는 것은 중국을 버리고 스스로 이적과 같아지려는 것으로서, 이른바 소합향을 버리고 당랑환을 취함이오니, 어찌 문명의 큰 흠절이 아니오리까.

1. 신라 설총의 이두는 비록 야비한 이언이오나, 모두 중국에서 통행하는 글자를 빌어서 어조에 사용하였기에, 문자가 원래 서로 분리된 것이 아니므로, 비록 서리나 복예의 무리에 이르기까지라도 반드시 익히려 하면, 먼저 몇 가지 글을 읽어서 대강 문자를 알게 된 연후라야 이두를 쓰게 되옵는데, (…중략…) 진실로 관리 된 자가 언문을 배워 통달한다면, 후진이 모두 이러한 것을 보고 생각하기를, 27자의 언문4)으로도 족히 세상에 입신할 수 있다고 할 것이오니, 무엇 때문에 고심 노사하여 성리의 학문을 궁리하려 하겠습니까.

1. 만일에 말하기를, '형살에 대한 옥사 같은 것을 이두 문자로 쓴다면, 문리를 알지 못하는 어리석은 백성이 한 글자의 착오로 혹 원통함을 당할 수도 있겠으나, 이제 언문으로 그 말을 직접 써서 읽어 듣게 하면, 비록 지극히 어리석은 사람일지라도 모두 다 쉽게 알아들어서 억울함을 품을

---

4) 언문: 훈민정음 창제 기사에는 28로 되어 있는데, 여기서는 27자로 되어 있음.

자가 없을 것이라.' 하오나, (…중략…) 이것은 형옥의 공평하고 공평하지 못함이 옥리의 어떠하냐에 있고, 말과 문자의 같고 같지 않음에 있지 않은 것을 알 수 있으니, 언문으로써 옥사를 공평하게 한다는 것은 신 등은 그 옳은 줄을 알 수 없사옵니다.

1. 무릇 사공을 세움에는 가깝고 빠른 것을 귀하게 여기지 않사온데, 국가가 근래에 조치하는 것이 모두 빨리 이루는 것을 힘쓰니, 두렵건대, 정치하는 체제가 아닌가 하옵니다. 만일에 언문은 할 수 없어서 만드는 것이라 한다면, 이것은 풍속을 변하여 바꾸는 큰일이므로, 마땅히 재상으로부터 아래로는 백료에 이르기까지 함께 의논하되, 나라 사람이 모두 옳다하여도 오히려 선갑후경(先甲後庚, 일의 앞뒤 차례를 잘 살핌)하여 다시세 번을 더 생각하고, 제왕에 질정하여 어그러지지 않고 중국에 상고하여부끄러움이 없으며, 백세라도 성인을 기다려 의혹됨이 없은 연후라야 이에 시행할 수 있는 것이옵니다.

1. 선유가 이르기를, "여러 가지 완호(玩好, 진기한 물건을 좋아하는 것)는 대개 지기를 빼앗는다." 하였고, "서찰에 이르러서는 선비의 하는 일에 가장 가까운 것이나, 외곬으로 그것만 좋아하면 또한 자연히 지기가 상실된다." 하였습니다. 이제 동궁이 비록 덕성이 성취되셨다 할지라도 아직은 성학에 잠심하시어 더욱 그 이르지 못한 것을 궁구해야 할 것입니다. 언문이 비록 유익하다 이를지라도 특히 문사의 육예의 한 가지일 뿐이옵니다.

—세종실록 103권, 세종 26(1444)년 2월 20일 경자 1번째 기사

한마디로 말하면, 훈민정음은 중국에 대한 사대와 양반의 권위에

대한 도전이란 것이다. 새로운 문자는 중국을 섬기는 일에 반하며, 양반들의 기득권에 손상을 줄 수 있다는 것이다. 세종은 신하들의 반대 상소에 대하여 조목조목 반박한다. 그런 후 이들을 의금부에 하옥한다. 그 중 정창손은 파직을 당하고, 김문은 장 1백 대의 벌을 받는다.

이는 한글 창제가 쉽지 않았음을 바로 보여주는 예이다. 사대부들이 이렇게 반대하는데 만일 신미가 한글을 만드는 데 관여했다고 하면 어떻게 되었을까? 아마 명분도 얻지 못하고 포기해야 했을 것이다. 유자의 나라에서 그 중요한 문자를 만드는 일에 이단인 불교 승려가 끼어든다는 것은 그 자체로 역적이었기 때문이다.

세종의 건강 악화와 초수 행궁 행차

훈민정음 창제 당시 세종의 건강이 좋지 않았다는 것은 사실이다. 따라서 임금의 건강이 좋지 않은데 그 어려운 문자를 혼자의 힘으로 어떻게 만드느냐 하는 의문이 제기된다.

훈민정음 연구 권위자인 강신항 성균관대 명예교수를 비롯해, 원로 언어학자 김완진 서울대 명예교수와 안병희 서울대 명예교수 등 많은 학자들이 한글을 세종과 협력자들의 창제로 간주한다. 더욱이 세종은 1437(세종 19)년부터 두통, 이질, 당뇨 등 병이 심해 정사를 돌보기 어려웠을 뿐 아니라, 기력이 쇠해지고 기억력도 감퇴됐다. 노쇠현상이 일어나 백발이 생기고 백내장이 심해졌고, 심지어 1439년에는 즉위년부터 지속해 오던 경연조차 열지 못할 정도로 건강이 악화됐다. 이런 이유로 세종 홀로 한글을 만들었다는 것은 무리가 있다는 견해들이 많았으며, 자연스레 누가 세종을 도왔을 것인가에 대한 논의도 적지 않았다.

—법보신문, 2019년 7월 31일자 기사

이런 언급은 실제로 실록에도 나온다. 이를 보면 다음과 같다.

승정원에 전지하기를, "내가 지난번에 세자로 하여금 서무를 나누어 처결하게 하려고 하였는데, 뒤에 다시 생각하니 역시 미가(未可)한 것이 있다. (…중략…) 내 병은 차도와 심함이 무상하여, 조금이라도 언어·동작이나 희로로 끝나지 않아 성질을 낼 적이 있으면 찌르고 아픈 증세가 즉시 발작하곤 하니, 이 병이 길고 짧은 것을 헤아릴 수 없는 터이다. (…중략…) 병이 들면 세자에게 명하여 정사를 다스리게 하고, 병이 나으면 곧 다시 친히 정사를 보는 것이 실상 사의(事宜)에 합당할 것이다. 이에 대신에게 명백히 유시하고 세자에게 명하여 군신과 대하여 서무를 대결하게 하고, 나는 휴양에 전심하려고 하니, 경 등은 이 뜻을 살펴 알지어다."
—세종실록 81권, 세종 20(1438)년 5월 27일 경술 4번째 기사

세종은 이렇게 건강이 좋지 않아 서무 결재권까지 세자에게 넘긴다. 바로 1년 전에도 넘기려 했지만, 대신들의 반대로 무산되었다. 이때가 세종 20년이니 1438년이다. 한글 창제를 발표하기 딱 5년 전이다. 어찌 보면 한글 창제는 비밀 프로젝트였기에, 세종이 질병을 핑계 삼아 새로운 문자를 만드는데 더욱 진력하기 위하여 그런 것이 아니냐고 말할 수도 있다. 또 세종은 새로운 문자 만드는 것을 자신의 눈과 바꿀 만큼 중요하게 여겼다. 하여 그동안 고심하느라 건강이 악화하였고, 이제는 한글 창제 완성을 위하여 정사를 세자에게 넘기지 않았겠냐고 해석할 수도 있다.

그러나 이것은 상식적으로 생각해야 한다. 사람이 아파도 항상 아픈 것은 아니지만, 무엇이든 건강해야 일을 할 수 있다. 내 몸이 아프면 아무것도 하고 싶지 않은 것이 인지상정이다. 과연 임금이 매일

빈틈없이 짜여 있는 정사와 경연, 행차 등을 감당하면서 그 어려운 문자를 혼자의 힘으로 만들었을까? 조선 왕의 일상생활을 보면 하루에 5시간 이상 잠을 자지 못했다고 한다. 이때 신미는 속리산 복천사에서 두문불출한 것으로 알려져 있다. 그렇다면 혹여 복천사에서 세종의 명을 받고 문자 창제에 몰두하고 있지는 않았을까?

다음으로, 세종의 안질 치료를 위한 초수 행궁 행차를 언급하지 않을 수 없다. 1443년 12월에 훈민정음 창제를 알리고, 이듬해 1444년 2월에 최만리 등의 반대 상소를 받고는, 안질 치료 차 청주 초수(지금의 초정약수) 행궁으로 행차한다. 초수 행궁 행차는 당해 두 번에 걸쳐 이루어진다. 단지, 안질 치료만을 위해서 청주 초수로 갔을까? 사람들은 이에 의문을 던진다.

바로 초수에서 멀지 않은 속리산 복천사에 있는 신미대사를 만나기 위해서 행차하지 않았을까 하는 의문이다. 유신들이 한글 창제를 그렇게 반대하니 좀 편안한 곳에서 새로 만든 문자를 시험하고 점검하기 위해서 초수에 왔다고 보는 것이다. 이를테면, 훈민정음 완성을 위한 고도의 보안 전략이라고 볼 수 있다. 개연성은 다분하다.

세종이 어려서부터 학문을 좋아했고 음운학에 밝았다는 것도 사실이지만, 한글 창제 당시 건강이 좋지 않았다고 하는 것도 엄연한 사실이다. 그런 와중에 주위의 아무런 도움도 받지 않고, 홀로 새로운 문자를 만들었다면 실로 대단한 일이다. 『훈민정음』 해례본의 대표 저자인 정인지가 서문에서 밝혔듯이, 하늘이 내린 성군이시다. 그러나 어디 그게 쉬운 일인가? 아프므로 더 도움이 필요하지 않았을까? 당시 주역과 불경에 통달하고 언어학에 밝았다고 하는 신미대사의 조력설이 이래서 더 힘을 얻는다.

모음 11자, 신미대사 추가 주장

앞의 2부에서도 밝혔지만, 정광 고려대 명예교수는 그의 여러 저서와 발표 논문에서 훈민정음 중성(모음) 11자는 신미대사가 추가했다고 주장하여 파란을 일으키고 있다. 정광 교수에 의하면, 세종이 처음 만든 글자는 초성(반절상자) 27자였는데, 신미가 중성(반절하자) 11자를 추가하여 훈민정음이 완성되었다고 말한다. 이는 신미가 소리 문자인 산스크리트어 전문가였기 때문에 가능했다고 보았다. 정광 교수는 다음과 같이 주장하고 있다.

세종이 신미를 만났을 때에는 이미 훈민정음의 제정이 상당히 진척되었을 때였던 것으로 보인다. (…중략…). 신미는 실담(범자, 산스크리트의 음사)의 반자론에서 말하는 마다 12자에 맞추어 중성11자를 별도로 만든 것으로 보인다. 그리하여 초성 17자와 결합하여 훈민정음 28자를 제정하였다. 애초에 중성 11자가 없었던 것은 최만리의 반대 상소에 언문 27자로만 되었으며, 이것은 중국 성운학에서 말하는 대운, 즉 반절상자의 초성만을 말한 것이다. 즉 훈민정음의 초성 17자에 전탁자, 즉 각자병서의 6자와 순경음 4자를 더한 것이다. 이것은 반절 27자로도 불리었으며 반절상자의 초성을 표음하는 27개 자모를 말한 것이다.

—불교평론, 열린논단 발표 원고(2019.9.19), 35쪽

정광 교수의 이러한 주장은 학계를 놀라게 하고 있다. 이 분의 주장은 크게 보면 두 가지다. 한글 창제는 세종대왕 혼자의 힘으로 된 것이 아님을 전제하면서, 동아시아 여러 문자 등이 훈민정음 제정에 영향을 미쳤다는 것이고, 또 하나는, 훈민정음은 처음에 중국 한자음을 우리 한자음에 맞추기 위한 발음기호로 시작하여 초성 27자를 만들었는데, 신미가 여기에 중성 11자를 추가하여 완성되었다는 주장이다.

이렇게 새로운 학설이 대두되는 것은 고무적인 일이다. 평생을 국어학 연구에 헌신한 학자가 허투루 이렇게 발표할 일은 없다고 본다. 이러한 주장에 좀 더 귀 기울일 필요가 있다.

실록 편찬의 진실과 불가의 구전설

역사는 정사와 야사로 나눌 수 있다. 정사만 역사라고 한다면 달리 할 말은 없다. 그러나 야사도 분명히 역사의 한 축이라고 본다면 논점이 달라진다. 예를 들어,『삼국유사』는 승려 일연이 썼지만 아주 중요하게 다루어지고 있다. 삼국시대의 정사인『삼국사기』가 못 다 적은 역사를『삼국유사』가 보완하고 있기 때문이다.

신미대사는 승려였기 때문에 스스로 기록을 남기지 않았을 수도 있고, 유신들이 일부러 삭제했을 수도 있다. 삭제 가능성은 실록 편찬 과정을 보면 알 수 있다.

실록의 편찬은 다음의 세 단계를 거쳐서 완성되었다. 첫째 단계는 1·2·3의 각 방에서 춘추관 시정기 등 각종 자료 가운데에서 중요한 사실을 초출하여 초초(初草)를 작성하였다. 둘째 단계는 도청에서 초초 가운데 빠진 사실을 추가하고 불필요한 내용을 삭제하는 동시에 잘못된 부분을 수정하여 중초(中草)를 작성하였다. 셋째 단계는 총재관과 도청 당상이

중초의 잘못을 재수정하는 동시에 체재와 문장을 통일하여 정초(正草)를
작성하는 것이었다.

—네이버, 조선왕조실록(한국민족문화대백과, 한국학중앙연구원)

이로 보면 실록은 얼마든지 가감 삭제가 가능했다. 신미에 대한
기록이 실록청의 최고 유신들의 입맛에 따라 재단되었다면 이는 다시
생각해 볼 일이다. 역사는 승자의 기록이기 때문이다.

심지어 세종대왕의 졸기에 보면, 그 중요한 훈민정음 창제나 반포
사실이 적혀 있지 않다. 세종실록 편찬의 최고 책임자가 정인지였는
데 그가 누구인가? 바로 『훈민정음』 해례본의 저자 8명 중에 대표
편집자가 아닌가? 그 유명한 정인지 서문까지 쓴 장본인이다. 정말
깜짝 놀랄 일이다. 유신들에게는 훈민정음 창제가 그리 중요하지 않
았다는 것을 방증한다.

세종이 영응 대군의 집에서 사망했다는 실록 기사를 보면 다음과
같다. 이는 중요해서 전문을 옮겨 본다.

임금이 영응 대군 집 동별궁에서 훙(薨)하였다. [처음에 영응 대군 집을
지을 때, 명하여 한 궁을 따로 집 동편에 세워서 옮겨 거처할 곳을 준비하
였다.] 임금은 슬기롭고 도리에 밝으매, 마음이 밝고 뛰어나게 지혜롭고,
인자하고 효성이 지극하며, 지혜롭고 용감하게 결단하며, 합에 있을 때부
터 배우기를 좋아하되 게으르지 않아, 손에서 책이 떠나지 않았다. 일찍이
여러 달 동안 편치 않았는데도 글 읽기를 그치지 아니하니, 태종이 근심
하여 명하여 서적을 거두어 감추게 하였는데, 사이에 한 책이 남아 있어
날마다 외우기를 마지않으니, 대개 천성이 이와 같았다. 즉위함에 미쳐,
매일 사야(四夜, 하룻밤을 오경으로 나눈 넷째 부분인 새벽 1~3시)면 옷

을 입고, 날이 환하게 밝으면 조회를 받고, 다음에 정사를 보고, 다음에는 윤대를 행하고, 다음 경연에 나아가기를 한 번도 조금도 게으르지 않았다. 또 처음으로 집현전을 두고 글 잘하는 선비를 뽑아 고문으로 하고, 경서와 역사를 열람할 때는 즐거워하여 싫어할 줄을 모르고, 희귀한 문적이나 옛사람이 남기고 간 글을 한 번 보면 잊지 않으며 증빙과 원용을 살펴 조사하여서, 힘써 정신 차려 다스리기를 도모하기를 처음과 나중이 한결같아, 문과 무의 정치가 빠짐없이 잘 되었고, 예악의 문을 모두 일으켰으매, 종률과 역상의 법 같은 것은 우리나라에서는 옛날에는 알지도 못하던 것인데, 모두 임금이 발명한 것이고, 구족과 도탑게 화목하였으며, 두 형에게 우애하니, 사람이 이간질하는 말을 못하였다. 신하를 부리기를 예도로써 하고, 간하는 말을 어기지 않았으며, 대국을 섬기기를 정성으로써 하였고, 이웃 나라를 사귀기를 신의로써 하였다. 인륜에 밝았고 모든 사물에 자상하니, 남쪽과 북녘이 복종하여 나라 안이 편안하여, 백성이 살아가기를 즐거한 지 무릇 30여 년이다. 거룩한 덕이 높고 높으매, 사람들이 이름을 짓지 못하여 당시에 해동 요순이라 불렀다. 늦으막에 비록 불사(佛事)로써 혹 말하는 사람이 있으나, 한 번도 향을 올리거나 부처에게 절한 적은 없고, 처음부터 끝까지 올바르게만 하였다.

—세종실록 127권, 세종 32(1450)년 2월 17일 임진 1번째 기사

위 세종대왕의 졸기를 보면, 그 어디에도 훈민정음이란 말은 없다. 어려서 학문을 좋아했고, 정사를 게을리하지 않았으며, 재위 기간 나라가 태평성대를 이루었다는 이야기가 주를 이루고 있다. 그 중차대한 문자 혁명인 훈민정음 창제 이야기는 일언반구도 없다. 이것도 일부러 넣지 않은 걸까? 그나마 월별 기사에 창제와 반포 사실이 있고, 1940년에 『훈민정음』 해례본이 발견된 것이 참 다행이다.

또한, 불가에서는 신미대사가 한글 창제에 깊이 관여했다고 구전되어 온다. 가장 관련이 깊은 사찰은 속리산 법주사의 부속 암자인 복천암이다. 복천암은 그 당시 속리산 복천사로 불리었다. 이 사찰에서 평생 신미를 연구해 온 월성스님은 그동안 집적한 관련 기록을 내보이며, 신미가 한글 창제에 깊이 관여한 것이 사실이라고 말했다. 다만, 그에 관한 기록을 유신들이 다 없애버렸다고 일갈했다.

한글 창제의 진실은 밝혀져야 한다

이제까지 훈민정음 창제를 둘러싼 쟁점을 언급하고, 현재의 정설인 세종 단독 창제에 의문을 제기하며, 신미대사 관여(조력)설을 조심스럽게 꺼내 들었다. 그에 대한 맥락적인 정황을 유형화하면서 다각적인 근거를 제시하였다.

그러나 누가 뭐라 해도 훈민정음은 세종이 창제했다고 말할 수밖에 없다. 왜냐하면, 신미가 불교를 널리 알리기 위해 쉬운 문자를 만들려고 했어도, 제왕인 세종이 받아들이지 않으면 불가능했기 때문이다. 훈민정음, 즉 한글은 전적으로 세종의 작품이다. 다만, 역사적 맥락으로 보아 조력자가 있었고, 그 조력자는 바로 신미대사일 거로 추정할 뿐이다.

만일 야사나 불가에서 내려오는 구전도 역사라면 존중해야 하고, 그런 면에서 신미는 분명 한글 창제에 관여했다고 보아야 한다. 좀더 나아가, 한글은 세종과 신미의 이해관계가 절묘하게 맞아떨어진 제왕과 승려의 합작품일지도 모른다.

설령, 신미가 도와서 한글을 창제했다고 하더라도 세종의 권위가 떨어지는 것은 결코 아니다. 세종은 제왕으로서 백성을 위해 문자를 만들려는 의지가 뚜렷했고, 기획 주도한 것은 세종이기 때문이다. 마치 스마트폰을 집단지성으로 만들었지만, 그 책임자인 스티브 잡스가 만들었다고 하는 것과 마찬가지다.

신미는 세종, 문종, 세조 등 조선 초기 3대 임금의 두터운 신임을 받았다. 그러나 실록에는 폄훼와 비판만이 있을 뿐, 진정한 기록은 철저히 가려져 있다. 그의 행적과 생몰연대도 최근에야 밝혀졌다. 아마도 신미는 스스로를 밝히지 않았을 수도 있다. 이것이 선사로서 미덕이었을지도 모른다.

신미는 선사이면서도 뛰어난 학승이었다. 글로 남기고자 했다면 수십 권을 문집으로 남기고도 남음이 있었을 것이다. 이순신 장군은 『난중일기』를, 유성룡은 『징비록』을 남겨서 그 공적을 안다. 그런데 왜 신미는 수백 권의 불경 편찬 및 언해 사업에 참여했으면서도, 자신의 공적을 담은 기록 하나도 남기지 않았을까?

확신하건대, 신미는 스스로 역사 속으로 사라진 것이다. 그것이 아니라면, 훈민정음에 대한 유신들의 반대를 미리 알고 스스로 숨어버렸을지도 모른다. 그것이 바로 신미가 살고, 훈민정음이 영원히 사는 방법임을 잘 알고 있었기 때문이다. 영화 〈나랏말싸미〉의 대사처럼 세종이 고의로 은폐했을지도 모른다. 이참에 한글 창제와 신미대사 연구를 위해 몇 가지 제언하고자 한다.

첫째, 한글 창제의 진실은 밝혀져야 한다. 세종 단독 창제설도 엄밀히 말하면 하나의 설이다. 만일 단독 창제가 진실이었다면 왜 교과서에, 아주 오랫동안 집현전 학사와의 공동 창제설이 정설로 자리 잡고 있었나 하는 질문에 답을 해야 한다. 여러 가지 근거를 들어 세종이 혼자서 창제했다고 주장하고 있지만, 혹시나 세종을 지나치게 신성시하려는 의도는 없는지 생각해 보아야 한다.

역사의 진실에 접근하기 위해서 훈민정음 창제 당시 동아시아 주변 여러 나라의 문자에 관한 고찰은 물론, 우리의 이두, 향찰, 팔만대장경, 직지심체요절 등으로 내려온 기록 문화가 훈민정음에 어떠한 영향을 끼쳤는가 하는 배경 연구도 보다 면밀히 이루어져야 한다고 본다.

둘째, 신미대사에 관한 연구가 확대되어야 한다. 국문학계나 역사학계에서 단편적으로 이루어진 것은 사실이나, 거의 없는 것이나 마찬가지다. 신미는 훈민정음 창제는 아니더라도, 보급에 중요한 역할을 했음에도 학계의 주목을 받지 못한 것은 안타까운 일이다.

혹여 승려, 즉 종교인이라서 그런 것은 아닌지 의구심마저 든다. 불교는 하나의 종교를 떠나서, 우리 문화 발전에 중요한 역할을 했다. 불교를 떠나서 한국 전통문화를 논하는 일은 쉽지 않다. 따라서 이제부터라도 학계에서 신미대사에 대한 관심이 제고되었으면 한다.

마지막으로, 불교계의 적극적인 역할을 주문하고자 한다. 신미대사에 관한 연구가 그나마 뜻있는 불교학자나 언론인들을 중심으로 꾸준히 고찰된 것은 사실이다. 하지만 불교계가 얼마나 앞장서서 노력했나 하는 점이다. 불교학 대사전에 신미에 관한 기록은 아주 미미하다. 그 흔한 생몰연대와 업적마저도 자세히 기록되어 있지 않다. 조선왕조실록의 방대한 기록에 비하면 아주 미흡하다고 볼 수밖에 없다.

한글 창제는 우리 민족의 혁명 사건이다. 어쩌면 세계 인류 문명사를 획기적으로 바꾼, 가장 으뜸 사건일지도 모른다. 실록에 기사로 69건, 이름으로 139번(국역의 제목과 본문)이나 실제로 나오는 역사적 인물을 그냥 놓아둘 수는 없다. 불교계는 물론 관련 학계가 숨어 있는 자료를 찾아서 객관적으로 신미대사를 조명해야 한다.

　법정스님의 말을 인용하면, 이제 '시절인연'이 찾아왔다. 영화 〈나랏말싸미〉가 신미대사의 존재를 세상에 널리 알렸기 때문이다. 차제에 연구에 박차를 가하여 한글 창제와 신미대사의 관련성이 있는 그대로 밝혀지기를 바란다.

4부 조선왕조실록에서 훈민정음과 신미를 보다

들어가며

앞에서도 밝혔지만, 조선왕조실록에서 훈민정음은 기사로 10건이 나온다. 나머지는 주로 '언문'이란 말로 나온다. 언문은 세종에서 순종 때까지 무려 기사로 419건이나 검색되는데, 이는 훈민정음보다는 언문이란 말이 주로 쓰였다는 방증이다. 그러면 훈민정음은 무엇이고, 언문이란 무엇인가?

훈민정음 전문가인 김슬옹 박사에 의하면, 훈민정음은 특별명칭이고, 언문은 일반 명칭이라고 한다. 훈민정음은 말 그대로 '백성을 가르치는 바른 소리'로서 공식적으로 사용해야 할 때 썼던 명칭으로 본다. 그동안 공부한 『훈민정음』 해례본을 보니, 통칭인 언문을 쓰지 않고 공식 명칭인 훈민정음을 썼다.

언문을 '한글을 속되게 이른 말'이라고 생각할 수 있는데, 원래는 '전하는 말이나 사람들이 주고받는 말을 그대로 옮기어 적을 수 있는 문자'라고 한다. 실제로 훈민정음 창제 사실을 발표한 실록 기사를 보면, 언문과 훈민정음이란 말이 동시에 나온다. 보통 무슨 '언해'라고 하는데, 이는 한자나 한문으로 된 책을 훈민정음으로 풀었다는 뜻이다. 예를 들어, 『능엄경 언해』라고 하면 능엄경이라는 불교 경전을 훈민정음, 즉 한글로 풀어서 썼다는 뜻이다.

이제까지 나는 베일에 가려진 훈민정음에 대하여 의문을 품고, 나름대로 공부한 과정을 가감 없이 썼다. 그리고는 신미대사가 훈민정음 창제에 관여했을 수 있다는 맥락적인 근거를 다양하게 제시했다.

4부에서는 조선왕조실록을 펼쳐 보여주고자 한다. 역사는 밝히지 않았지만, 실록은 진실을 알고 있기 때문이다. 감추고 숨기고자 한 흔적이 보이나, 행간에 신미의 그림자가 드리워져 있다. 다만, 모든 내용을 다 실으면 매우 방대하므로 관련 부문만 발췌한다. 실록 전문을 보고자 한다면, 조선왕조실록 사이트에 직접 방문해 보기 바란다.

훈민정음과 신미대사가 조선왕조실록에서 몇 번 나오는지를 실증적으로 보여주기 위해, 기사마다 일련번호를 붙이고 제목을 붙였다. 제목은 실록에 있는 제목을 그대로 따오지 않고, 훈민정음과 신미대사 중심으로 바꾸었다. 되도록 간단하게 제목을 붙이고자 했으나 긴 제목도 있다. 조선왕조실록 사이트는 국역과 원문을 동시에 보여주고 있다. 여기서는 국역 기사만을 가져왔다.

국역 기사는 한자가 병기되어 있을 뿐 아니라, 개념이나 용어가 매우 어렵다. 병기된 한자를 보아도 해석하기가 난해하다. 이를 해결하기 위해 네이버 한국고전용어사전을 찾아서 하나하나 풀이해 놓았다. 내용이 좀 긴 것은 밑에 주를 달아 놓았다. 용어사전에 나오지 않거나, 한자만 보아도 금방 알 수 있는 용어는 한자가 병기된 채로 그대로 두었다.

왕대 별로 기사 건수를 보면, 훈민정음은 세종 5건, 세조 3건, 성종 1건, 정조 1건 등 모두 10건이다. 신미대사는 세종 10건, 문종 27건,

단종 1건, 세조 7건, 예종 5건, 성종 18건, 연산군 1건 등 모두 69건이다. 문종 때가 가장 많은데, 그 이유는 신미의 칭호에 대하여 대신들이 반대 상소를 많이 올렸기 때문이다.

훈민정음은 앞에서도 말했지만, 문자일 수도 있고, 책을 지칭할 수도 있다. 기사의 앞부분에서는 문자로서의 훈민정음을, 뒷부분은 책으로서의 훈민정음을 지칭한 것 같다. 책으로서의 훈민정음은 여러 내용을 다룬 기사 중 일부로 언급된 것이 아쉽다.

신미대사는 이에 비해 일곱 배나 많이 등장한다. 거의 비난하고 깎아내리는 기사다. 기사를 읽다 보면 거북할 때가 있다. 민망할 때도 있다. 어쩌면 이렇게도 폄훼할 수 있을까 하고 사관에게 따지고 싶기도 하다. 이런 기록을 신미가 직접 본다면 어떻게 대응할까? 조선왕조실록이 공정하면서도 있는 그대로 기록했다고 하는데, 신미에 관한 한 나는 그렇게 믿고 싶지 않다. 하여 더 슬프다.

신미대사에 관한 기사를 눈여겨 보아주기를 바란다. 겉으로 드러난 내용만을 볼 것이 아니라, 행간에 묻어 있는 숨은 뜻을 살펴서 이해해 주기를 간곡히 바란다. 임금은 그렇게 극진히 예우하는데, 신하들은 왜 그리도 신미를 폄훼하고 비난하고 있는지를…. 난, 여기에 답이 있다고 생각한다. 조선왕조실록이 스스로 말해주고 있다. 신미대사의 존재를!

훈민정음 관련 기사

<1> 훈민정음을 창제하다

이달에 임금이 친히 언문 28자를 지었는데, 그 글자가 옛 전자를 모방하고, 초성·중성·종성으로 나누어 합한 연후에야 글자를 이루었다. 무릇 문자에 관한 것과 이어(俚語, 속된 말)에 관한 것을 모두 쓸 수 있고, 글자는 비록 간단하고 요약하지마는 전환하는 것이 무궁하니, 이것을 『훈민정음』이라고 일렀다.

—세종실록 102권, 세종 25(1443)년 12월 30일 경술 2번째 기사

훈민정음이 실록에서 처음으로 등장하는 기사다. 앞뒤가 잘려 나간 듯 배경 설명이 없다. 너무 간단하다. 예를 들어, 옛 전자(篆字)를 모방했다고 하는데 상세히 기술해 주었더라면 좋았을 걸 하는 아쉬움이 있다. 옛 전자가 무엇인가에 대해 학자들의 의견이 갈린다. 앞에서도 밝혔지만, 인도의 범자냐 몽골의 파스파 문자냐, 심지어는 고조선의

가림토 문자냐 하는 등의 주장이 섞여 있다.

또 하나, 여기서는 언문 28자라고 했는데 뒤에 나오는 최만리의 갑자 상소에서는 27자라고 되어 있다. 이것도 참 신기한 일이다. 하여, 이 기사는 나중에 『훈민정음』 해례본을 간행하고 나서 추가한 것이 아닌가 하고 의심하기도 한다.

<2> 훈민정음을 반포하다

이달에 『훈민정음』이 이루어졌다. 어제에, "나랏말이 중국과 달라 한자와 서로 통하지 아니하므로, 우매한 백성들이 말하고 싶은 것이 있어도 마침내 제 뜻을 잘 표현하지 못하는 사람이 많다. 내 이를 딱하게 여기어 새로 28자를 만들었으니, 사람들로 하여금 쉬 익히어 날마다 쓰는 데 편하게 할 뿐이다. ㄱ은 아음이니 군자의 첫 발성과 같은데 가로 나란히 붙여 쓰면 규(虯)자의 첫 발성과 같고, ㅋ은 아음이니 쾌(快)자의 첫 발성과 같고, ㆁ은 아음이니 업(業)자의 첫 발성과 같고, ㄷ은 설음이니 두(斗)자의 첫 발성과 같은데 가로 나란히 붙여 쓰면 담(覃)자의 첫 발성과 같고, ㅌ은 설음이니 탄(呑)자의 첫 발성과 같고, ㄴ은 설음이니 나(那)자의 첫 발성과 같고, ㅂ은 순음이니 별(彆)자의 첫 발성과 같은데 가로 나란히 붙여 쓰면 보(步)자의 첫 발성과 같고, ㅍ은 순음이니 표(漂)자의 첫 발성과 같고, ㅁ은 순음이니 미(彌)자의 첫 발성과 같고, ㅈ은 치음이니 즉(卽)자의 첫 발성과 같은데 가로 나란히 붙여 쓰면 자(慈)자의 첫 발성과 같고, ㅊ은 치음이니 침(侵)자의 첫 발성과 같고, ㅅ은 치음이니 슐(戌)자의 첫 발성과 같은데 가로 나란히 붙여 쓰면 사(邪)자의 첫 발성과 같고, ㆆ은 후음이니 읍(挹)자의 첫 발성과 같고, ㅎ은 후음이니 허(虛)자의 첫 발성과 같은데 가로 나란히 붙여 쓰면 홍(洪)자의 첫 발성과 같고, ㅇ은 후음이니 욕(欲)자의 첫 발성과 같고, ㄹ은 반설음이니 려(閭)자의 첫 발성과 같고, ㅿ는 반치음이니 양(穰)자의 첫 발성과 같고, ·은 탄(呑)자의 중성과 같고, ㅡ는 즉(卽)자의 중성과 같고, ㅣ는 침(侵)자의 중성과 같고, ㅗ는 홍(洪)자의 중성과 같고, ㅏ는 담(覃)자의 중성과 같고, ㅜ는 군(君)자의 중성과 같고, ㅓ는 업(業)자의 중성과 같고, ㅛ는 욕(欲)자의 중성과 같고, ㅑ는 양(穰)자의 중성과 같고, ㅠ는 슐(戌)자의 중성과 같고, ㅕ는 별(彆)자의 중성과 같으며, 종성은 다시 초성으로 사용하며, ㅇ을 순음 밑에 연달아 쓰면 순경음이 되고, 초성을 합해 사용하려면 가로 나란히 붙여 쓰고, 종성도 같다. ·ㅡㅗㅜㅛㅠ는 초성의 밑에 붙여 쓰고, ㅣㅓㅏㅑㅕ는 오른쪽에 붙여 쓴다. 무릇 글자는 반드시 합하여 음을 이루게 되니, 왼쪽에 1점을 가하면 거성이 되고, 2점을 가하면 상성이 되고, 점이 없으면 평성이 되고, 입성은 점을 가하는 것은 같은데 촉급하게 된다.”라고 하였다.

예조판서 정인지의 서문에, “천지자연의 소리가 있으면 반드시 천지자연의 글이 있게 되니, 옛날 사람이 소리로 인하여 글자를 만들어 만물의 정을 통하여서, 삼재의 도리를 기재하여 뒷세상에서 변경할 수 없게 한 까닭이다. 그러나 사방의 풍토가 구별되매 성기(聲氣)도 또한 따라 다르게 된다. 대개 외국의 말은 그 소리는 있어도 그 글자는 없으므로, 중국의 글자를 빌려서 그 일용에 통하게 하니, 이것이 둥근 장부가 네모진 구멍에 들어가 서로 어긋남과 같은데, 어찌 능히 통하여 막힘이 없겠는가. 요는 모두 각기 처지에 따라 편안하게 해야만 되고, 억지로 같게 할 수는 없는 것이다. 우리 동방의 예악 문물이 중국에 견주되었으나 다만 방언과 이어(속어)만이 같지 않으므로, 글을 배우는 사람은 그 지취(취지)의 이해하기 어려움을 근심하고, 옥사를 다스리는 사람은 그 곡절의 통하기 어려움을 괴로워하였다. 옛날에 신라의 설총이 처음으로 이두를 만들어 관부와 민간에서 지금까지 이를 행하고 있지마는, 그러나 모두 글자를 빌려서 쓰기 때문에 혹은 간삽하고 혹은 질색하여, 다만 비루하여 근거가 없을 뿐만 아니라 언어의 사이에서도 그 만분의 일도 통할 수가 없었다.

계해년 겨울에 우리 전하께서 정음 28자를 처음으로 만들어 예의를 간략하게 들어 보이고 명칭을 『훈민정음』이라 하였다. 물건의 형상을 본떠서 글자는 고전(古篆)을 모방하고, 소리에 인하여 음은 칠조(七調)5)에 합하여 삼극(삼재, 천지인)의 뜻과 이기(음양)의 정묘함이 구비 포괄되지 않은 것이 없어서, 28자로써 전환하여 다함이 없이 간략하면서도 요령이 있고 자세하면서도 통달하게 되었다. 그런 까닭으로 지혜로운 사람은 아침나절이 되기 전에 이를 이해하고, 어리석은 사람도 열흘 만에 배울 수 있게 된다. 이로써 글을 해석하면 그 뜻을 알 수가 있으며, 이로써 송사를 청단(聽斷, 송사를 자세히 듣고 판단함)하면 그 실정을 알아낼 수가 있게 된다. 자운은 청탁을 능히 분별할 수가 있고, 악가는 율려(律呂, 아악의 12음계)가 능히 화합할 수가 있으므로 사용하여 구비하지 않은 적이 없으며 어디를 가더라도 통하지 않는 곳이 없어서, 비록 바람소리와 학의 울음이든지, 닭울음소리나 개짖는 소리까지도 모두 표현해 쓸 수가 있게 되었다. 마침내 상세히 해석을 가하여 여러 사람들을 깨우치게 하라고 명하시니, 이에 신이 집현전 응교 최항, 부교리 박팽년과 신숙주, 수찬 성삼문, 돈녕부 주부 강희안, 행 집현전 부수찬 이개·이선로 등과 더불어 삼가 모든 해석과 범례를 지어 그 경개를 서술하여, 이를 본 사람으로 하여금 스승이 없어도 스스로 깨닫게 되었다. 그러나 그 연원의 정밀한 뜻의 오묘한 것은 신 등이 능히 발휘할 수 있는 바가 아니다. 삼가 생각하옵건대, 우리 전하께서는 하늘에서 낳으신 성인으로서 제도와 시설이 백대의 제왕보다 뛰어나시어, 정음의 제작은 전대의 것을 본받은 바도 없이 자연적으로 이루어졌으니, 그 지극한 이치가 있지

---

5) 칠조: 칠음. 궁·상·각·치·우·변치·변궁의 일곱 음계.

않은 곳이 없으므로 한 사람의 사적인 업적이 아니라고 하겠는가? 대체로 동방에 나라가 있은 지가 오래되지 않은 것이 아니나, 만물의 뜻을 깨달아 모든 일을 이루는 큰 지혜는 대개 오늘날에 기다리고 있을 것인겨.” 하였다.

—세종실록 113권, 세종 28(1446)년 9월 29일 갑오 4번째 기사

이것은 그 유명한 훈민정음 반포 기사이다. 훈민정음 창제 사실을 발표한 지 거의 3년 만의 일이다. 창제를 했으면 다 된 것이지, 왜 3년이나 걸려 이를 다시 반포했을까? 여러 가지 주장이 있다. 문자를 시험하기 위해서, 중간에 두 왕자와 왕비인 소헌왕후가 죽어서, 신하들의 반대가 하도 심해서…. 어쨌든 임금이 정식으로 반포한 것은, 지금에서 보면 너무도 다행한 일이고 역사적인 사건이라고 아니 할 수 없다.

훈민정음을 반포하고 난 후, 책을 제작한 것 같은데 그것이 남아 있지 않았다. 분명히 정조 때까지 훈민정음을 언급한 것을 보면 이것은 분명히 책이다. 1940년에 드디어 그 책이 발견되었다. 흔히 말하는 『훈민정음』 해례본이다. 서울 광화문 세종대왕이 왼손에 들고 있는 바로 그 책이다.

이 기사에서 정인지 서문을 밝히고 있다. 이 때문에 『훈민정음』 해례본의 마지막 글이 정인지 서문인지를 알게 되었다. 정인지 등은 아마도 세종의 명을 받고 이 글을 쓴 것 같다. 그런데 정인지는 서문의 끝부분에서 의미심장한 말을 한다. 우리는 그 오묘한 뜻을 알 수 없다고! 다 임금인 세종이 한 것이라고…. 이를 어떻게 해석해야 할까?

<3> 훈민정음을 취재 시험 과목으로 하다

이조에 전지(명령)하기를, “금후로는 이과와 이전의 취재 때에는 『훈민

정음』도 아울러 시험해 뽑게 하되, 비록 의리는 통하지 못하더라도 능히 합자(合字)하는 사람을 뽑게 하라." 하였다.

—세종실록 114권, 세종 28(1446)년 12월 26일 기미 3번째 기사

세종은 훈민정음을 반포한 후 이를 시험 과목으로 채택하도록 했다. 비록 하급관리를 뽑는 시험이지만 정말 잘한 일이다. 그런데 조선 500년 동안 내내 『훈민정음』을 과거 시험이나 성균관, 향교 등의 필수 과목으로 했더라면 얼마나 좋았을까?

<4> 함길도 자제의 관리 선발에 훈민정음을 시험하게 하다

이조에 전지하기를, "정통 9(1444, 세종 26)년 윤 7월의 교지 내용에, '함길도의 자제로서 내시·다방의 지인이나 녹사에 소속되고자 하는 자는 글씨·산술·법률·『가례』·『원육전』·『속육전』·삼재를 시행하여 입격한 자를 취재하라.' 하였으나, 이과 시험으로 인재를 뽑는 데에 꼭 6가지 재주에 다 입격한 자만을 뽑아야 할 필요는 없으니, 다만 점수(分數)가 많은 자를 뽑을 것이며, 함길도 자제의 삼재 시험하는 법이 다른 도의 사람과 별로 우수하게 다른 것은 없으니, 이제부터는 함길도 자제로서 이과 시험에 응시하는 자는 다른 도의 예에 따라 6재를 시험하되 점수를 갑절로 주도록 하고, 다음 식년부터 시작하되, 먼저 『훈민정음』을 시험하여 입격한 자에게만 다른 시험을 보게 할 것이며, 각 관아의 이과 시험에도 모두 『훈민정음』을 시험하도록 하라." 하였다.

—세종실록 116권, 세종 29(1447)년 4월 20일 신해 1번째 기사

왜 함길도 자제에게는 시험에서 혜택을 주라고 했을까? 이를테면

가산점을 주라고 한 것이다. 함길도는 지금의 함경도 지방이다. 조선의 최북단이다. 세종 때 4군 6진을 개척하면서 함길도가 우리 땅이 되었다. 주민 이주 정책도 추진했다. 그러나 함길도 사람은 맘만 먹으면 북쪽의 여진이나 만주로 갈 수 있다. 이들을 잘 달래야 했을 것이다. 가점을 주어 관리로 채용하고, 무엇보다 변방이니 훈민정음을 먼저 보급하고자 하지 않았을까?

\<5\> 신숙주가 동국정운 서문에서 훈민정음을 찬탄하다

이달에 『동국정운』이 완성되니 모두 6권인데, 명하여 간행하였다. 집현전 응교 신숙주가 교지를 받들어 서문을 지었는데, 이르기를, (…중략…) "신들이 재주와 학식이 얇고 짧으며 학문 공부가 좁고 비루하매, 뜻을 받들기에 미달하와 매번 지시하심과 돌보심을 번거로이 하게 되겠삽기에, 이에 옛사람의 편성한 음운과 제정한 자모를 가지고 합쳐야 할 것은 합치고 나눠야 할 것은 나누되, 하나의 합침과 하나의 나눔이나 한 성음과 한 자운마다 모두 위에 결재를 받고, 또한 각각 고증과 빙거(증거)를 두어서, 이에 사성으로써 조절하여 91운과 23자모를 정하여 가지고 어제하신 『훈민정음』으로 그 음을 정하고, (…중략…) 신, 숙주가 그윽이 생각하옵건대 사람이 날 때에 천지의 기운을 받지 않은 자가 없는데 성음은 기운에서 나는 것이니, 청탁이란 것은 음양의 분류로서 천지의 도이요, 사성이란 것은 조화의 단서로서 사시(사철)의 운행이라, 천지의 도가 어지러우면 음양이 그 자리를 뒤바꾸고, 사시의 운행이 문란하면 조화가 그 차례를 잃게 되나니, 지극하도다 성운의 묘함이여. 음양의 문턱은 심오하고 조화의 기틀은 은밀한지고. 더구나 글자가 만들어지지 못했을 때는 성인의 도가 천지에 의탁했고, 글자가 만들어진 뒤에는 성인의 도가 서책에 실리었으니, 성인의 도를 연구하려면 마땅히 글의 뜻을 먼저 알아야 하고, 글의 뜻을 알기 위한 요령은 마땅히 성운부터 알아야 하니, 성운은 곧 도를 배우는 시작인지라, 또한 어찌 쉽게 능통할 수 있으랴. 이것이 우리 성상(임금)께서 성운에 마음을 두시고 고금을 참작하시어 지침을 만드셔서 억만 대의 모든 후생들을 길 열어 주신 까닭이다.

옛사람이 글을 지어내고 그림을 그려서 음으로 고르고 종류로 가르며 정절(正切)로 함과 회절(回切)로 함에 그 법이 심히 자상한데, 배우는 이가 그래도 입을 어물거리고 더듬더듬하여 음을 고르고 운을 맞추기에 어두었더니, 『훈민정음』이 제작됨으로부터 만고의 한 소리로 털끝만큼도 틀리지 아니하니, 실로 음을 전하는 중심줄인지라. 청탁이 분별되매 천지의 도가 정하여지고, 사성이 바로잡히매 사시의 운행이 순하게 되니, 진실로 조화를 경륜하고 우주를 주름잡으며, 오묘한 뜻이 현관(玄關, 현묘한 도로 들어가는 문)에 부합되고 신비한 기미가 대자연의 소리에 통한 것이 아니면 어찌 능히 이에 이르리요. 청탁이 돌고 구르며 자모가 서로 밀어 칠음과 12운율과 84성조가 가히 성악의 정도로 더불어 한 가지로 크게 화합하게 되었도다. 아아, 소리를 살펴서 음을 알고, 음을 살펴서 음악을 알며, 음악을 살펴서 정치를 알게 되나니, 뒤에 보는 이들이 반드시 얻는 바가 있으리로다." 하였다.

—세종실록 117권, 세종 29(1447)년 9월 29일 무오 2번째 기사

『동국정운(東國正韻)』이 무엇인가? 1448년 신숙주 등이 세종의 명을 받고 편찬 간행한 최초의 운서다. 운서(韻書)란 한자의 운을 중심으로 분류하여 일정한 순서로 배열한 자전을 말한다. 훈민정음을 제정한 녹석이 우리 말이 중국 말과 달라서이니, 운서를 제작하는 것은 세종에게 중차대한 일이었을 것이다.

예를 들어, 오늘날에도 '北京'이란 한자를 놓고 중국에서는 '베이징'이라고 하고, 우리는 '북경'이라고 발음하니 얼마나 헷갈렸을까? 실제로『동국정운』권1 첫 장을 보면, 임금 '君' 자를 '궁'이라고 해 놓았다. 정광 고려대 명예교수는 이 동국정운식 한자음을 예로 들어, 훈민정음이 처음에는 한자음 발음기호로 제정되었다고 주장하기도 한다. 그런 이유로, 이름을 '훈민정자(訓民正字)'라고 하지 않고 '훈민정음(訓民正音)'이라고 지었다고 한다.

『동국정운』을 대표 집필한 신숙주는 훈민정음이 창제될 당시 일본에 가 있었다고 한다. 그러니 한글 창제에는 관여했다고 볼 수 없다. 그렇다면 정말 훈민정음은 세종 혼자서 만들었다는 말인가?

<6> 훈민정음을 문과 시험 초장에서 강하도록 하다

예조에서 아뢰기를, "『훈민정음』은 선왕께서 손수 지으신 책이요, 『동국정운』·『홍무정운』도 모두 선왕께서 찬정하신 책이요, 이문도 또 사대에 절실히 필요하니, 청컨대 지금부터 문과 초장에서 세 책을 강(講)6)하고 사서·오경의 예에 의하여 분수(점수)를 주며, 종장에서 아울러 이문도 시험하고 대책(對策)7)의 예에 의하여 분수를 주소서." 하니, 그대로 따랐다.
　　　　　　　　　　　　　—세조실록 20권, 세조 6(1460)년 5월 28일 계묘 2번째 기사

이 기사는 세조 6년의 일이다. 훈민정음을 창제한 지 시간이 한참 흐른 후다. 문과에서 처음 보는 시험장에서 훈민정음을 외게 하고,

---

6) 강: 배운 글을 선생이나 시험관 또는 웃어른 앞에서 외던 일.
7) 대책: 과거시험의 한 과목 또는 그때 작성하는 문장.

잘한 사람은 점수를 주자는 것이다. 세조는 당연히 따랐다. 아버지 세종과 함께 훈민정음 창제에 참여했으니까 그 중요성을 너무도 잘 알았다. 여기서 좀 눈여겨볼 일은 사대에 절실히 필요해서 그렇게 하자고 했다. 훈민정음이 왜 사대에 필요했을까? 혹시 중국의 한자를 더 잘 활용할 수 있는 문자라서 그랬을까?

<7> 국학의 공부 단계에서 훈민정음을 시험 보도록 하다

예조에서 아뢰기를, "청컨대 전조의 법에 의하여 국학에 구재(九齋)[8]인 대학재·논어재·맹자재·중용재·예기재·춘추재·시재·서재·주역재를 두어 대학재에서 주역재에 이르기까지 차례로 올라가게 하되, 매양 한 책을 읽기를 끝마쳐 그 내용의 뜻을 훤하게 통할 때까지 기다리게 하소서. (…중략…) 매 식년의 강경할 때를 당하거든 4서를 강하고, 아울러 『훈민정음』·『동국정운』·『홍무정운』·이문과 또 5경·여러 사서를 시험하되, (…중략…)" 하니, 그대로 따랐다.

—세조실록 21권, 세조 6(1460)년 9월 17일 경인 2번째 기사

<8> 식년 과거 시험에 훈민정음도 포함할 것을 아뢰다

예조에서 성균관의 구재의 법을 참정하고 아뢰기를, "매 계월에 예조 당상과 대성관이 성균관에 모여서 세 곳을 강하여 귀독(句讀)에 정하게 익숙하고 의리에 널리 통하여 10품이 다 첫째 자리에 있는 자를 다음 재 로 올리고, 아무 재의 생도라고 칭하게 하고, 역재에 이르거든 3번 통하는

---

8) 구재: 성균관에서 경학을 공부하던 단계.

자는 매 식년에 바로 회시에 나가게 하소서. 또 식년에 거자(擧子, 과거시험 응시자)에게 사서·삼경을 강하게 할 때 다른 경서를 강하고자 자원하는 자와, 『좌전』·『강목』·『송원절요』·『역대병요』·『훈민정음』·『동국정음』을 강하고자 하는 자도 들어 주소서." 하였다.

―세조실록 34권, 세조 10(1464)년 9월 21일 신미 2번째 기사

세조 10년, 그러니까 훈민정음을 창제한 지 11년이 흐른 시점이다. 성균관에서뿐만 아니라, 3년마다 정기적으로 치르는 식년시 과거에 훈민정음을 시험 과목으로 하자고 건의했다는 기사다. 이는 당연히 『훈민정음』 해례본일 것이다. 그러나 스스로 지원하는 자만 훈민정음을 시험 보게 해주자고 했다. 사서삼경 같은 지위의 시험 과목이 되는 것은 어림도 없는 일이었다. 그래도 이게 어디인가? 이랬으니 훈민정음이 버티어 온 것이 아닌가?

<9> 훈민정음은 중요한 책이니 철저히 보관할 것을 아뢰다

남원군 양성지가 상소하기를, "노신이 잠잘 때나 밥 먹을 때나 생각하여 보니, 오직 문예에 대한 조그마한 재주가 있어서 조금이라도 홍조에 도움 되기를 바라며, 삼가 관견 12가지의 일을 들어 천청(天聽, 임금의 귀)을 더럽힙니다. 엎드려 바라건대, 예감하여 주시면 다행이겠습니다."

1. 신이 그윽이 생각하건대 서적을 깊이 수장하여서 만세에 대비하지 않으면 안 되겠습니다. 『삼국사기』·『동국사략』·『고려전사』·『고려사절요』·『고려사전문』·『삼국사절요』와 본조 역대의 『실록』, 그리고 『총통등록』·『팔도지리지』·『훈민정음』·『동국정운』·『동국문감』·『동문선』·『삼한귀감』·『동국여지승람』·『승문등록』·『경국대전』·『경외호적』·『경외군적』과 제도

의 전적·공안·횡간, 그리고 제사·제읍의 노비에 대한 정안·속안 등을 각각 네 건씩 갖추게 하는 외에 세 곳의 사고에 있는 긴요하지 않은 잡서들까지 모두 다 인쇄하게 하며, 또한 긴요한 서적들은 추춘관과 세 곳의 사고에 각기 한 건씩 수장하여 길이 만세에까지 전하게 하면 매우 다행하겠습니다.

—성종실록 138권, 성종 13(1482)년 2월 13일 임자 6번째 기사

이 기사에서 감동하지 않을 수 없다. 조선 성종대에는 이미 사림의 정치가 꽃을 피울 때다. 조선 건국에 공을 세운 훈구파 사대부들보다는, 과거 시험을 통해 실력을 인정받은 선비들이 대거 정계에 진출하는 시기다. 남원군이라는 높은 지위에 있는 양성지가 『훈민정음』이 매우 중요한 책이라고 평가한 것이 참 눈물겹다.

<10> 중국을 다녀온 대사헌이 훈민정음의 중요성을 말하다

대사헌 홍양호가 상소하기를, (…중략…) 대저 풍습을 관찰하고 세속을 물어봄은 사신의 직책인 것이기에, 삼가 국가의 계책에 도움이 되고 민생의 사용에 절실한 것들을 취택하여 여섯 가지 조목으로 나누어 아랫 구절에 개열하였으니, 오직 성명(임금)께서 살펴보아 주소서. (…중략…)

여섯째는, 화어(華語, 중국어)를 익혀야 하는 일을 말하겠습니다. 대저 한인들의 말은 곧 중화의 정음입니다. 한번 진나라 시대에 오호(오랑캐)들이 서로 어지럽힌 이후부터는 방언이 자주 변하게 되고 자음도 또한 위작(僞作)이게 되었지만, 그래도 그 유사한 것에 따라 진짜 음을 찾아낼 수 있습니다. 우리나라의 어음은 가장 중국의 것에 가까웠었는데, 신라와 고려 이래에 이미 번해(翻解, 번역하고 해석함)하는 방법이 없었기에 매

양 통습하는 어려움이 걱정거리였습니다. 오직 우리 세종대왕께서 하늘이 낸 예지로 혼자서 신기를 운용하여 창조하신 훈민정음은 화인들에게 물어보더라도 곡진하고 미묘하게 된 것이었습니다.

무릇 사방의 언어와 갖가지 구멍에 나오는 소리들을 모두 붓끝으로 그려 낼 수 있게 되는데, 비록 길거리의 아이들이나 항간의 아낙네들이라 하더라도 또한 능히 통하여 알게 될 수 있는 것이니, 개물 성무(開物成務, 만물 또는 사물이 시작되어 완수됨)한 공로는 전대의 성인들도 밝혀 내지 못한 것을 밝혀낸 것으로써 천지의 조화와 서로 가지런하게 된 것이라 할 수 있습니다. 이를 가지고 한음을 번해해 나가면 칼을 만난 올이 풀리듯 하여, 이로써 자음을 맞추게 되고 이로써 성률도 맞추게 되었기 때문에 당시의 사대부들은 대부분 화어를 통달하게 되어, 봉사(사신으로 감)하러 나가거나 영조(사신을 맞이함)하게 될 적에 역관의 혀를 빌리지 않고도 메아리치듯 주고받게 되었던 것입니다. 따라서 임진(1592, 선조 25)년과 계사(1593, 선조 26)년 무렵에 이르러서는 걸령(乞靈)하기도 하고 변무(辨誣)하기도 하는 국가의 큰일들에 있어서 그 힘을 입게 되는 수가 많았으니, 화어를 읽히지 않을 수 없음이 이러합니다.

만근 이래로는 한학의 강구가 그만 형식이 되어버려, 능히 구두를 통하는 사람이 아주 적어졌기 때문에, 사신들이 그들과 상대할 적이면 귀가 들리지 않게 되고 입이 다물어지게 되어, 한마디 말이나 간단한 말에 있어서도 오로지 상서(역관)들에게 의존하게 되는데, 소위 상서들도 또한 겨우 길거리나 항간의 예사말만 알게 될 뿐이니, 장차 어떻게 심정과 의지를 통하게 되고 변란(辨難)을 다하게 될 수 있겠습니까? 지금은 다행히도 두 나라가 교호하므로 사신들의 일이 방해될 것이 없지만 혹시라도 주청하고 진변해야할 일이 있게 된다면, 아마도 책임지워 해 갈 수가 없게 될 듯싶으니 소소한 근심거리가 아닙니다.

몽학(蒙學, 몽골어를 연구하는 학문)에 있어서도 한갓 헛 명칭만을 끼고 있고 전연 강습을 하지 않습니다. 몽고와 우리나라가 지금은 비록 함께 통신을 하고 있지 않습니다만, 국경 지역이 매우 가까운데 그들의 병마가 가장 거세므로, 앞날의 일을 헤아릴 수가 없으니 어찌 소홀히 여기어 살피지 않을 수 있겠습니까? 신의 생각에는, 사역원을 감독하고 신칙하여 모든 어학의 과정을 엄격하게 하여 방법이 있게 격려하고 권면하도록 하고, 따라서 상벌로 기어코 통숙하게 되도록 하고, 조사들 중에서 한학에 선발된 사람에 있어서도 또한 마땅히 과조(법조목)를 거듭 밝히어 전일한 뜻으로 이습하게 하여, 전대해 갈 인재를 양성하도록 해야 한다고 여깁니다.

—정조실록 16권, 정조 7(1783)년 7월 18일 정미 2번째 기사

조선왕조실록에서 훈민정음이란 말로 나오는 마지막 기사다. 여기서 훈민정음이란 문자로서의 훈민정음을 말한다. 정조 때에 사헌부의 수장이었던 홍양호가 중국에 가보았더니, 세종대왕이 만든 훈민정음이 너무도 훌륭함을 느꼈다는 이야기다. 중국 사람들이 훈민정음에 관심을 보이고 곡진한 예를 갖추었다고 말한다. 훈민정음이야말로 세종이 창제한 최고의 선물이라고 격찬을 하고 있다.

다만, 아직은 이 훈민정음이 중국의 한자를 통역하고 이해하는데 매우 유용한 도구로만 인식하고 있는 것 같다. 무엇이든 소리 나는 것은 다 적을 수 있기 때문이라고 한다. 참으로 안타깝다. 정조 때 실학자들이 대거 출현하였는데, 실학자들조차도 한글을 쓰지 않고 한자로 책을 썼으니. 그 유명한 다산 정약용도 수많은 책을 저술했다고 하지만, 한글로 된 저서는 한 권도 없다고 한다.

조선왕조실록에서 '훈민정음'이란 네 글자는 이 기사에서 마지막으로 나오고 더는 등장하지 않는다.

신미대사 관련 기사

세종대의 신미대사(1~10)

: 신미에 대한 극찬과 존중, 그리고 침실 예우

<1> 소윤 정효강이 대자암 법회에서 신미를 극찬하다

승도들을 크게 모아 경을 대자암에 이전하였다. 처음에 집현전 수찬 이영서와 돈녕부 주부 강희안 등을 명하여 성녕 대군의 집에서 금을 녹이어 경을 쓰고, 수양·안평 두 대군이 내왕하며 감독하여 수십 일이 넘어서 완성되었는데, 이때에 이르러 크게 법석(법회)을 베풀어 대군·제군이 모두 참예하고, 이 회에 모인 중이 무릇 2천여 명인데 7일 만에 파하였으니, 비용이 적지 않았다.

소윤 정효강이 역시 이 회에 참예하였는데, 효강이 성질이 기울어지고 교사하여 밖으로는 맑고 깨끗한 체하면서 안으로는 탐욕을 품어, 무릇 불사에 대한 것을 진심껏 하여 위에 예쁘게 뵈기를 구하고, 항상 간승 신미(信眉)를 칭찬하여 말하기를, "우리 화상(和尙, 큰스님)은 비록 묘당(廟堂, 조정)에 처하더라도 무슨 부족한 점이 있는가." 하였다

—세종실록 112권, 세종 28(1446)년 5월 27일 갑오 2번째 기사

조선왕조실록에서 신미가 처음으로 등장하는 기사다. 세종의 비 소헌왕후가 1446년 3월에 죽었는데, 장례를 치르고 대자암에서 명복을 비는 법회를 열었다. 이 장례를 주관한 사람이 신미다. 신미대사가 1445년에 대자암 주지로 부임했는데 묘하게도 그 해에 5남인 광평대군이, 이듬해 1월에 7남인 평원대군이 차례로 죽는다. 이어서 소헌왕후까지…. 아마도 소헌왕후는 아버지 심온이 시아버지인 태종의 미움을 받아 비운에 죽은데다가, 두 아들까지 세상을 뜨니 심신이 급격히 무너진 것 같다. 이런 상황에서 세종의 마음은 어땠을까?

소윤 정효강이 신미를 극찬하고 있다. 소윤은 정사품 벼슬로 고위직이다. 이 사람이 왜 그랬을까? 실록 기사대로 단지 윗사람인 세종에게 잘 보이기 위해서? 아닐 것이다. 정효강은 신미를 이미 알고 있다. 그의 학식과 세종과의 은밀한 관계에 대해서도…. 그런데 실록은 신미를 처음으로 기록하면서 그를 '간승'이라고 일갈하고 있다. 간승(奸僧)이면 엄청난 욕이다. 아주 쌍욕이다. '여자 범한 중'이란 뜻이다. 참 희한한 일이다. 어떻게 왕비의 장례를 주관한 사람을 그렇게 함부로 폄훼할 수 있을까?

<2> 김수온의 관직 임명을 반대하나 받아들이지 않고, 대군들이 신미를 높이 받들다

사간원에서 아뢰기를, "훈련 주부 김수온이 이제 서반에서 동반으로

옮겨 임명되었사온데, 그 아비 김훈이 기왕에 불충을 범하였으므로 고신에 서경(서명)할 수 없나이다." 하니, 임금이 말하기를, "수온이 문과 출신으로 이미 동반을 지냈는데, 너희의 말이 늦지 아니하냐. 또 조정의 신하로서 이 같은 흠절이 있는 자가 자못 많은데, 너희들이 그것을 다 쫓아낼 것이냐. 속히 서경함이 마땅하니라." 하였다.

수온의 형이 출가하여 중이 되어 이름을 신미라고 하였는데, 수양대군 이유와 안평대군 이용이 심히 믿고 좋아하여, 신미를 높은 자리에 앉게 하고 무릎 꿇어 앞에서 절하여 예절을 다하여 공양하고 수온도 또한 부처에게 아첨하여 매양 대군들을 따라 절에 가서 불경을 열람하며 합장하고 공경하여 읽으니, 사림에서 모두 웃었다.

—세종실록 116권, 세종 29(1447)년 6월 5일 병인 2번째 기사

김수온은 신미의 둘째 동생이다. 아버지 김훈에게는 4남이 있었는데, 태종 때 불효 불충의 죄로 유배를 가는 바람에 집안이 풍비박산이 났다. 앞에서도 말했지만, 장남 김수성(신미)은 출가를 하고, 나머지는 벼슬길이 막혀 버렸다. 다행히 세종 때에 사면이 되어 김수온은 과거에 합격하여 승승장구한다. 집현전 학사가 되고 세종의 총애를 한 몸에 받는다.

위 기사는 이런 상황에서 나온 것으로 보인다. 대신들은 김수온이 등장하면 아버지 김훈의 죄를 들추고, 그것이 아니면 그의 형인 신미가 승려임을 문제 삼는다. 이를 정치적인 역학 관계로 보아야 할지, 아니면 억불 책으로 봐야 할지 난감하다.

폭탄적인 언급이 있다. 바로 수양과 안평대군이 신미를 높은 자리에 앉히고 무릎을 꿇어 높이 받들었다는 이야기…. 도대체 이를 어찌 해석해야 할까? 신미를 비난해야 하니 이런 놀라운 사실까지 기록에

넣은 것 같다.

<3> 김수온과 신미를 벌하기를 청하나 허락하지 않다

생원 유상해 등이 상소하기를, "신 등이 듣건대, 요망한 중 신미가 꾸미고 속이기를 백 가지로 하여 스스로 생불이라 하며, 겉으로 선을 닦는 방법을 하는 체하고 속으로 붙여 사는 꾀를 품어서 인심을 현혹시키고 성학을 황폐하게 만드는 것이 이루 말할 수가 없습니다. 또 신미의 아우인 교리 수온(김수온)이 유술로 이름이 났는데, 이단의 교(불교)를 도와서 설명하고 귀하고 가까운 사람에게 붙어서 아첨하여 진취에 자뢰하니, 비옵건대, 수온을 잡아다가 그 죄의 이름을 바루고, 특히 요망한 중을 베어 간사하고 요망한 것을 끊으면, 신하와 백성이 모두 대성인의 하는 일이 보통에서 뛰어남이 만만인 것을 알 것입니다." 하였으나, 회답하지 아니하였다.

—세종실록 121권, 세종 30(1448)년 7월 26일 경술 4번째 기사

이제는 신미를 요망한 중이라고 몰아붙인다. 그것도 누구에게 들은 것을 근거로 임금에게 상소를 올린다. 요망한 중의 목을 베라고 한다. 정말 끔찍한 일이다. 도대체 무엇을 얼마나 잘못했기에…. 그의 동생 김수온도 형 때문에 매도당한다.

그러나 세종은 꿈쩍도 하지 않는다. 왜 그랬을까? 만일 신미가 생불이라고 하면서 정말로 사람들의 마음을 현혹하고, 세상을 어지럽혔다면 세종이 가만히 두었을까?

<4> 김수온의 관직 제수를 신미와 결부 지어 비난하다

김수온으로 수 승문 원교리를 삼았는데, 수온은 본래 부처에 아첨하는 자이다. 그 형 중 신미가 승도를 만들어 꾸며 임금께 총애를 얻었는데, 수온이 좌우를 인연하여 수양과 안평 두 대군과 결탁해서 불서를 번역하고, 만일 궁내에서 불사가 있으면, 사복 소윤 정효강과 더불어 눈을 감고 돌올하게 앉아서 종일 밤새 합장하고 경을 외고 염불을 하며 설법하여 조금도 부끄러워하는 빛이 없었다. 또 항상 대군을 꾀이기를 『대학』과 『중용』이 법화나 화엄의 미묘함에 미치지 못한다 하므로, 여러 대군들이 임금에게 충성하는 것이라 여기어 임금이 특별히 정조(주요 보직)를 제수하라고 명하였는데, 마침 빈자리가 없기 때문에 우선 이 벼슬을 준 것이었다.

―세종실록 121권, 세종 30(1448)년 9월 8일 신묘 1번째 기사

임금 세종이 대신들을 임명했는데 그 중에는 김수온도 있었다. 그런데 김수온은 불교를 좋아하고, 더구나 그의 형이 신미라서 중요한 자리에 임명하면 안 된다고 한다. 그런데 사관이 빈자리가 없어서 어쩔 수 없이 그렇게 된 것이라고 평하고 있다.

이 기사를 어떻게 해석해야 할까? 또 대군을 꾀인다고 하는데, 아니 후에 왕이 되는 수양대군(세조)과 대문장가인 안평대군이 일개 문신인 김수온과 승려 신미에게 꾀임을 당할 사람들인가?

<5> 김수온이 약 4개월 만에 요직인 병조 정랑에 승차하자, 이를 형 신미 때문이라고 비난하다

민신을 병조 판서로, 박중림을 병조 참판으로, 이사임을 공조 참판으로, 이선제를 호조 참판으로, 김흔지를 병조 참의로, 신귀를 첨지중추원사로, 박중손을 수 사헌 집의로, 김수온을 수 병조 정랑으로 삼았다. <u>수온은 그의 형인 중 신미 때문에 특별히 정조에 제수하기를 명하였다.</u>

—세종실록 123권, 세종 31(1449)년 1월 5일 병술 1번째 기사

병조 정랑은 병조에 속한 정 5품 벼슬로 이조 정랑과 함께 인사 행정을 담당하였다. 이조 정랑이 문관의 인사를 담당하는 핵심 보직이라면, 병조 정랑은 무관의 인사를 좌지우지하는 핵심 보직이다. 따라서 비록 정 5품이지만, 막강한 힘을 발휘하는 자리다.

그런데 세종은 김수온에게 4개월 만에 더 높은 벼슬을, 그것도 병조 정랑이라는 요직을 하사한 것이다. 대신들은 이것이 다 신미가 세종의 총애를 받기 때문이라고 비난한다. 이를 어떻게 해석해야 하나? 성군 세종대왕이 그럴 분인가?

<6> 김수온의 연이은 승차를 형 신미와 결부 짓고, 세종의 불교 귀의를 이 두 형제가 도왔다고 적시하다

박강을 공조 참의로, 조완벽을 첨지중추원사로, 김수온을 수 병조 정랑 지제교로 삼았다. 수온은 시문에 능하고, 성품이 부도(불교)를 매우 좋아하여, 이 인연으로 사랑함을 얻어, 전 직장으로써 수년이 못되어 정랑에 뛰어올랐고, 일찍이 지제교가 되지 못함을 한스러워 하였는데, 이에 이르

러 특별히 제수되었다. 무릇 수온의 제수는 대개가 전조(인사부서)에서 의논한 것이 아니고, 내지(임금의 은밀한 명령)에서 나온 것이 많았다. 임금이 두 대군(5남 광평대군, 7남 평원대군)을 연달아 잃고, 왕후가 이어 승하하니, 슬퍼함이 지극하여 인과화복의 말이 드디어 그 마음의 허전한 틈에 들어맞았다. 수온의 형 중 신미가 그 요사한 말을 주창하고, 수온이 찬불가시를 지어 그 교를 넓혔다. 일찍이 불당에서 법회를 크게 베풀고 공인을 뽑아 수온의 지은 가시(노래와 시)에 관현을 맞춰 연습하게 하여 두어 달 뒤에 쓰게 하였다. 임금이 불사에 뜻을 둔 데는 수온의 형제가 도운 것이다.

—세종실록 123권, 세종 31(1449)년 2월 25일 병자 2번째 기사

여기서 참 의문 나는 점이 있다. 아무리 세종이 두 왕자와 왕비를 잃어 비탄에 빠졌다고 한들, 한 나라의 왕이 불교에 그렇게 쉽게 심취할 수 있는가? 또 아무리 신미와 김수온이 도왔다 한들 영명하신 세종대왕께서 이를 쉽게 받아들이겠는가? 여기에는 실록에서 밝히지 않은 깊은 뜻이 숨어 있을 수 있다.

김수온이 지은 찬불가는 아마도 『사리영응기』나 세종이 『석보상절』을 보고 직접 지었다는 『월인천강지곡』일 수 있다.

<7> 수륙재를 올리는 절인 수륙사를 옮기는 일에 대하여 신미와 의논하라고 명하다

선공 제조 정분과 민신, 예조 판서 허후, 참판 조극관, 참의 이인손이 아뢰기를, "진관사의 수륙사는 샘물이 불결하고 또 땅도 좁고 하니, 만일 수리하고자 하면 수륙사뿐 아니라, 본사도 수리하여야 하겠는데, 도로가

험조하여 재목과 기와를 운반하기에 폐단이 적지 않습니다. 어떤 중이 말하기를, '영국사9)는 지세가 매우 시원하고 정결하며, 물이 또한 맑고 깨끗하다.' 하옵고, 옛 책에 또한 이르기를, '풍·수·화 세 가지 재앙을 진압하여 나라에 유리하다.' 하였나이다. 또 창건한 지가 오래지 않고 도로도 평탄하오니, 수륙사를 옮겨 설치하는 것이 편하겠나이다." 하고, 허후가 또 아뢰기를, "신이 진관사에 이르니, 중이 말하기를, '이 수륙사는 태조께서 설치한 것이라.' 하옵더이다. 만일 그렇다면 다른 곳으로 옮기는 것이 불가할 듯하옵니다." 하니, 임금이 말하기를, "기신의 수륙은 내가 즉위한 뒤에 시작된 것인데, 태조께서 처음에 진관 수륙사를 설치하신 것은 처음부터 조종을 위한 것이 아니라, 왕씨를 위한 것이니, 어찌 이것 때문에 다른 절에 옮기지 못할 것이 있는가." 하매, 분 등이 아뢰기를, "태조께서 처음에 수륙사를 설치하신 뜻이 왕씨를 위한 것이라면, 지금 조종을 위하여 다른 곳으로 옮기는 것이 불가할 것이 없사옵니다. 마땅히 승지와 주장관으로 하여금 영국사에 가서 편부를 보게 하소서." 하니, 임금이 말하기를, "어떻게 갑자기 정할 수가 있는가. 다만 이것은 중의 집 일이니 탄주·신미 등으로 더불어 함께 의논하여야 한다." 하였다.

—세종실록 124권, 세종 31(1449)년 4월 21일 경오 1번째 기사

수륙사란 수륙재를 지내는 절의 전각을 말한다. 수륙재란 불교에서 물과 육지에 홀로 떠도는 귀신들과 아귀에게 공양을 올리는 의식이다. 조선 초기 수륙재는 진관사에서 주로 지냈다. 진관사가 오래되어 수리를 해야 하는데 길이 험하고 좁아서 여의치 않으니, 조건이 좋은

---

9) 영국사: 서울 도봉산에 있었던 사찰. 김수온의 문집인 『식우집』 권4에 '영국사'라는 칠언율 시가 전한다.

영국사로 옮기자고 아뢴 것이다. 그런데 세종은 혼자 결정하지 않고 신미에게 물어보라고 한다.

이를 어떻게 해석해야 할까? 왕실과 관련된 불사는 신미에게 모두 위임했다는 뜻이 아닐까?

<8> 세자의 병으로 수륙재를 행할 때 김수온을 비난하며 신미를 간승 이라 칭하다

수양대군(세조의 휘)·도승지 이사철에게 명하여 약사재를 불당에서 행하게 하니, 병조 정랑 김수온이 이에 따르고, 안평대군 이용에게 수륙재를 대자암에서 행하게 하니, 소윤 정효강이 이에 따랐다. 수온은 간승 신미의 아우이었다. 몹시 불도를 좋아하여 깊이 그 학설을 믿어 왔고, 항상 말하기를, "만일 불경을 읽어서 그 뜻을 얻게 되면, 『대학』·『중용』은 찌꺼기에 불과할 것이다." 하였다. 효강은 천성이 사특하고 괴팍하여 부처를 독실히 너무 좋아하였다. 길에서 중을 만나게 되면 반드시 말에서 내려 공경하기를 다하였는데, 수온과는 입술과 이처럼 서로의 관계가 밀접하였으므로, 모든 불사가 있을 때마다 반드시 그들을 임명토록 하였다.

—세종실록 126권, 세종 31(1449)년 11월 1일 정축 2번째 기사

세자(후일 문종)가 병이 난 모양이다. 하여 수륙재를 대자암에서 올렸다. 앞에서도 말했지만, 수륙재란 물과 육지를 헤매는 영혼과 아귀를 달래고 위로하기 위해 불법을 강설하고 음식을 베푸는 불교 의식이다. 중국 양나라 무제에 의해서 처음 시작되어 고려 때는 매우 성행했고, 억불 정책을 쓴 조선에 와서도 없애지 못하고 국가 행사로 진행되었다.

가장 유명한 것은, 1433(세종 15)년에 효령대군이 시주가 되어 행한 한강 수륙재다. 이때 양반과 평민 등이 인산인해를 이루어 길을 메울 정도로 성황을 이루었다고 한다. 아마도 대자암 수륙재도 만만치 않았을 것 같다. 주관자는 신미대사였는데, 김수온을 비판하고 결국은 신미를 간승이라고 몰아붙인다.

<9> 세종의 침전에 들어 법사를 베풀고 높은 예우를 받다

임금의 병환이 나았는데도 정근을 파하지 않고 그대로 크게 불사를 일으켜, 중 신미를 불러 침실 안으로 맞아들여 법사를 베풀게 하였는데, 높은 예절로써 대우하였다.

—세종실록 127권, 세종 32(1450)년 1월 26일 임인 1번째 기사

정말 파격적이다. 어찌 보면 신미가 등장하는 기사 중 가장 극적인 장면을 보여준다. 세종이 신미를 침실로 불러 기도를 해달라고 청했다는 이야기다. 나라의 지존인 임금이 나라에서 가장 천한 신분인 중(승려)을 침실로 불러들였다? 이건 가볍게 볼 일이 아니다. 세종과 신미의 친분 관계를 입증할 수 있는 가장 확실한 증거다. 게다가 높은 예절로써 대우(待以尊禮)했다고 하지 않는가?

이 기사는 예사로 볼 일이 아니다. 신미가 등장하는 69건의 기록 중 가장 신미의 존재를 가늠해 볼 수 있는 기사다. 이때 세종은 병 치료차 효령대군의 저택에 있었다. 세자에게 모든 서무를 넘기고, 이제는 세상과 작별하기 위한 마지막 여정을 밟고 있었을지도 모른다. 이때 신미와 함께 있었다.

<10> 외삼촌 이적의 죄를 용서한 일을 두고, 신미가 임금에게 청하여 그런 것이라고 비난하다

사헌부에서 아뢰기를, "이적·김세민·이현로·윤배의 죄는 용서함을 입게 함은 불가하오니, 청하옵건대, 성명(임금의 명령)을 거두소서." 하고, 또 말하기를, "(…중략…) 이적(신미의 외삼촌)은 할아비를 꾸짖고 나무란 죄이온데, 또한 사람의 자식으로서 크게 악한 것이므로, 모두 용서할 수 없는 것이옵니다." 하니, 임금이 말하기를, "내 처음 병이 심했을 때, 동궁의 청으로 사면령을 반포하였는데, 그때에는 한 사람도 그 불가한 것을 말하는 자가 없더니, 이제 병이 나아서야 비로소 그 불가함을 말하니, 병이 나았다 하여 말할 수 있다면, 너무 무례하지 않은가. 너희들은 후생(뒤에 태어남)이니 변통을 알지 못하겠거니와, 대사헌은 대신인데 어찌 감히 이와 같은 무례한 일을 하는가. 사면한 것은 다른 일 때문이 아니고 나 때문인데, 이처럼 와서 말하면 내 심히 부끄럽다." 하였다. (…중략…) 적(이적)은 전번에 아비를 욕한 죄로 경원에 옮겨 살게 하였던 것인데, 이에 이르러 <u>그의 생질인 총승(寵僧, 매우 아끼는 승려) 신미의 청으로 드디어 용서한 것이다.</u>

—세종실록 127권, 세종 32(1450)년 윤1월 29일 갑술 2번째 기사

신미의 외할버지는 예문관 대제학을 지낸 이행이다. 이적은 이행의 아들이다. 그러니 신미에게는 외삼촌이다. 아마도 이적이 뭔가 잘못을 저질렀는가 본데, 세자(문종)의 주청으로 세종이 죄를 사면한 모양이다. 이를 두고 사헌부에서 이의를 제기했다. 어김없이 이것도 신미가 임금에게 청을 하였기 때문에 사면한 것이라고 덮어씌운다.

문종·단종대의 신미대사[11~38]

: 신미의 칭호에 대한 임금과 신하들의 뜨거운 공방

<11> 현등사는 신미가 머물렀던 절이므로, 현등사 승려 설정을 즉시 석방하고 이후로는 절을 침범하지 않도록 하라

이보다 앞서 진관사의 간사승(감독 승려)이 소장을 제출하기를, "내가 전라도 각 고을의 전세의 종이와 초문을 대납(代納)10)하고 대가로 쌀 1천 1백 50석을 조운하여 서울에 온 지가 며칠이 되었는데도 선인(船人)이 나타나지 않으니, 반드시 이것은 도용할 계책입니다." 하였다.

의금부에 내려서 추문하게 하니, 공사가 현등사의 중 설정에게 관련되었으므로 본부에서 이를 가두었는데, 이때에 와서 승정원에 전지하기를, "어제 의금부에서 어찌 죄 없는 중을 가두었느냐?" 하니, 의금부 제조 이맹진·윤형·이선제가 마침 일을 아뢰기 위해 왔는데, 이맹진 등이 아뢰기를, "진관사의 쌀을 둔 곳을 추문 핵실(조사)하니 선주 김상의 공초에, '현등사의 중 설정이 쌀 1백 20여 석을 운반해 갔다.'고 하므로 그 이유를 묻고자 한 것뿐입니다." 하니, 임금이 말하기를, "<u>신미는 선왕께서 존중하던 중이고, 현등사는 신미가 거주한 절이므로, 그 절의 중도 또한 지계(계율을 잘 지킴)가 있으니 반드시 불의한 일은 하지 않았을 것이다.</u> 또 현등사에서 쌀을 운반해 간 것은 안평대군이 이를 알고 있을 것인데, 어째서 그 절의 중을 가두었는가?" 하고는 즉시 석방하도록 하였으며, 뒤에도 물을 일이 있으면 불러와서 묻도록 하고 침범하여 소요를 일으키지 못하게

---

10) 대납: 나라에 바치는 납공자의 공물을 대신 바치고, 그 값을 백성들에게서 거두던 것을 말함. 여러 가지 폐단이 많았으므로 뒤에 이를 금지하였음.

하였다.

—문종실록 1권, 문종 즉위(1450)년 3월 28일 임신 1번째 기사

신미 관련 기사는 이제 세종에서 문종에게로 넘어간다. 문종은 세자로 있으면서 아버지 세종이 신미에게 어떻게 했는지를 모두 보았을 것이다. 즉위하자마자 처음 맞닥뜨린 것은 의금부에서 임금 몰래 승려 설정을 추국한 일이다. 아마도 설정은 왕실의 수륙재를 담당했던 진관사와도 친밀했을 것이다. 하여, 진관사에서 대납으로 받은 쌀을 그냥 가져간 모양이다.

이것을 죄로 몰아 의금부에 가두었는데 문종이 대로한다. 이유는 설정이 신미대사가 주석했던 현등사 소속 승려라는 것이다. 선왕(세종)이 존중했던 신미대사가 주석했던 절의 승려이기 때문에 방면하고, 앞으로는 그 절에 얼씬도 하지 말라고 명령한다.

이를 어떻게 해석해야 하는가? 문종은 신미에 대하여 다 알고 있지 않았을까? 나라를 위해 아주 중요한 일을 했다는 것을.

<12> 승려 설정을 다시 잡은 이유를 핵실하고, 이후로는 신미가 거주하는 곳에는 침범하지 못하도록 재차 명령하다

승정원에 전지하기를, "의금부에서 일찍이 현등사의 중 설정을 가두어 두었던 것을 내가 즉시 석방해 보내라고 명하였는데, 지금 듣건대 설정이 청계사에 도착하니 의금부에서 군사를 내어 덮쳐 잡았다고 한다. 설정은 선왕께서 존경하던 중이며, 신미가 거주하던 절의 중이다. 그런 까닭으로 이미 석방해 보내라고 명했는데 군사를 내어 덮쳐 잡았으니, 그 이유를 물어서 아뢰게 하라." 하니, 의금부에서 아뢰기를, "본부에서는 이런 일이

없었습니다." 하였다.

즉시 유서를 경기 감사에게 내려서 설정을 덮쳐 잡은 이유를 핵실(조사)하도록 하고, 또 말하기를, "금후에는 신미가 거주하는 곳에는 침범하지 못하게 하라." 하였다.

—문종실록 1권, 문종 즉위(1450)년 4월 5일 무인 3번째 기사

이 기사는 앞의 기사와 연장선상에 있는 사건 기록이다. 선대왕인 세종은 신미뿐만 아니라 설정도 존중했는가 보다. 임금의 교지를 경기 감사에게 내려서 설정을 왜 잡았는지 조사해 보고하라는 문종의 명령에 날이 서 있다. 왜 그랬을까? 선왕 세종이 그냥 존중했던 승려이므로? 참으로 의아한 일이다.

<13> 신미의 관직(칭호) 제수를 의논하기에 앞서, 뜬금없이 병인년을 언급하다

임금이 영의정 하연·좌의정 황보인·우의정 남지·좌찬성 박종우·우찬성 김종서·좌참찬 정분·우참찬 정갑손을 불러 도승지 이사철에게 명령하여 의논하게 하기를, "대행왕(세종)께서 병인년부터 비로소 신미의 이름을 들으셨었는데(大行王, 自丙寅年始知信眉名), 금년에는 효령대군의 사제(개인 저택)로 옮겨 거처하여 정근하실 때에 불러 보시고 우대하신 것은 경들이 아는 바이다. 전일에 현등사에 거주할 적에 의금부에서 설정과 도명을 체포하는 일 때문에 군사를 내어 몹시 놀라게 하였으며, 또 청계사에 거주할 때에 광주 판관 이영구가 또한 이 중을 잡으려고 군사를 내어 몹시 놀라게 하였으니, 이영구는 진실로 잡아다가 죄상을 심문해야 되겠지마는, 지금 아직 이를 정지하게 한다. 신미는 평소부터 질병이 있는

데 어떻게 그로 하여금 안심하고 거주하게 하겠는가?" 하니, 여러 사람들이 의논하여 아뢰기를, "현등사에서 군사를 내어 중을 잡게 하였으며, 청계사에서도 또한 이처럼 한 것은 사세가 마침 그렇게 된 것인데, 어찌 마음을 두고서 이를 한 것이겠습니까? 그의 거주하는 곳에 따라 그 도의 감사로 하여금 보살펴 주고 구휼하게 하는 것이 편할 것입니다." 하였다.

또 의논하기를, "선왕께서 신미에게 판선교종을 제수하려고 하여 일의 계획이 이미 정해졌는데도 마침 신미가 질병이 있어 그대로 되지 못하였으니, 금일에 제수하는 것이 어떻겠는가? 또 각처에서 정근하고 기와를 굽는 중들에게도 또한 금일에 관직을 제수하는 것이 어떻겠는가?" 하니, 여러 사람들이 아뢰기를, "이것은 기한에 맞추어 할 일이 아니니, 졸곡(세종의 장례) 후에 관직을 제수하더라도 늦지는 않을 것입니다." 하였다.

임금이 말하기를, "신미에게 관직을 제수하는 것은 선왕께서 외신(임금 자신)에게 명령하지 않았으므로, 지금 아직 이를 정지하겠는데, 정근한 중에게는 금일에 관직을 제수하는 것이 어떻겠는가?" 하니, 여러 사람들이 아뢰기를, "좋습니다." 하였다.

—문종실록 1권, 문종 즉위(1450)년 4월 6일 기묘 2번째 기사

3부에서도 밝혔지만, 문종이 뜬금없이 병인년을 언급한다. 앞뒤의 문맥이 맞지 않는다. 도승지 이사철에게 명령하여 의논하게 하였는데, 엉뚱하게도 임금의 말이 먼저 튀어나온다. 뭔가 앞의 말이 생략된 듯하다.

대신들이 혹시 하도 의아하니까, "전하, 대행왕께서 도대체 신미를 언제부터 아신 것입니까? 대행왕도 그렇고, 전하도 또한 신미를 그렇게 아끼시니 신 등은 알 길이 없습니다." 하고 물었다면, 병인년이라는 대답이 참 자연스럽구나 하고 생각할 수 있다. 그런데 묻지도 않았는

데 문종이 독백처럼 말하고 있다. 참 이상한 일이다.

병인년은 세종 28(1446)년, 훈민정음을 반포한 해로 실록에서 신미가 등장하는 해와 일치한다. 혹시 실록의 최고 편찬 책임자인 정인지가 이렇게 일부러 맞추어 놓은 것은 아닐까? 아니면, 사관이 잘못 듣고 그렇게 적은 것일지도…. 사관이라도 어디 사람이 완벽할 수 있는가?

<14> 도승지 이사철의 발문을 소개하면서, 신미가 세종을 도와 불사를 일으켰다고 매우 비난하다

불사를 대자암에서 행한 지가 무릇 7일 동안이나 되었다. 이보다 앞서 임금이 대행왕을 위하여 부지돈녕 강희안·정랑 이영서·주부 성임·사용 안혜와 중 7인에게 명하여 이금(泥金)[11]을 사용하여 불경을 베껴 쓰도록 하였다. 도승지 이사철이 발문을 지었는데, 그 발문은 이러하였다.

"우리 세종대왕께서 세상을 떠나시니 주상 전하께서 애통하고 사모하기를 한이 없었으며, 염습·초빈과 조석전을 올리는 데에 정성을 다하고 예절을 따라 하였는데, 그런 중에 생각하기를 명유(冥遊)에 추우(追祐)하는 데는 오직 대웅씨(부처)의 자비스러운 교리에 빙의할 만하다고 여기시어, 이에 해서 잘 쓰는 사람을 명하여 『법화경』7권, 『범망경』2권, 『능엄경』10권, 『미타경』1권, 『관음경』1권, 『지장경』3권, 『참경』10권, 『십육관경』1권, 『기신론』1권을 금자로 쓰게 하고 모두 정전(붉은 종이)을 사용하였으니, 그 갑함(큰함)을 장정한 것도 또한 매우 정세하고 치밀하였습니다. 이 일을 마치고 나서는 명승을 모아 법회를 열어 피람하게 하고,

---

11) 이금: 금을 잘게 부수어 금분으로 만든 후 아교에 갠 것.

마침내 신에게 명하여 발문을 짓게 하셨습니다.

신이 그윽이 듣건대, 대법장에는 경·율·논 세 가지가 있는데, 그 여래의 교법을 설명한 것은 경이라 이르고, 보살에게 경계한 것은 율이라 이르고, 후대의 현사들이 그 뜻을 강명하여 경과 율을 보조 설명한 것은 논이라 하는데, 요컨대 모두가 군생의 미혹을 깨우친 진전(참된 깨달음)이요 함령(인류)을 제도하는 영궤(좋은 법)입니다. 혹시 1권을 얻어서 혹은 수지하여 독송하기도 하고, 혹은 등사하여 선양하기도 하면서, 다만 간절히 기원하여 마음만 기울인다면 그 승인(뛰어난 선인)과 승과(훌륭한 과보)는 저절로 유명(저승과 이승)을 널리 이롭게 함이 그렇게 되기를 기약하지 않더라도 그렇게 되는 것이 있습니다. 더구나 이른바 『법화경』은 실상을 순전히 말한 것이니, 경을 설명한 묘법이고, 『범망경』은 비니를 현수한 것이니 계율을 굳게 지킴의 엄격함이고, 『기신론』은 심수(心數)를 조사 연구하여 일진의 이치를 미루어 밝혔으니, 실제는 또 여러 논에 으뜸가는 것입니다. 그 밖의 『능엄경』·『미타경』·『지장경』 등도 또한 모두 법문의 진수이므로, 간략하면서도 구비하고 정묘하면서도 요긴하여 삼경(삼부경)의 교리가 모두 갖추어졌으니, 진실로 능히 이에 나아가서 신수하고 피양한다면 천함의 패엽(불경)을 반드시 다 펴서 읽지 않더라도 공덕의 승과가 이에 구비하게 될 것입니다.

지금 우리 전하께서 외로이 상중에 계시니, 무릇 그 대사(부왕의 상)를 받드는 일에는 진실로 그 극도까지 마음을 쓰지 않는 바가 없었는데, 석교(불교)에 이르러서도 또한 이를 위해 마음을 기울여 이 보전(불경)을 빨리 완성시켜 명희(명복)에 이바지 하였으니, 성효(정성과 효도)의 간절함은 아아, 지극하였습니다. 신은 진실로 원해(願海, 바다와 같은 원력)의 깊음과 선근의 수립과 수월과 같은 묘응의 효과가 반드시 영향보다도 빠를 것인데, 승하한 선왕의 혼령이 각안(覺岸, 진리를 깨달은 이상향)에 올라서 진공을 단번에 깨달아 극락의 경지에서 한가히 세월을 보내게 될 것을 알며 의심하지 않습니다."

이때 신미의 설로써 대궐 안에 공장을 모아 두고서 불상과 불경을 이룩하게 되는데, 안평대군 이용이 일찍이 대자암으로써 원찰로 삼아서 여러 모로 비호를 베풀고, 임금에게 아뢰어 무량수전을 헐어 버리고는 이를 새롭게 하면서 그 예전의 제도에 보태어 단청을 중국에 가서 구해 사고, 등롱의 채옥을 구워 만들어 사치하고 화려함을 극도로 하여 절 이름을 극락전이라 하고, 또 불경을 간수할 장소도 건축하였다. 처음에 임금이 대행 대왕의 추복을 위하여 의정부에 의논하니 어떤 이는 미봉책으로써 대답하는 사람이 있기 때문에 이를 하기로 결심하였던 것이니, 이로부터는 비록 대간·집현전·삼관과 여러 유생들이 소를 올려 힘써 간하였는데도 곧 대신들과 의논함으로써 결정하고 마침내 윤허하지 아니하고, 정분과 민신에게 명하여 중수하여 새롭게 하도록 감독하게 하였다. 이미 완성되니 마침내 불사를 크게 행하였으니, 이에 부고(곳간)가 텅 비게 되어 주현의 공물을 미리 받아들여도 오히려 모자라게 되었다

—문종실록 1권, 문종 즉위(1450)년 4월 10일 계미 2번째 기사

도승지 이사철은 세종 때에도 나타난다. 그러니 신미와 세종의 관계도 잘 알고 있을 것이다. 세종이 승하하여 명복을 비는 발문(발원문)을 썼는데 불교에 대하여 꽤 공부한 듯하다. 발문을 소개하면서 어김없이 신미를 언급한다. 신미가 대행왕(세종)의 명복을 비는 불사를 지나치게 했기 때문에 궁중의 곳간이 텅 빌 지경이라고 질타하고 있다. 거꾸로 생각하면, 신미가 왕실에서 얼마나 신임을 받았는지 알 수 있는 기사다.

<15> 신미의 동생 김수온이 불서를 좋아한다고 비난하다

병조 정랑 김수온은 중 신미의 아우였다. 비록 유학을 배워 과거에 합격하였지만, 그러나 천성이 불서를 지독히 좋아하여 항상 스스로 말하기를, "『능엄경』은 『중용』보다 낫다."고 하였다.

사람들이 묻기를, "불도도 그러한가?" 하면, "그렇고 말고." 하였다.

"사람이 죽으면 어디로 가는가?" 하면, 그는 대답하기를, "모두가 크고 작은 철위산으로 돌아가게 된다." 하였다.

무릇 국가에서 범연(불교 행사)을 베풀 때에는 김수온이 반드시 참여하였다. 대행 대왕의 수륙재에는 범중을 공양하는 자리를 절 밖에 별도로 설치하니, 남녀·노유의 빌어먹는 자가 많이 몰려와서 수효가 천 명을 헤아리게 되었다. 장설관이 늙은이와 어린이의 음식까지 한결같이 줄 수가 없다고 하니, 김수온이 노하여 장설관을 꾸짖기를, "순임금이 요임금의 천하를 물려받았어도 지나친 것으로 여기지 않았는데, 선왕을 위해서 재를 베풀었으니, 비록 국가의 소유를 다 써서 없애더라도 지나친 것은 되지 않는다. 무엇이 아까워서 평등하게 주지 않겠는가?" 하였다. 그때 사람들이 이를 비난하기를, "축공(祝公)[12]처럼 오경(五經)을 흔적도 없이 만들었다." 하였다.

―문종실록 1권, 문종 즉위(1450)년 4월 11일 갑신 4번째 기사

신미의 둘째 동생 김수온은 집현전 학사이면서 세종의 총애를 받았다. 그런데 형의 영향을 받아서인지 불교를 신봉했다. 수양대군(세조)

---

12) 축공: 당나라 중종 때의 국자 제주인 축흠명을 이름. 축흠명이 중종의 비위를 맞추어 군신이 연회하는 자리에 손을 땅에 짚고서 팔풍무를 추니, 노장용이 탄식하기를 "오경을 흔적도 없이 만들었다."고 하였음.

이 『석보상절』을 편찬할 때 이를 도왔고, 세종의 명으로 『증수석가보』를 지어 올렸다. 과거 시험을 거쳐 문신이 되었으면 유학에 전념할 일이지 불교에 관심을 둔다고 비난하는 것이다. 이는 다 신미 때문이라고 적고 있다.

<16> 신미가 있는 복천사 불사를 지원하라고 명령하다

충청도 감사 권극화에게 유시하기를, "중 신미가 보은현 땅에 복천사를 고쳐 지으니, 단청의 제구를 적당히 갖추어 주어라." 하였다.

—문종실록 2권, 문종 즉위(1450)년 6월 22일 갑오 1번째 기사

충청도 감사 권극화는 이 일로 해서 나중에 대신들로부터 탄핵과 질타를 받는다. 임금의 명을 받고 그랬을 뿐인데 권극화가 신미를 받든다고 비판하는 것이다. 혹시 모른다. 신미의 학식과 덕망에 감화가 되어 그랬을지도. 억불이 대세인 그 시대인데도 말이다.

<17> 문종이 신미에게 세종의 유훈인 26자 법호를 내리다

또 중 신미를 선교종도총섭(禪敎宗都摠攝) 밀전정법(密傳正法) 비지쌍운(悲智雙運) 우국이세(祐國利世) 원융무애(圓融無礙) 혜각존자(慧覺尊者)로 삼고, 금란지에 관교를 써서 자초폭으로 싸서 사람을 보내어 주었는데, 우리 국조 이래로 이러한 승직이 없었다. 임금이 이 직을 주고자 하여 일찍이 정부에 의논하고, 정부에서 순종하여 이의가 없으므로 마침내 봉작하게 되었는데, 듣는 사람이 놀라지 않는 이가 없었다.

—문종실록 2권, 문종 즉위(1450)년 7월 6일 무신 1번째 기사

문종이 신미의 승직을 논의한 지 꼭 3개월 만에 제수했다는 기사다. 한 글자 한 글자 세어보면 정확하게 26자다. 정말 긴 승직이다. 불교적으로 말하면, 임금이 내린 법호다. 불교 국가였던 고려시대에도 승직을 내리는 일은 늘 있는 일이었지만, 신미대사와 같이 이렇게 장엄하고 존중이 넘치는 법호는 없었다. 그것도 억불숭유를 내세우는 조선에서!

승직을 풀이하면, '선과 교를 이끌 역량을 지녔으며(선교종 도총섭), 은밀히 바른 법을 전했고(밀전정법), 자비와 지혜를 동시에 운용할 줄 알았으며(비지쌍운), 나랏일을 도와 백성을 이롭게 했으며(우국이세), 매사 원만하고 걸림 없는 인물이었으며(원융무애), 지혜와 깨달음을 갖춘 거룩한 존자(혜각존자)'란 뜻이다. 정말 놀랄 일이다. 신미가 병이 있어 세종이 죽기 전에 내리고자 했으나 실행하지 못했다. 세종은 죽기 전에 세자인 문종에게 부탁했고, 문종은 즉위하자마자 아버지의 부탁을 실천에 옮긴 것이다.

앞의 3부에서도 밝혔지만, 여기서 '우국이세'를 눈여겨봐야 한다. 왜 세종은 신미의 승직에 '나랏일을 돕고 세상을 이롭게 했다.'라고 적시했을까? 뒤에 기사가 이어지지만, 대신들은 이 우국이세란 말을 가지고 물고 늘어진다. 도대체 하잘것없는 중 신미가 나랏일을 도운 것이 뭐고, 세상을 이롭게 한 것이 무엇이냐고 따진다. 도저히 이해가 되지 않는다는 것이다. 마치 승냥이가 옆에 있지도 않은 먹이를 물어뜯는 형상이다.

세종이 신미와 함께한 한글 창제 작업은 함구했지만, 이렇게라도 신미의 공적을 높이 사고 싶지 않았을까? 이건 나만의 상상이고 의심이다.

<18> 하위지가 신미에게 내린 승직이 부당하다고 아뢰다

장령 하위지가 아뢰기를, "지금 산릉(세종의 장례식)이 이미 끝나고, 전하가 비로소 만기를 처리하시니, 안팎이 눈을 비비며 간절히 유신의 정치를 바라고 있습니다. 그런데 처음 정사에서 간사한 중에게 존호를 내리시었으니, 바르지 못한 것이 이보다 더 큰 것이 없으므로 신 등은 놀라와 마지아니합니다. 청컨대 이 명령을 거두소서. 주자소를 둔 것은 조종(역대 임금)께서 글을 숭상하는 아름다운 뜻인데, 전하의 처음 정사에 갑자기 혁파하시었으니, 옳지 못하지 않습니까?" 하였다.

임금이 말하기를, "신미에 대한 칭호는 선왕께서 정하신 것이다. 다만 미령하심으로 인하여 시행하지 못하였을 뿐이요, 내가 한 것이 아니다. 주자소는 혁파한 것이 아니다. 지금 마침 인출할 만한 서적이 없기 때문에 임시로 파한 것이다. 그 주자를 그대로 본소에 두고, 만일 인출할 서적이 있으면 전과 같이 인출하게 하겠다." 하였다.

하위지가 다시 아뢰기를, "신미에 대한 칭호는 비록 선왕의 뜻이라 하더라도 전하가 첫 정사 첫머리에 거행하시니, 바깥 사람들이 누가 전하께서 높이고 중하게 여긴다고 하지 않겠습니까? 주자소는 비록 임시로 파하였다 하나, 신은 어떤 사람이 그 주자를 관장하는지 알지 못하겠습니다. 만일 관장하는 사람이 없이 갑자기 서적을 인출할 일이 생기면 대단히 정교한 일을 졸지에 해내지 못할 것입니다." 하였다.

임금이 말하기를, "신미의 칭호는 선왕의 뜻이매 이미 행하였으니, 도로 빼앗을 수 있는가? 주자소의 일은 내가 다시 생각하겠다." 하였다.

—문종실록 2권, 문종 즉위(1450)년 7월 8일 경술 4번째 기사

조선왕조실록에 나오는 신미의 승직 제수를 반대하는 첫 상소다.

하위지는 이후에도 다섯 번이나 더 상소를 올린다. 정말 줄기차게 반대를 한다. 칭호 불가 상소를 올린 사람 중에 하위지가 제일 많다. 그러나 문종은 단호하다. 이것은 선대왕인 세종이 한 일이라고. 그러니 더는 말하지 말라고 말이다. 이에 물러설 대신들인가?

앞에서도 밝혔지만, 하위지 6회, 홍일동 2회, 이승손 2회, 박팽년·사헌부·어효첨·신숙주·유성원 등이 각각 1회씩 불가 상소를 올린다. 이 중에서 하위지, 백팽년, 유성원 등은 세조 때 단종 복위 운동(병자사화)으로 희생된다. 이른바 사육신 사건이다. 이것도 참으로 역사의 아이러니다.

<19> 하위지가 신미의 칭호가 부당하다고 두 번째 아뢰다

장령 하위지가 아뢰기를, "전일에 하교하시기를, '신미의 칭호는 선왕께서 정하신 것이라.'고 하시었으나, 신 등이 물러가 생각하니 이것은 근고에 없는 일입니다. 옛날 공민왕 때에 왕사·국사의 칭호가 있었으나 우리 태종·세종께서 극력 배척하고 그 칭호를 폐지하였는데, 지금 갑자기 이렇게 칭호하는 것은 불가합니다. 비록 이것이 세종의 유교(유훈)라 하더라도, 신 등도 아직 모르고 있는데, 하물며 다른 신하들이겠습니까? 나라 사람들이 반드시 다 전하가 더욱 존경하여 이런 일을 하였다고 할 것입니다. 일이 만일 이치에 어긋나면 비록 세종께서 말씀하신 것이라 하더라도, 또한 생각하여 행하는 것이 대효(큰 효도)가 되겠는데, 도리어 이러한 좋지 못한 일을 가지고 선왕의 유교라고 하시니, 의리에 어떠하겠습니까? 청컨대 도로 거두소서." 하니, 임금이 말하기를, "세종께서 일찍이 말씀하기를, '왕사라고 칭하면 불가하지마는, 그밖의 직은 무방하였다.'라고 하시었다. 이것은 왕사가 아니고 다른 직과 같으니, 무엇이 불가할 것이 있느냐? 만일 세종의 분부가 있었다면 비록 왕사라도 또한 공경하여 따라야 한다." 하였다.

신미는 간사한 중 행호(行乎)의 무리이다. 무오(세종 20, 1438)년에 행호가 부름을 받고 서울에 올라와 하루는 남의 집에 있는데 부녀들이 많이 모여들었다. 행호가 태연히 그 가운데 앉아서 아무나 가리키며 말하기를, '너는 전생에 아무 짐승이었는데 복을 닦았으므로 인하여 지금 다행히 사람이 되었다.' 하며, 좌중에 있는 사람을 하나하나 가리켜 이처럼 하지 않음이 없어 사람을 많이 속이고 유혹하였는데, 말하는 사람이 있음으로 인하여 돌아갔다. 죽으니 그 무리들이 추후하여 계를 지어서, 속여서 효령대군 이보에게 주고, 또 다른 사리를 속여서 신이한 것을 표하니 효령이 믿었다. 뒤에 그 무리들이 재물을 다툼으로 인하여 발각이 되었는데, 관에서 그 죄를 다스리려고 하였으나, 효령이 극력 구제하여 면하였다.

—문종실록 2권, 문종 즉위(1450)년 7월 9일 신해 3번째 기사

이 기사는 많은 것을 시사하고 있다. 뭔가 비밀이 숨겨 있는 듯하다. 사관의 논평에 '행호'라는 인물이 나오는데, 한국학중앙연구원에서 펴낸 지식백과를 찾아보니 꽤 유명한 승려다. 생몰년은 알려지지 않았으나, 조선 전기의 선승이며 고려 최충의 후손이다. 어려서 출가하여 계행이 뛰어났고, 효행으로도 이름이 높았다고 한다. 『법화경』의 이치를 깨달아 천태종의 지도자가 되었다. 태종이 치악산 각림사를 짓고 창건대회를 베풀 때, 행호로 하여금 주관하게 하였고, 또 장령산 변한소경공(卞韓昭頃公) 묘소 곁에 대자암을 세우고 주지로 임명하였다고 기록에 전한다.

세종이 즉위하자 판천태종사로 임명하였으나, 얼마 뒤 벼슬을 버리고 두류산에 금대사·안국사를 창건하였고, 천관산에 수정사를 지었

다. 왜적의 침입으로 불타버린 만덕산 백련사를 효령대군의 도움을
받아 1430(세종 12)년부터 중수하기 시작하여 1436년에 준공하였다.
조선 초기 유생들의 강한 척불론 속에서도 효령대군 등의 지원을 받
아 왕실을 중심으로 불교 보급에 힘썼다. 현재 전남 강진 백련사에
사적비가 있다.

이 기사에서 '신미는 행호의 무리'라고 했다. 실제로 신미는 행호와
친했다고 한다. 무오년에 세종의 부름을 받고 행호가 서울에 왔다고
했는데, 당연히 이때 신미도 있지 않았겠는가? 무오년은 세종 20(1438)
년이다. 훈민정음 창제 작업이 한창 이루어질 때이다. 이는 중요한
단서다. 신미가 훈민정음 창제 5년 전에 행호와 함께 서울에 왔음을
확인할 수 있는 기사다.

또 하나, 문종은 하위지의 상소에 반박하면서 세종이 분부했다면
비록 왕사라도 또한 공경하고 따라야 한다고 말한 점이다. 이건 무엇
을 뜻하는가? 문종 자신도 그렇게 공경하고 싶다는 뜻이다. 왜 그랬
을까?

\<20\> 하위지가 신미의 칭호가 부당하다고 세 번째 아뢰다

장령 하위지가 아뢰기를, "신미의 호를 선왕께서 이미 정하고 시행하지
않은 것은 반드시 뜻이 있을 것입니다. 비록 이미 시행하였다 하더라도
전하는 큰 효도를 생각하여 마땅히 도로 거두어야 하겠는데, 하물며 시행
하지 아니한 일을 가지고 즉위하신 처음에 제일 먼저 거행하시니 의리에
어떠합니까? 또 육조는 비록 낭관이라도 반드시 선택하여 임명해야 합니
다. 이선이 여러 번 죄를 범하고, 그 죄가 간장(奸贓)에 관계되니, 육조의
장이 될 수 없습니다. 청컨대 개정하소서." 하니, 임금이 말하기를, "이선

이 육조에 마땅하지 않은 것은 정부에서도 일찍이 말하였다. 신미는 선왕이 공경하신 중이니, 관교(임명장)를 빼앗을 수 없다." 하였다.

하위지가 다시 아뢰기를, "신미의 호는 단연코 줄 수 없으므로 힘써 따르시기를 청하였는데, 지금 신에게 분부하시기를, '이는 선왕이 공경한 중이므로 할 수 없다.'고 하시었으니, 대저 인주(임금)가 마땅히 공경해야 할 것은 탕왕이 이윤을, 무왕이 태공을, 성왕이 주공·소공을, 촉의 후주가 제갈공명을 공경하는 것과 같은 것이 그것입니다. 어찌 소승에게 공경을 바칠 수 있겠습니까? 이것은 신민에게 말할 수도 없는 것입니다. 예전 남북조시대에 요장의 진나라와 석륵의 조나라가 구마라습(鳩摩羅什, Kumarajiva)[13]에게 공경을 바쳤는데, 지금 우리 세종은 천 년에 있지 않는 성주이신데, 어찌 이와 같은 좋지 않은 말을 가지고 큰 덕을 더럽힐 수가 있겠습니까?" 하였다.

임금이 말하기를, "선왕께서 공경하신 것은 대신들도 일찍부터 아는 바이다. 내가 어찌 거짓말을 하겠느냐? 만일 부처를 섬기지 않는다면 그만이지만, 한다면 지계하는 중을 어찌 공경하지 않을 수 있겠는가?" 하였다.

하위지가 다시 아뢰기를, "대신이 알고 알지 못하는 것이야 신이 어찌 알겠습니까? 그러나 대신이 알고 말하지 않았다면 또한 옳지 못합니다. 어(논어)에 말하기를, '사람을 사랑하기를 덕으로 한다.'고 하였고, 또 말하기를 '사람이 아름다운 것을 이루어 준다.'고 하였으니, 평범한 사람도 오히려 서로 규계하여 그 덕을 돕는데, 하물며 신하가 임금에게 어찌 입을 다물고 말하지 아니하여 임금을 허물 있는 곳으로 들어가게 하겠습니까? 전일에 신에게 하교하시기를, '네가 양성이 중을 비방한 것을 본받고

---

13) 구마라습: 중국에서 불경을 번역하는 데 크게 공을 세운 인도의 승려. 384년 전진의 부견이 귀자국을 칠 때 잡혀 와서 장안에서 『법화경』·『반야경』 등을 번역하여 중국 불교의 발전에 크게 기여하였음.

자 하는가? 만일 양성을 본받는다면 후세 사람들이 누가 너희들을 옳다고 하겠느냐?' 하였습니다. 신은 생각건대, 이처럼 하신다면 이것보다 더 지나친 일이 있을 때 누가 말하겠습니까? 양성의 일은 후세에 그 소활한 것은 말하여도, 그르다고는 말하지 않았습니다. 송나라 진종 때에 이항이 정승이 되어, 진종이 궁인을 봉하여 귀비로 삼고자 손수 써서 보이자 이항이 이것을 불태워 버리고 말하기를, '안 됩니다.' 하니, 진종이 드디어 그쳤습니다. 진나라 무제 때에 신비가 옷 뒷자락을 잡아당기었고, 한나라 성제 때에 주운이 절함(折檻)14)하였고, 송나라 태종 때에 구준이 옷자락을 잡아당기자 태종이 돌아보고 웃었으니, 역대의 어진 신하들이 모두 죽기를 두려워하지 않고 간하는 것을 성취시킨 뒤에야 그만두었습니다. 신은 참으로 용렬하여 어찌 족히 용감하게 간하여 천청(임금의 귀)을 돌이키겠습니까마는, 구구한 마음은 또한 들어주신 뒤에야 그만두겠습니다. 원컨대 전하께서 포용하는 도량을 넓히시고, 친지의 도량을 몸 받으시고 적은 정성을 너그럽게 받아들이시어 곧 도로 거두도록 명하소서." 하니, 임금이 말하기를, "내가 스스로 한 것이 아니요 선왕께서 정하신 것이며, 또 처음에 대신과 의논하여 한 것이다." 하고, 드디어 윤허하지 않았다. 하위지가 다시 아뢰기를, "신 등이 면대하고 아뢰지 못하여, 신 등의 뜻을 다 진달하지 못하는 것 같습니다. 신 등은 또 노상에서 매받이(臂鷹, 매를 팔에 받치고 다님) 하는 자를 보았는데, 이것은 유희하는 물건입니다. 인주(임금)가 비록 평상시라도 기를 수 없는 것인데, 하물며 대상(大喪) 때이겠습니까? 가령 제육을 위한 것이라 하더라도, 어찌 반드시 이 물건을 길러서 제육을 준비하겠습니까?" 하고, 인하여 면대를 청하니, 임

---

14) 절함: 주운이 성제에게 안창후 장우를 참할 것을 주장하였는데, 성제가 노하여 끌어내어 죽이려 하였으나, 주운이 난간을 붙잡고 버티며 간언하다가 난간이 부러져 아래로 굴러 떨어졌기 때문에 목숨을 건질 수 있었다는 고사.

금이 하위지를 인견(접견)하였다. 날이 바야흐로 저물어서 면대하여 신미 칭호의 그릇됨을 지적하는 말이 매우 간절하고 곧았다. 임금이 비록 들어 주지 않았으나, 매우 아름답게 받아들였다. 나올 때에 밤 시각(漏)이 4각 이나 되었다.

—문종실록 2권, 문종 즉위(1450)년 7월 11일 계축 2번째 기사

하위지의 아룀은 간절하다. 유신의 관점에서 승려에게 그런 직함을 내리는 것은 가당하지 않은 일이다. 그런데 문종은 하위지의 논리적 이며 끈질긴 설득에도 꿈쩍도 하지 않는다. 이것은 선대왕인 세종의 뜻이고, 문종 자신 또한 그게 바르다고 생각하기 때문에 직함을 내렸 다고 받아친다.

하위지가 임금에게 아뢰고 나온 시간이 '밤 시각(漏)이 4각이나 되 었다.'라고 표현하고 있다. 이때는 세종이 장영실과 함께 만든 자격루 (물시계)가 있었을 것이다. 아마도 하위지가 자신의 간언이 받아들여 지지 않고 실망하고 나올 즈음, 물시계가 시보를 알려주었는가 보다. 그때 모습이 그대로 그려진다. 1각이 15분이니 해시(밤 9시~11시)였다 면 4각이 밤 10시쯤 되지 않았을까 추측해 본다. 왜냐하면, 임금도 9시 이후에는 쉬었다는 기록이 있기 때문이다.

<21> 홍일동이 신미의 직첩을 환수할 것을 아뢰어 청하다

우정언 홍일동이 아뢰기를, "청컨대 헌부(사헌부)의 아뢴 바에 따라서 신미의 관교(임명장)를 환수하소서. 불씨(불교)를 존숭하는 것은 쇠한 세 상의 일입니다. 지금 전하가 즉위하신 초기에 백성이 바라는 것이 지극한 데, 간사한 중에게 칭호를 주는 것은 심히 불가합니다." 하니, 임금이 말하

기를, "이것은 선왕께서 정하신 것이다." 하였다.

홍일동이 다시 아뢰기를, "선왕께서 비록 이미 정하였더라도 완성하지
않은 것은 반드시 뜻이 있을 것입니다. 전하께서 비록 선왕의 뜻을 이어
서 이루었다 하더라도 지금 간하는 신하의 청을 듣고 도로 거두시면 이것
이 지극한 효도입니다." 하니, 임금이 말하기를, "너희들의 청에 따라서
거두면 어찌 지극한 효도가 되고, 너희들의 청을 듣지 않고 거두지 않으
면 어찌 불효가 되는가? 너희들의 말이 오활하다." 하였다.

─문종실록 2권, 문종 즉위(1450)년 7월 12일 갑인 1번째 기사

이 기사에서 홍일동은 부왕에 대한 효도냐, 불효냐 하는 말로 설득
작업에 나선다. 요즘 유행하는 말인 프레임(틀)을 씌운 것이다. 그러나
문종은 이런 논박에 대하여 오히려 '오활'하다고 꾸짖는다.

<22> 하위지가 신미의 칭호가 부당함을 네 번째 아뢰다

장령 하위지가 아뢰기를, "전일 면대할 때에 동료의 뜻을 다 아뢰지
못하였고, 주상의 이르심이 순순하고 간절하나, 또한 의혹을 풀지 못하였
습니다. 그러나 주상의 하교는 대략 이미 동료에게 다 말하였습니다. 비록
하교하기를, '나는 그 불가한 것을 알지 못한다.'고 하시었으나, 신의 소견
은 아무리 생각해 보아도 그 불가함이 이보다 더한 것이 없습니다. 청컨
대 모름지기 따라 주소서." 하니, 임금이 말하기를, "일이 만일 옳지 않으
면 내가 어찌 감히 하겠느냐?" 하였다.

─문종실록 2권, 문종 즉위(1450)년 7월 12일 갑인 2번째 기사

하위지는 정말 집요하고 끈질기다. 이 기사가 벌써 네 번째 상소다.

어찌 보면 유학을 숭상하는 유신으로서 자신의 신념을 굽히지 않는 것은 높이 살 만하다. 그것도 임금이 들어주지 않는 데도 나아가고, 또 나아가니 참으로 용기 있는 사람이다. 임금 문종도 대단하다. 신하가 하는 말을 다 들어주고는 일일이 그 이유를 밝히니!

<23> 박팽년이 신미의 칭호가 부당함을 상소하자 승지와 함께 불공정한 문구를 따지다

"신 등은 대간에서 신미의 일을 논하여 윤허를 얻지 못하였다는 것을 듣고, 분격함을 이기지 못하여 죽음을 무릅쓰고 아룁니다. 무릇 호를 가하는 것은 존숭하기 때문입니다. 제왕의 공덕이 있으면 올리고, 장상(장군과 재상)이 공훈이 있으면 주는 것으로, 그 예가 대단히 성한 것입니다. 후세의 인주(임금)가 불법을 존숭하고 혹 망령되게 중에게 준 자가 있으나, 이것으로 말미암아 간흉 교활한 난신 적자의 무리가 남의 집과 나라를 패망시킨 것이 많습니다. 신미는 간사한 중입니다. 일찍이 학당에 입학하여 함부로 행동하고, 음란하고 방종하여 못하는 짓이 없으므로, 학도들이 사귀지 않고 무뢰한으로 지목하였습니다. 그 아비 김훈이 죄를 입게되자, 폐고(관리가 될 수 있는 자격을 박탈함)된 것을 부끄럽게 여겨 몰래 도망하여 머리를 깎았습니다. 그 아비가 늙고 병든 몸으로 그의 속이고 유혹하는 말을 믿고 일찍이 술과 고기를 끊었다가, 하루는 술을 마시고 고기를 먹었습니다. 때마침 여름으로 더운 날인데, 이 중이 그 아비에게 참회하고 백 번 절할 것을 권하여 마침내 이로 인하여 죽었습니다. 만일 『춘추』의 법으로 논하면 이것이 진실로 아비를 죽인 자입니다. 대개 이 중은 참을성이 많고, 사람을 쉽게 유혹하며, 밖으로는 맑고 깨끗한 듯이 꾸미고, 속으로 교활하고 속이는 것을 감추어, 연줄을 타서 이력저력 하여 궁금(임금이 거처하는 궁궐)에 통달하였으니, 이것은 참으로 인군(임금)을 속이고 나라를 그르치는 큰 간인입니다. 만일 큰 간인이 아니면, 어찌 선왕을 속이고 전하를 혹하게 하는 것이 이와 같은 데에 이르겠습니까? 만일 이 거조가 선왕께서 나왔다고 한다면, 선왕이 이 중을 아신 것이 하루가 아닌데, 일찍이 이 의논을 내지 않으시었으니, 어찌 공의가 있는 일은 인주(임금)도 경솔히 할 수 없기 때문이 아니겠습니까? 지금 전하께서 어찌 감히 선왕도 경솔히 하지 못한 일을 단행하며 의심하지 않습니까? 비록 선왕이 이미 이 일을 하시었다 하더라도, 전하께서 공의(공론화)로 고치는 것이 대효(큰 효도)가 되는 데에 해롭지 않습니다. 하물며 선왕이 감히 미처 하지 못한 것을 갑자기 호를 주어 그 책임을 선왕에 돌리는 것이 가합니까? 인주는 한 번 찡그리고 한 번 웃는 것도 아껴야 하고, 우국이세(祐國利世)란 칭호는 비록 장상과 대신에게 주더라도 오히려 조정과 함께 의논하여 그 가부를 살핀 뒤에 주어야 하는 것인데, 하물며 노간(老奸, 신미)이겠습니까? 그가 우국이세 하지 못할 것은 사람마다 다 알 뿐만 아니라, 또한 전하께서도 스스로 믿으실 것입니다. 어째서 감히 무익한 일을 하여 만대의 웃음거리를 만드십니까? 하물며 전하께서는 새로 보위에 올라서 안팎이 촉망하고 있으니, 마땅히 하루하루를 삼가서 한 호령을 내고 시행하는 것을 모두 지극히 공정한 데서 나오기를 기약하여, 조종(역대 임금)의 사업을 빛내고 키워야 하는데, 어째서 간사한 말에 빠지고 간사한 중에 유혹되어, 지극히 높은 칭호를 주어 그 도를 고취하십니까?

옛부터 인군이 처음에는 정대하여 말할 만한 것이 없으나, 재위한 지 오래되어 가다듬는 정신이 조금 풀리면, 간사하고 아첨하는 무리가 틈을 타서 끝을 마치지 못하는 이가 많습니다. 전하께서 즉위한 지 겨우 두어 달이 넘었고, 산릉(세종의 장례)이 겨우 끝나고 정사를 하는 처음에 제일 먼저 이 일을 거행하여서, 시초가 이미 크게 바르지 못하니 그 끝이 어떠하겠습니까? 신민의 바라는 마음이 여기에서 사라집니다. 이 칭호가 한 번 나오자 그 무리가 은총을 빙자하고 독수리처럼 떠벌리고 과장하여 못 하는 짓이 없으며, 어리석은 백성들이 또한 존자로 봉한 것을 보고 이것이 진짜 부처라 하고 미연히 쏠려 가니, 얼마 안 가서 이적의 금수가 되지 않겠습니까? 사정의 소장과 풍속의 이역과 국가 존망의 기틀이 모두 여기에 달려 있으니, 일에 무엇이 이보다 더 크기에 조금도 경동하고 반성하지 않습니까? 하물며 지금 북쪽 오랑캐가 충만하여 중원이 어지럽고, 서북의 야인이 일찍부터 우리에게 감정이 있으면 지금 이미 연결되었으니, 하루아침에 앞잡이가 되어 크게 침입하면, 그 변은 예측할 수가 없습니다. 지금은 바로 군사를 훈련하고, 병기를 가다듬고, 용도를 절약하고, 군량을 저축하기에 황황급급해야 하고, 다른 일을 할 여가가 없을 날인데, 어찌 한가히 편안하게 놀며 허무에 뜻을 둘 때이겠습니까? 엎드려 바라건대, 전하께서는 확연히 강한 결단을 돌이키어 간사한 자를 버리기를 의심하지 말고, 급히 내리신 명령을 거두시고, 먼 변방에 물리쳐 두어서 시초를 바루는 도를 삼가시고, 일국 신민의 여망에 부합하게 하소서." 하였다.

소가 올라오니, 임금이 승정원에 이르기를, "상소 안에 말한 선왕을 속이고 전하를 미혹하게 하였다는 것은, 속인 것은 무슨 일이며, 미혹한 것은 또 무슨 일인가? 또 선왕을 속일 때에는 어째서 간하지 않고, 지금에야 이런 말을 하는가? 또 신미가 아비를 죽였다는 말은 어디에서 들었는가? 이 무리를 불러서 딴 곳에 두고, 하나하나 추궁하여 물어서 아뢰어라." 하였다.

곧 불러 물으니, 박팽년이 말하기를, "이 중이 심히 간사합니다. 선왕으로 하여금 존숭하여 봉작을 허락하게 하였으니, 이것은 선왕을 속인 것이요, 또 전하로 하여금 존숭하여 봉작하게 하였으니, 이것은 전하를 미혹한 것입니다. 선왕 때에는 비록 높이고 믿기는 하였으나 따로 봉숭한 일이 없기 때문에, 일찍이 의논하여 아뢰지 않은 것이요, 전하에 이르러 첫 정사에 특별히 작호를 주고 성대한 예를 거행하므로, 감히 천위(임금의 위엄)를 무릅쓰고 아뢴 것입니다. 또 신미의 아비 김훈이 영동현에 살고 있었는데, 신미가 일찍이 김훈에게 권하여 술과 고기를 끊게 하였습니다. 하루는 김훈이 현령 박여를 가서 보니, 박여가 말하기를, '늙은이는 고기가 아니면 배부르지 않는다.' 하고 김훈에게 고기를 권하였습니다. 김훈이 먹고 돌아와서 신미에게 말하니, 신미가 말하기를, '아버지가 거의 부처가 다 되었는데, 오늘 고기를 먹었으니 일은 다 틀렸습니다. 청컨대 참회하여 부처님께 백 번 절하소서.' 하니, 김훈이 믿고 참회례를 행하여 팔뚝을 태우며 백 번 절하였는데, 그로 말미암아 병을 얻어 죽었습니다. 신이 이 말을 춘추관 여러 관원에게 들은 지가 오랩니다. 이개·양성지·이예·허조 등의 말이 같았고, 이승소·송처검·서거정·서강 등의 말도 또한 특히 같습니다. 다만 이 말을 근일에 유성원이 말하는 것을 들었는데 또한 같았습니다. 다만 이 말은 김윤복에게서 들었습니다." 하였다.

도승지 이계전이 이것을 가지고 아뢰니, 임금이 여섯 승지를 함원전에서 인견하고 소(상소문) 중의 불공한 말을 일일이 지적하고, 또 우승지 정이한과 전명 하는 내시 김득상으로 하여금 이 소를 가지고 정부 당상의 집에 가서 의논하여 오게 하였는데, 황보인이 의논하기를, "소(상소)의 말 가운데 누가 선왕에게 미친 것이 있어, 비록 불공한 데에 관계되었지만, 자고로 인신(신하)이 감히 말하고 극진히 간하자면 박절하지 아니할 수 없어 그러한 것이니, 비록 이보다 지나치더라도 또한 책할 것이 못됩니다. 하물며 간신의 벌을 논하는 것은 정치 체제에 어떠합니까?" 하였다.

나머지 여러 상신(삼정승)의 의논도 대략 모두 같았다. 정이한 등이 돌아와 아뢰었다. 처음에 집현전에서 상소하기를 의논할 때 직제학 최항과

직전 이석형·성삼문 등은 그 의논에 따르지 않았다.

—문종실록 2권, 문종 즉위(1450)년 7월 15일 정사 1번째 기사

신미의 칭호(승직)를 반대하는 개인 상소 중 가장 길고 치밀하다. 박팽년이 누구인가? 앞에서도 밝혔지만, 신미가 김수성이란 이름으로 성균관에 재학할 때 동문수학했던 인물이다. 그러니 신미를 누구보다도 잘 아는 박팽년이다. 세종이 훈민정음 창제 사실을 발표하고, 이듬해 청주 초수 행궁으로 행차하였을 때도 동행했다고 한다. 그때도 신미가 어떤 일을 했는지 알았을 터인데…. 만일 다 알고 이렇게 성토하는 거라면?

어쨌든 박팽년은 죽음을 무릅쓰고 아뢴다. 왜 그랬을까? 대신들과 상의하지 않고 칭호를 내린 것도 문제지만, 특히 '우국이세'를 문제 삼는다. 신미가 나랏일을 도운 바가 없다는 것은 대신들도 알고, 임금인 문종도 알 터인데 왜 그런 칭호를 부여하느냐 이거다. 그러면서 케케묵은 가족의 일까지 들먹인다. 바로 신미의 아버지 김훈이다. 김훈이 죽은 모양인데 이것이 승려 아들인 신미가 고기를 못 먹게 해서 그랬다는 거다. 이를 어찌 생각해야 할지…. 이것도 본인이 직접 본 것이 아니라, 춘추관 관원들에게 들은 이야기를 임금에게 고한 것이다.

그러나 문종은 조목조목 묻고 답할 것을 요구한다. 거기에 박팽년도 대답은 하는데, 어딘지 모르게 궁색하다. 하여, 박팽년은 이 일로 파직을 당한다. 이 무어란 말인가? 왜 그토록 신미의 칭호를 반대하고, 왜 문종은 그토록 칭호를 주려고 했을까? 참으로 역사가 밝히지 않은 비화요, 의아한 일이다. 그깟 승려의 칭호를 가지고 임금과 신하가 이토록 치열하게 다투다니!

<24> 사헌부에서 신미의 칭호가 부당함을 10개의 의혹으로 나누어 상소하다

사헌부에서 상소하기를, "이달 초6일 정비(임금의 비답)로 중 신미를 선교도총섭 밀전정법 비지쌍운 우국이세 원융무애 혜각존자로 삼았으니, 놀라움을 이기지 못하여 여러 번 망령된 말을 진달해서 천위(天威, 임금의 위엄)를 더럽혔으나, 아직 청한 것을 얻지 못하였습니다. 장령 신 하위지가 특별히 인견(접견)하심을 받아, 성유(聖諭, 임금이 직접 쓴 글)가 순순하고 간절하였으며, 신 등도 또한 성의를 갖추어 살폈었습니다. 그러나 의혹이 없지 못하여 또 천총(임금의 귀)을 더럽힙니다. 성유에 말씀하시기를, '나는 이 일이 그른 것을 알지 못한다.' 하시었으니, 신 등이 더욱 의혹을 풀지 못하여, 간담을 피력하여 두 번 세 번에 이르러 그치지 않는 것입니다. 대저 사와 정은 양립할 수 없고 시와 비는 자리를 바꿀 수 없습니다. 사와 정이 양립하면 반드시 시비가 자리를 바꾸게 되고, 시비가 자리를 바꾸면 일이 모두 거꾸로 시행하게 되는 것이니, 이같이 되고서 위란에 이르지 않는 것은 없습니다. 지금 전하께서는 다만 사설(불교)을 배척하지 않을 뿐만 아니라, 도리어 간사한 중을 존숭하여 아름다운 칭호를 주시니, 이것이 어찌 시비 자리를 바꾸지 않은 것입니까? 오히려 여러 사람의 말을 거절하고, 심지어 그 그른 것을 알지 못한다 하시니, 이것은 신 등이 의혹①을 풀지 못하는 것입니다.

대저 대간(大姦)은 곧은 것 같이 하고, 대탐(大貪)은 청렴한 것 같이 하여 사람으로 하여금 그 간사하고 탐하는 것을 알지 못하게 하는 것입니다. 이것이 참으로 간사하고 탐하는 자입니다. 간사한 중 신미는 망혜(미투리)와 굴갓으로 갈 때는 반드시 걸어 다니고, 소리를 나지막하게 하고 얼굴을 꾸미며, 혹은 밤에 자지 않고 거짓을 꾸며 믿음을 취하였는데, 선왕이 승하하신 처음을 당하여 대소가 분주하고, 비록 종친과 대신의 늙고 병든 자까지도 모두 말에서 내려 걸어서 외정에 나오는데, 이 중은 편안히 말을 타고 조사를 밀치고 바로 궐문으로 들어오니, 보는 사람이 누가 통분하지 아니하겠습니까? 이것뿐만 아니라, 주어도 받지 않고, 얻은 것은 곧 다른 사람에게 주어, 청렴하고 욕심 없는 것 같이 하다가, 세력이 커지자 병을 치료한다 하고 멀리 온천에 가는데 사람을 써서 가마를 메고 역전하여, 현읍이 분주하여도 그 번거로움을 걱정하지 않고, 사녀가 다투어 모여서 시사하여도 퇴각하지 아니하였습니다. 처음에는 조심하고 삼가는 체 하였으나 얼마 안 가서 거만하여지고, 처음에는 청렴하고 간결한 체 하였으나, 얼마 안 가서 만족하지 아니하는 데에 이르렀습니다. 온 세상이 모두 그 간사하고 탐하는 것을 아는데, 오직 전하께서만 그 언어와 용모를 믿고, 그 거짓을 깨닫지 못하고, 도리어 존숭하여 세상에 보이니, 이것이 신미가 참으로 간사하고 탐하는 자가 되는 까닭입니다. 가령 신미로 하여금 1년 동안 말을 하지 않고 밤새 자지 않고, 진실로 공근하고 욕심이 없다 하더라도, 또한 국가에 무슨 도움이 되겠습니까? 이것이 또한 신등이 의혹②을 풀지 못하는 것입니다.

대저 아름다운 칭호로 높이는 것은 반드시 높일 만한 사실이 있는 연후에 가한 것입니다. 그러나 요가 순에게, 순이 우에게 천하를 주었고, 탕이 이윤에게, 무왕이 태공에게 모두 배웠으니, 존숭하고 추중할 만한 사실이 있지마는, 아름다운 칭호를 올렸다는 것은 듣지 못하였습니다. 후세에 이르러, 인신(신하)이 그 임금을 아름답게 추존하기 위하여 처음으로 아름다운 글자를 주어 모아서 미호를 만든 자가 있으나, 오히려 공론의 취한 바가 되지 못하였는데, 하물며 임금으로서 간사한 중에게 주는 것이 옳습니까? 이것이 신 등이 의혹③을 풀지 못하는 것입니다. 대저 인주(임금)와 정치를 의논하여 나라를 보전하고 백성에게 혜택을 주고 세상을 태평하게 하는 사람은 현인과 군자인데, 지금 우국 이세(祐國利世)가 도리어 한 간사한 중에게 돌아갔으니, 신 등은 이 중이 나라를 복되게 한 것이 무슨 일이며, 세상을 이롭게 한 것이 무슨 일인지 알지 못하는데, 전하는 이것으로 추중하여 아름답게 하려고 하십니까? 이것이 신 등이 의혹④을 풀지 못하는 것입니다. 대저 시비를 일찍 분변하지 않으면 나중에는 반드시 처리하기 어려운 데에 이릅니다. 지금 전하의 즉위한 처음을 당하여 좋은 정령을 내어 어짐을 베풀고, 이익을 일으키고 폐해를 제거할 때인데, 첫머리로 급급히 간사한 중을 추미(推美)하시니, 이것이 신 등이 의혹⑤을 풀지 못하는 것입니다.

대저 일이 허문(꾸민 글) 같으나 실해(實害)를 가져오는 것이 있습니다. 지금 한 중에게 칭호를 주는 것이 정치의 득실에 관계가 없는 것 같으나, 그러나 위에서 좋아하는 것이 있으면 아랫사람은 더욱 심합니다. 일국 신민이 전하가 첫 정사에 특별히 간사한 중을 높이는 것을 보고 장차 말하기를, '숭봉하는 것이 지성에서 나왔다.' 하고, 미연히 따라가면, 그 폐단이 반드시 말할 수 없는 지경에 이를 것이니, 어찌 허문이 정치에 관계가 없다고 말할 수 있겠습니까? 이것이 신 등이 의혹⑥을 풀지 못하는 것입니다. 대개 큰 환이 되는 일은 적은 데서부터 시작되는데, 시작할 때에는 속히 분별할 것이 없다 하고, 이미 이루어지면 고칠 수 없다 하는 것입니다. 이것이 일이 날로 그릇되어 다시 바로잡을 때가 없는 것입니다. 옛말에 이르기를, '사람이 누가 허물이 없을까마는, 허물이 있어도 능히 고치면 이보다 더 착한 것 없다.'고 하였습니다. 지금 전하의 성명하심으로 어찌 불설이 간사하고, 간승을 존숭하는 것이 그른 줄 알지 못합니까? 이것이 신 등이 의혹⑦을 풀지 못하는 것입니다.

대저 훈(향기나는 풀)과 유(썩은 냄새 나는 풀)를 한 그릇에 두면, 끝내는 반드시 악취를 남기고, 사설이 행하면 정도가 밝아지지 못하는 것이니,

이것은 필연의 이치입니다. 그러므로 정도를 밝히고자 하는 이는 반드시 사설을 배척하기에 급급하며 그래도 사설이 정도를 이길까 두려워합니다. 어찌 사와 정을 양립하게 하고, 혼연이 가운데서 처할 수 있습니까? 소위 사설이라는 것은 불교보다 더 심한 것이 없는데, 전하께서 배척하지도 않고 좋아하지도 않고, 자연스럽게 처하고 있으니, 이것이 신 등이 의혹[8]을 풀지 못하는 것입니다. 대저 요망한 술법으로 천하를 어지럽히려고 하는 자는, 혹은 세상 사람이 믿고 혹하는 것으로 인연하여 인주(임금)의 존숭을 받고, 혹은 인주의 존숭하는 것을 끼고, 아래로 세상 사람의 믿고 혹하는 것을 가졌으니, 이것을 가지고 간교한 짓을 하면, 무엇이든 하지 못하겠습니까? 지금 신미는 비록 여기에 이르지는 아니하였으나 어찌 후일에 신미보다 더한 자가 이것을 계기로 잇따라 나타날지를 알겠습니까? 이것이 신 등이 의혹[9]을 풀지 못하는 것입니다. 대저 계신(戒愼) 공구(恐懼)하는 마음이 간절하면, 자연히 허문과 무익한 일에 손댈 겨를이 없습니다. 보통 사람에 있어서도 또한 마땅히 계신 공구하는 데 간절하여야 하거든, 하물며 인군은 조종의 업을 이어 만민의 주인이 되어, 종사의 안위와 국가의 치란과 민생의 휴척(편안과 근심)이 모두 한 몸에 매어 있으니, 계신과 공구하는 마음이 없을 수 있겠습니까? 이 마음이 만일 한 번 허문과 무익한 일에 사역이 되면, 계신과 공구하는 마음이 장차 날로 약해지고 날로 잊혀질 것입니다. 전하께서는 이 일이 계구(조심하고 두려워 함)에 관계가 없다고 하시니, 이것이 신 등이 의혹[10]을 풀지 못하는 것입니다. 신 등이 반복하여 생각하여도 의혹을 풀지 못할 것이 한 가지가 아니니, 참으로 이 일이 부득이한 데에서 나왔는지를 알지 못하겠습니다. 엎드려 바라건대, 전하께서는 확연히 강한 결단을 돌이켜, 특별히 유윤(허락)을 내리시어 성명(신미의 직첩)을 거두어 불사르고, 간승을 외방에 물리쳐 신민의 보고 듣는 것을 새롭게 하여 국가 만세의 계책을 삼으시면, 다행함을 이기지 못하겠습니다." 하였다.

소가 올라오니, 임금이 말하기를, "이것이 모두 전일에 이미 아뢴 일이다. 내가 처음에 대신과 더불어 의논하여 한 것인데, 너희들이 어찌 그리 고집하는가?" 하였다.

장령 하위지가 아뢰기를, "정치를 하는 데는 사정을 분별하는 것보다 더 큰 것이 없습니다. 사정을 분별하지 않고 다만 대신의 의논만 따르니, 신 등은 두려움을 이기지 못하겠습니다." 하니, 임금이 드디어 함원전에 나와서 하위지를 인견(접견)하였다.

—문종실록 2권, 문종 즉위(1450)년 7월 16일 무오 1번째 기사

사헌부에서 올린 상소를 다루었다. 개인 상소 중에 가장 긴 것은 박팽년의 상소이고, 기관 상소는 이것이 유일하다. 전체 불가 상소 중에 이 사헌부 상소가 가장 길다. 이제까지 대신들이 올린 상소를 취합하고, 이를 분석하여 올린 듯하다. 왜냐하면, 10개의 의혹으로 나누어 매우 치밀하게 임금인 문종을 압박하고 있기 때문이다.

그 중 가장 눈에 띄는 것은 역시 칭호 중에 '우국이세'다. 사람이 아름다운 일을 했으면 호칭을 부여하는 것이 당연한 일인데, 신미는 전혀 근거가 없다는 거다. 도대체 무엇으로 나랏일을 도왔으며, 또 무엇으로 세상을 이롭게 했느냐 이거다. 그러면서 상소는 절정으로 치닫는다. 바로 이 말이다.

"참으로 이 일이 부득이한 데에서 나왔는지를 알지 못하겠습니다!"

부득이한 데라…. 도대체 이 말이 무슨 뜻인가? 실록 기사의 행간을 읽어 보자는 나의 제안은 바로 이런 것을 두고 말한다. 문종은 세종과 함께 훈민정음 창제 작업에 참여했다. 비밀리에 진행된 가족 프로젝트였으니까. 여기에 신미도 관여했다. 그렇다면 누구보다 문종이 이

를 잘 알고 있을 터. 아버지 세종이 돌아가시면서 신미에게 칭호를 주라고 해서, 늦추지 않고 바로 주려는데 대신들이 반대하고 난리다. 그러나 이 말, 즉 '신미가 훈민정음 창제를 도왔단 말이야!'란 말은 차마 못하는 거다. 어디까지나 나의 상상과 추론이지만, 이것이 문종이 하고 싶었던 말일지 모른다.

또 이렇게 생각해 보자. 소헌왕후가 죽고 난 후 4년 동안의 공적을 인정하여 칭호에 '우국이세'란 문구를 넣었다고 치자. 이건 대신들도 다 아는 내용이다. 궁궐 안에 내불당을 짓고 신미가 그 예식을 주관했다는 사실을…. 그렇다면 임금인 문종이 떳떳하게 신미가 왕후의 장례식을 주관했고, 이건 나라를 위하고 세상을 이롭게 한 것이 아니냐고 말하면 되지 않았겠는가?

그런데 문종은 그렇게 말하지 않았다. 오로지 선대왕인 아버지가 존중했던 승려가 아니냐고 입버릇처럼 말했다. 어찌 보면 문종도 참으로 딱하다. 대신들도 이것으로는 우국이세가 되지 않는다는 걸 잘 알고 있었기에 따지고 든 것이 아니겠는가?

\<25\> 다섯 명의 대소신료가 신미의 칭호가 부당함을 합동으로 아뢰며, '우국이세' 네 글자를 삭제할 것을 요구하다

사헌부 대사헌 이승손, 집의 어효첨, 장령 신숙주·하위지, 지평 조안효 등이 함께 궐정에 엎드려 아뢰기를, "신 등이 신미의 칭호를 삭제하기를 청하여 여러 번 번독하기를 마지 않았으나 아직 윤허를 얻지 못했습니다. 어제 장소(상소)를 봉하여 올렸을 때 주상께서 하위지를 인견(접견)하시고 말씀하기를, '존자 두 글자를 제거하면 어떠하냐? 네가 물러가서 동료들과 다시 의논하여 올리라.' 하셨습니다. 신 등이 명령을 듣고, 기쁘고 다행함을 이기지 못하였습니다. 청컨대 나머지 칭호도 아울러 삭제하소서. 그리할 수 없다면, 판선교종사와 국일도대선사는 통행하는 직호이니, 이것으로 주는 것이 가합니다. 신 등이 어찌 전하께서 부처를 좋아하시지 않는 것을 알지 못하겠습니까마는, 이 호로 이 중에게 준다면, 외간에서 성상께서 부처를 좋아하지 않는 것을 어떻게 알겠습니까?" 하였다.

임금이 말하기를, "예전에 승직은 이보다 더한 것이 또한 많고, 국일도대선사와 존자가 다 같이 무방한 칭호다. 무방한 일을 가지고 이미 내린 명령을 고치는 것이 어떠한가? 그러나 존자 두 글자는 내가 다시 상량하겠고, 그 나머지 칭호의 글자는 단연코 삭제할 수 없다." 하였다.

이승손이 다시 아뢰기를, "옛날의 이러한 승직은 신 등이 아직 듣지 못하였습니다. 가령 있다 하더라도 본받을 것이 아니고, 또 직함 안에 우국이세(祐國利世)의 칭호가 있는 것은 신 등이 더욱 놀라는 것입니다. 이 중이 무슨 임금을 보좌하고 백성에게 혜택을 준 공이 있습니까? 또 시속에 부처를 존자라고 하는데, 지금 주상께서 이것으로 이 중의 칭호를 삼으면, 나라 사람들이 장차 진짜 부처라 지목하고 바람에 쏠리듯 미연히 따라갈 것이니, 폐단을 이루 다 말할 수 없습니다. 이 중이 비록 이 칭호를 얻더라도, 자기에게 무엇이 이익이 되겠습니까? 적어도 지식이 있는 자라면, 그 허물을 드러내어 간하고 다투어 그 과악(악의 지나침)이 안팎에 파다하게 퍼질 것이니, 무익하기가 이보다 더할 수 없고, 국가의 대체(大體)에도 또한 무슨 이익이 있습니까? 청컨대 깊이 생각하여 힘써 따르소서." 하였다.

임금이 말하기를, "고쳐 삭제할 수 없는 것은 어제 하위지에게 다 말하였다. 우국이세의 칭호는 승속이 통칭하는 것이니, 비록 이 중에게 칭호하더라도 무엇이 불가한가? 존자는 진짜 부처를 칭호하는 말이 아니니, 비록 칭호라 하더라도 무엇이 해로운가? 그러나 이것은 선왕께서 정하신 글자가 아니니, 내가 다시 생각하겠다." 하였다.

이승손 등이 다시 아뢰기를, "이 호도 칭할 수 없지마는, 우국이세의 명칭은 더욱 불가합니다. 밤낮으로 게을리하지 않고, 임금을 보좌하고 백성에게 혜택을 준 대신에게도 감히 이것으로 칭하지 못하는데, 함부로 늙은 간승에게 줄 수 있습니까? 신 등이 매양 생각이 여기에 치니 분격함을 이기지 못합니다. 존자 두 글자는 이미 삭제하고자 하시었으니, 지금 네 글자도 아울러 삭제하기를 청합니다. 신 등이 천위를 모독하여 황송하기 그지없으나, 윤허를 얻은 뒤에 그만두겠습니다." 하였으나, 윤허하지 않았다.

—문종실록 2권, 문종 즉위(1450)년 7월 17일 기미 1번째 기사

와, 다섯 명의 대소 신료가 한꺼번에 칭호 불가를 주장하고 있다. 여전히 우국이세를 놓고 격돌하고 있다. 신미가 무슨 임금을 보좌하고 백성에게 혜택을 준 것이 있느냐고 따진다. 이에 문종은 한발 물러서서 '존자' 두 글자는 고칠 의향이 있음을 내비친다.

특히 여기서 주목할 것이 있다. 바로 존자라는 칭호다. 존자는 아버지인 세종이 정한 것이 아니라, 문종 자신이 정한 거라고 한다. 그렇다면 자신이 존자라고 칭하고 싶었다는 건데…. 그러나 우국이세는 끝까지 고칠 수 없다고 버틴다.

<26> 홍일동이 신미에게 내린 직첩을 거두어달라고 아뢰다

우정언 홍일동이 아뢰기를, "신미의 칭호가 심히 의리에 어그러지고, 박팽년이 언사로 죄를 얻었으니 또한 미편(불편)합니다. 청컨대 내리신 명령을 거두소서." 하니, 임금이 말하기를, "신미의 칭호는 너희들이 모두 그르다고 하므로, 내가 존자 두 글자를 고치고자 한다. 박팽년의 일은 네

가 물러가서 그 죄를 자세히 알아서 다시 아뢰어라." 하였다.

홍일동이 물러 나왔다가 얼마 아니 되어 다시 합(쪽문)에 나와 아뢰기를, "지금 상교(임금의 지시)를 받으니, 존자의 칭호를 고친다 하시니, 신 등이 기쁨을 이기지 못하겠습니다. 다만 박팽년이 언사로 파면된 것이 뜻에 미안합니다. 만일 죄가 있으면, 유사(해당 관청)에 내리어 국문하여 과죄하는 것이 어떠합니까?" 하니, 윤허하지 않았다.

—문종실록 2권, 문종 즉위(1450)년 7월 17일 기미 2번째 기사

우정언 홍일동이 임금에게 아뢰는 일은 이것이 두 번째다. 존자 두 글자를 고친다는 말을 듣고, 자신이 해낸 것처럼 기뻐하고 있다. 그러면서 박팽년이 지나친 언사로 파면당한 것을 다시 한번 상량해 줄 것을 건의하고 있다.

<27> 유성원이 신미의 칭호 불가 상소와 관련하여 스스로 면직을 청하다

집현전 수찬 유성원이 상서하기를, "이달 7월 15일에 논한 일은 본래 열 사람이 함께 소(상소)를 올려 천위(임금의 위엄)를 범하였는데, 중사(환관)로 하여금 사람마다 힐문하고, 또 먼저 원고를 기초한 자를 물었으니, 대개 열 사람이 동시에 의논할 수 없고, 반드시 그 중에 먼저 의논을 주창한 자가 있기 때문입니다. 신은 처음에 대관이 신미의 일을 논한 것을 듣고, 신이 박팽년에게 이르기를, '우리들도 또한 말이 없을 수 없지 않는가?' 하니, 박팽년이 말하기를, '내 뜻도 역시 그렇다.' 하고, 드디어 원고를 기초하여 신에게 보이면서 말하기를, '창졸간에 기초하였기 때문에, 말뜻을 고칠 곳이 많을 것이다.' 하였습니다. 신이 그 원고를 받아서 삭제하고 윤색한 것이 실로 박팽년의 초고보다 많으니, 이것으로 본다면 처음

에 의논을 낸 자가 신이요, 원고를 기초한 자도 신입니다. 신과 박팽년은 구별할 수 없고, 그 죄를 논하면 실로 박팽년보다 많습니다. 신이 만일 마음으로 죄가 있는 것을 알면서 밖으로 작록(爵祿, 벼슬과 녹봉)에 연연하여 구차하게 직사에 종사한다면 이것은 자신을 속이는 것이요, 정상을 숨기고 사실대로 고하지 않으면 이것은 임금을 속이는 것입니다. 신은 끝까지 감히 자신을 속이고 임금을 속이면서 외람되게 근신(近臣, 임금을 가까이서 모시는 신하)의 열에 처하여, 성명(聖明, 임금의 밝은 지혜)에 누가 되게 할 수는 없습니다. 신의 이 말은 거짓으로 꾸미고 이론을 세워 이름을 얻기 위한 것이 아니라, 실로 중정(中情, 가슴속에 맺힌 감정)에서 나온 것입니다. 엎드려 바라건대, 전하께서 신의 직도 아울러 거두소서." 하였으나, 윤허하지 않았다.

—문종실록 2권, 문종 즉위(1450)년 7월 17일 기미 4번째 기사

집현전 학사 유성원이 임금에게 글을 올렸다. 그건 다름 아닌, 둘도 없는 동지 박팽년 구하기다. 박팽년이 파면을 당하자, 자기가 상소문을 작성하는 데 더 관여했다고 하면서 자신의 직첩을 거두어 달라고 말한다. 유성원은 박팽년과 함께 세조 때 희생되어 사육신이 된다. 둘의 우정과 절의가 대단하다.

<28> 사간원이 신미의 일로 상소한 백팽년의 죄를 용서하도록 청하나 허락하지 아니하다

사간원에서 상서하기를, "신 등이 근자에 신미에게 준 칭호를 파할 것으로 신총을 번거롭게 하여, 어제 추개(추가로 고침)한다는 명령을 받았으니, 기뻐서 뛰어 마지않습니다. 그러나 아직 정하지 않은 교명(教命, 임

금의 명령)이 있습니다. 신 등은 다시 생각하건대, 대저 한 중에게 칭호를 주는 것은 크게 해되는 것 같지는 아니한 듯하나, 이와 같은 존자의 칭호는 불법(佛法)을 높이고 중하게 여기는 세상의 일이요, 본래 성한 조정의 아름다운 법이 아닙니다. 또 불도로 말하면, 본래 청정을 숭상하여 임금과 부모를 버리고 이익과 명예를 피하는 것이니, 구구한 작상(벼슬과 표창)을 반드시 좋게 여기지 않을 것입니다. 하물며 이 중은 다만 한 개의 깎은 대가리인데, 무엇이 국가에 복리가 있기에 우국이세(祐國利世)의 칭호를 주어, 일국의 보고 듣는 것을 놀라게 하십니까? 엎드려 바라건대, 확연히 강한 결단을 내리시어 급히 그 명령을 거두시어 간언을 좇는 아름다움을 이루시고, 신민의 바라는 것을 쾌하게 하소서. 또 들으니, 박팽년이 또한 이 일로 상소하였다가 득죄(죄를 받음)하였다 하니, 신 등은 그 이유를 알지 못합니다. 만일 박팽년의 범한 것이 중하여 용서할 수 없다면, 유사(해당 관청)에 명하여 밝게 그 죄를 다스리고, 만일 과오라면 특별히 관용하여 처음 정사의 언로를 넓히시면 다행하겠습니다." 하였으나, 윤허하지 않았다.

―문종실록 2권, 문종 즉위(1450)년 7월 18일 경신 2번째 기사

이제는 사간원까지 나섰다. 이 상소에는 차마 입에 담기 어려운 말이 들어 있다. 신미를 '다만 한 개의 깎은 대가리'라고 표현하고 있다. 실록 원문에 '特一髡首耳(특일곤수이)'란 문구를 이렇게 옮겼다. 참으로 듣기가 민망하다. 그대로 직역하다 보니, 그럴 수밖에 없었다고 본다.

참으로 혹독하다. 그렇게도 승려가 미웠다는 말인가? 아마도 신미가 세종을 도와 이 땅의 무지몽매한 백성들에게 새로운 문자를 안겨주었다 하더라도 그랬을 것이다. 실제로 민중 속으로 파고들어 훈민

정음을 보급하는데 큰 공을 세운 것은 주지의 사실이다. 이를 유신들이 인정할 리가 없다.

이 상소에서도 잊지 않고 있다. '우국이세' 칭호는 당치도 않는다고. 한 개의 깎은 대가리가 국가에 무슨 도움을 주었느냐 이거다. 더는 놀라게 하지 말아 달라고 임금을 압박한다. 한두 번도 아니고, 이제는 사간원까지 나서서 칭호를 바꾸라고 하니 임금 문종도 참으로 딱하다.

<29> 이승손 등이 신미의 호를 삭제하도록 청하니, 문종이 마침내 뜻을 비치다

대사헌 이승손 등이 대궐에 나와 신미의 호를 삭제하기를 청하니, 임금이 말하기를, "우국이세의 네 글자는 내가 마땅히 생각하겠다." 하였다. 또 박팽년의 죄를 관용하기를 청하니, 윤허하지 않았다.

—문종실록 2권, 문종 즉위(1450)년 7월 18일 경신 5번째 기사

대사헌 이승손이 두 번째로 아뢰는 기사다. 아예 신미의 호를 삭제할 것을 청하고 있다. 고치는 것도 아니고 이제는 삭제다. 아주 이제는 막가자는 기세다. 문종은 어쩔 수 없이 우국이세를 고칠 의향을 비치고 있다. 신하들의 엄청난 압박에 굴복한 것인지, 아니면 마음을 스스로 바꾼 것인지는 모르겠다.

<30> 하위지가 신미의 일로 처벌받은 박팽년의 용서를 청하나, 받아들이지 않다

장령 하위지가 아뢰기를, "신 등이 신미의 일을 논한 것이 한두 번이 아니니, 어찌 죄 줄 만한 일이 없겠습니까? 주상께서 특히 관대하게 용납하시었는데, 다만 박팽년에 대해서만 한 번 상소로 갑자기 고신(임명장)을 거두시었으니, 신 등의 마음이 실로 미안합니다. 하물며 동일한 신미의 일인데, 신 등은 홀로 관대하게 용서하시고 박팽년은 처벌하시니, 더욱 황괴(惶愧, 황송하고 부끄러움)합니다." 하였다.

임금이 말하기를, "박팽년의 일은 너희들과 다르다." 하였다.

하위지가 말하기를, "박팽년이 어찌 다른 마음이 있겠습니까? 임금의 덕을 돕고자 한 것입니다. 선왕을 속였다는 말이 지나쳤다는 것은 상교(上敎, 임금의 명령)가 윤당하나, 간쟁하는 말은 모두 격절한 마음에서 나오기 때문에 그러한 것입니다. 또 어리석은 마음으로 생각건대, 착한 것은 요순보다 더 착한 이가 없는데, 순임금이 즉위한 뒤에 드디어 사흉(四凶, 네 사람의 악인)을 베었으니, 사흉이 요임금을 속인 것이 분명합니다. 그러나 요임금의 성한 덕에 무슨 손해가 있었습니까? 신미가 선왕을 속인 것이 정히 사흉이 요를 속인 것과 같으니, 박팽년의 말이 지나친 것이 아닙니다." 하니, 임금이 말하기를, "박팽년의 한마디 말에 선왕의 덕이 무슨 손익이 있을까마는, 다만 그 말이 경박하여 맞지 않는 것이다." 하였다.

하위지가 또 아뢰기를, "신 등은 언책이 있는데도 죄 주지 않고, 박팽년은 한 번 곧은 말을 하다가 도리어 삭직되었으니, 실로 황공하고 부끄럽습니다. 또 신 등이 지난 봄에 집현전에 있을 때, 이 간사한 중이 성청을 더럽힌다고 아뢰어 그 광언(狂言) 고설(瞽說, 이치에 맞지 않는 어리석은 말)이 박팽년보다 더 심한데, 오히려 죄를 주지 않았습니다. 죄가 같은데

벌이 다르니, 더욱 실망합니다." 하였다.

임금이 말하기를, "언사가 격절한 것과 경박한 것이 대단히 다르다. 또 지금 박팽년을 용서하기를 청하면서 왜 전일의 일을 끌어대는가? 상벌은 때에 따라 다를 수 있으니, 비록 다른들 무엇이 잘못이겠는가?" 하였다.

—문종실록 2권, 문종 즉위(1450)년 7월 22일 갑자 4번째 기사

하위지가 박팽년의 언사는 지나친 것이 아니니 용서해 달라고 청하나, 문종은 허락하지 않는다. 하위지 자신도 신미의 일을 논했는데 왜 박팽년만 벌을 주었느냐고 따진 것이다. 그러나 문종은 격절한 것과 경박한 것은 다르다고 말한다. 아마도 박팽년이 죽음을 무릅쓰면서 모질게 간한 것이 문종에게는 경박하게 보였나 보다.

\<31\> 마침내 신미의 직첩(칭호)을 고쳐 내리다

또 중 신미의 칭호를 고쳐 '대조계 선교종 도총섭 밀전정법 승양조도 체용일여 비지쌍운 도생이물 원융무애 혜각종사(大曹溪 禪敎宗 都總攝 密傳 正法 承揚祖道 體用一如 悲智雙運 度生利物 圓融無礙 惠覺宗師)'로 삼았다.

—문종실록 3권, 문종 즉위(1450)년 8월 7일 무인 3번째 기사

결국 신미의 칭호를 고쳐서 내렸다. 기존의 칭호는 '선교종 도총섭 밀전정법 비지쌍운 우국이세 원융무애 혜각존자'로 모두 26자였는데, 이를 오히려 더 늘려서 37자로 고쳤다.

앞에 '대조계'가 붙었고, '우국이세'를 빼고 이를 '승양조도 체용일여'로 바꾸었으며, '도생이물'을 추가했다. 그리고 끝에 있는 '혜각존자'를 '혜각종사'로 고쳤다. '대조계'는 선종과 교종을 아우르는 지도

자로 신미를 높여 부른 것이고, '승양조도 체용일여'는 부처님의 가르침을 이어받아 세상에 드날렸으며 마음과 행동이 늘 일치하는 사람이라는 뜻이다. '도생이물'은 중생을 제도하고 만물을 이롭게 했다는 뜻이고, '혜각종사'는 지혜를 깨달은 큰 스승이란 뜻이다.

여기서 눈여겨 볼 것은 우국이세를 아예 **빼고**, 혜각존자의 '존자'란 말을 '종사'로 바꾸었다는 사실이다. 앞의 실록 기사에서 대신들은 우국이세를 가지고 얼마나 임금에게 야단스럽게 아뢰었는가? 어찌 보면 아뢰는 정도가 아니라, 압박이나 협박 수준이었다. 이는 무엇을 뜻하는가? 세종은 분명히 신미가 나라에 도움을 주고 세상을 이롭게 했기 때문에 '우국이세'를 칭호에 넣었으나, 대신들은 이를 알 길이 없으니 그렇게 심하게 따진 것이다.

또 존자도 종사로 고쳤다. 존자란 말은 아무에게나 붙이지 않는다. 고려 말기에 나옹 선사와, 그의 제자이자 태조 이성계의 왕사였던 무학 대사가 존자란 칭호를 받았다. 나옹 선사는 보제 존자, 무학 대사는 묘엄 존자이다. 존자란 수행이 뛰어나고 덕이 높은 수행자를 말한다. 부처님의 10대 제자나 그에 버금가는 수행자를 존자라고 불렀다. 예를 들어 가섭, 목련, 나가세나 등을 존자로 불렀다.

<32> 신석조가 불교의 배척과 박팽년의 용서를 청하다

집현전 부제학 신석조가 윤대하면서 아뢰기를, "군주가 좋아하고 숭상하는 것은 신중히 하지 않을 수가 없습니다. 근자에 불사가 점점 일어나는데, 혹은 기도에 인유(因由, 연유)하기도 하고 혹은 천발(薦拔, 추천 발탁)에 인유하기도 하여, 모두가 절박하고 부득이한 지정에서 나왔지마는, 그러나 여러 신하들이 이에 동화되어 형세가 점차 크게 되어 폐단이 이미 극도에 도달했습니다. 빌건대 정학(유학)을 숭상하고 이단(불교)을 배척하여 임금의 처음 정사를 도타이 하소서." 하니, 임금이, "내가 성현의 글을 읽었으므로 이미 이단의 그릇된 점을 알고 있다. 또 세종께서 일찍이 나에게 훈계하시기를, '이단의 일은 하루 동안이라도 천하와 국가를 다스릴 수가 없다. 만약 마지 못할 일이 있거든 불사는 대군과 여러 군들에게 명하여 이를 주관하게 하라.'고 하시면서 나로 하여금 참여하지 못하게 하셨으니, 지금 천발의 일은 또한 시속에 따랐을 뿐이므로 삼년상을 지낸 후에는 결단코 하지 않을 것이다." 하였다.

신석조가 또 아뢰기를, "(…중략…) 근자에 박팽년이 상서하여 신미의 일을 논했다가 이 일로써 삭직(삭탈관직)되었으므로, 듣는 사람들이 몹시 놀라지 않는 이가 없었으니, 빌건대 빨리 수용하시어 임금의 처음 정사에 간언을 용납하는 아름다움을 나타내게 하소서. (…중략…)" 하니, 임금이, "그렇지만 박팽년은 국사에 대해 말한 것이 아니고, 선왕을 지척(指斥, 윗사람의 언행을 지적하여 탓함)한 까닭이다." 하였다.

—문종실록 3권, 문종 즉위(1450)년 8월 26일 정유 2번째 기사

이 기사부터는 신미의 칭호에 대하여 더는 말하지 않는다. 대신들이 이제는 신미의 칭호 불가 상소로 파면당한 집현전 학사 박팽년 구하기에 나서는 모양이다. 문종은 이에 대하여 입장을 굽히지 않는다. 박팽년은 다른 사람과는 다르게 선대왕인 세종의 언행에 대하여 지적하고 탓했으니 경박한 사람이라는 것이다. 문종은 박팽년에게 아주 서운했던가 보다.

<33> 안평대군 이용이 명을 받고 속리산 복천사로 가다

안평대군 이용이 명을 받고 속리산 복천사로 갔다. 대개 이곳에 중 신미가 살고 있었는데 세종께서 이 중을 위하여 중창하게 하여 그 공역이 이미 끝났기 때문에 가서 보도록 한 것이다.

—문종실록 9권, 문종 1(1451)년 9월 5일 경자 4번째 기사

앞의 3부에서도 언급했지만, 이 기사는 세종이 신미를 얼마나 아꼈는지를 알 수 있는 대목이다. 세종은 운명하기 전에 안평대군에게 지시한 것이 분명하다. 내가 죽거들랑 잊지 말고 속리산 복천사 불사가 잘 끝났는지를 꼭 가서 확인하라고.

세종은 신미를 위해 복천사를 다시 고쳐 짓고 아미타삼존불을 봉안했다. 세종은 왜 그리 신미를 끔찍하게도 위했을까? 단지 불교에 귀의했기 때문에? 아니면, 신미가 정말 훌륭한 수행자라서? 거기에는 분명히 다른 이유가 있었을 것이다. 다만, 실록과 역사서에 나타나지 않을 뿐.

<34> 신숙주 등이 신미의 칭호 불가 상소를 올린 박팽년을 거론하며 언로를 넓힐 것을 청하다

사헌부 장령 신숙주 등이 상서하였는데, 내용은 이러하였다.

"(…중략…) 시신 박팽년은 간승 신미를 논죄하면서 『춘추』를 가지고 규정하여 시부(弑父, 윗사람인 아버지를 죽임)의 적(賊, 도둑)으로 지칭하였으니, 그 논의의 정직한 것이 충분의 격앙에서 나온 것이므로 간인의 간담을 서늘하게 하고 아첨 부리는 얼굴을 움츠리게 한 것이니, 이것이

모두 세종께서 수십 년 동안에 선비를 양육하고 작성시켰던 효과이었습니다. (…중략…) 임금의 선유(宣諭, 임금의 가르침과 유시)에 또 말하시기를, '박팽년의 말이 선왕에 미치니 내가 심히 이를 경박하다고 여기는 것이다.'고 하셨는데, 박팽년의 말은 신미가 선왕을 속였다고 한 데 지나지 않을 뿐입니다. (…중략…)"

임금이 말하기를, "박팽년의 일은 다만 이 소(상소)뿐만 아니라 대신들도 또한 말하고 있으니 여러 사람의 말은 들어주지 않을 수가 없다. 마땅히 고신(임명장)을 돌려주고 서용(임용)해야 하겠다."

—문종실록 3권, 문종 즉위(1450)년 9월 22일 계해 2번째 기사

결국 문종은 박팽년을 용서하고 파직 명령을 거두어들인다. 대신들이 주장한 논리는 이렇다. 박팽년이 경박한 언사로 임금의 마음을 어지럽혔다고 하나, 그것은 충정에서 나온 것이다. 이것은 결코 죄가 되지 않는다. 만일 이것이 죄가 된다면 앞으로 누가 임금님 앞에서 바른말을 하겠느냐 하는 논리다.

난 이 기사에서 문종의 태도에 주목하고 싶다. 대신들이 하도 그렇게 말을 하니, 어쩔 수 없이 청을 들어준다는 뜻을 밝히고 있다. 이건 절묘한 타협이지, 신미의 '우국이세'나 '존자'의 칭호가 잘못되었음을 인정하는 것은 아니라는 점을 분명히 하고 있다.

\<35\> 권남이 문과 시험 과목인 대책에서 신미를 비방하는 글을 쓰고 장원이 되다

한밤중에 이르러 임금이 권남의 대책(시무책)을 바치라고 명하여 이를 읽어 보니, 권남이 극력 중 신미·학열 무리의 간사하였던 일을 비방하여

말하기를, "옛날 신돈이라는 중 하나가 오히려 고려 5백 년의 왕업을 망치기에 족하였는데, 하물며 이 두 중이겠는가?" 하였다.

읽기를 마치고 임금이 말하기를, "권남이 회시에 장원을 하였고 또 본래 명성이 있었는데, 이제 대책을 보니 또한 훌륭한 작품이다. 권남을 장원으로 삼는 것이 어떠한가?" 하니, 허후가 대답하기를, "다시 권남의 대책을 보니, 진실로 훌륭한 작품입니다. 다만 시폐(時弊, 시대의 잘못된 폐단)를 바로 진술하였기 때문에 말이 불공(不恭, 공손하지 아니함)한 데가 있었던 까닭으로 제 4등에 두었습니다. 이제 권남의 고하를 성상의 마음에서 재량하소서." 하여, 드디어 제 1등으로 두었다.

—문종실록 4권, 문종 즉위(1450)년 10월 12일 임오 2번째 기사

신미를 늘 두둔했던 문종이 신미를 비방한 권남을 장원으로 정했다는 기사다. 자못 의아하다. 아마도 문과 시험의 최종 시험인 전시에서 문종이 권남의 답안을 보고 훌륭하다고 평했다는데 이게 참 이상하다. 평가위원은 오히려 권남이 신미를 고려의 신돈에 비유하여 시폐를 논한 것을 공손하지 않은 거로 보아 4등을 주었는데, 문종은 이 시무책을 장원으로 뽑으라 했다니? 앞뒤가 잘 맞지 않는다. 하지만 실록 기사이니 어쩌랴.

<36> 임금이 신하들을 불러 만나면서 정음청과 신미의 지난 일을 문답하다

안완경·어효첨·신숙주·하위지·이영구·윤면 등을 명소(命召, 명령하여 부름)하여 임금이 사정전에 나아가서 도승지 이계전·좌승지 정이한을 인견(접견)하고 이르기를, (…중략…)

"(…중략…) 정음청을 혁파하고, 평안도 절제사를 혁파하고, 대자암 불사를 정지하고, 2품 이상의 승출을 없애고, 요승 신미의 작호를 고치자는 따위의 일은 전번에 두세 번 굳이 청하였으나 한 번도 유윤(허락)을 얻지 못하였습니다."

(…중략…) 임금이 말하기를, "너희들이 말한 바가 모두 족히 의논할 만한 것이 없는 일이다. 다만 신미와 정음청의 일만은 너희들이 심상(예사로움)하게 이를 말하나, 신미의 직호는 이미 고치었고, 정음청은 오늘에 세운 것이 아니라 일찍이 이미 설치한 것인데, 하물며 그 폐단도 별로 없는 일이겠는가? 너희들의 뜻이 반드시 나더러 불교를 좋아하여서 불경을 찍으려 하여 그러한 것이라고 하겠으나, 그러나 나는 잠시도 불교를 좋아하는 마음이 없다. 만약 마음으로 성심껏 불교를 좋아하면서도 '불교를 좋아하지 않는다.'고 한다면 마음이 실로 스스로 부끄러울 것이다. 대군 등의 무리가 불경을 찍는 일과 같은 것을 내가 어찌 금하겠는가?" 하였다.

—문종실록 4권, 문종 즉위(1450)년 10월 28일 무술 2번째 기사

이 기사는 주목해야 한다. 앞에서도 말했지만, 조선왕조실록에 신미가 훈민정음 창제에 관여했다는 직접적인 기록은 없다. 다만, 신미는 행호의 무리로 훈민정음 창제 5년 전에 서울에 왔다는 기록이나, 이 기사처럼 '신미와 정음청'을 직접 언급하고 있는 것은 특이한 일이다. 왜 문종은 신미와 정음청을 직접 연결하여 말하고 있을까?

정음청은 문종실록에는 정음청으로 나오지만, 세종실록에는 언문청으로 나온다. 대부분이 이 두 기관은 같은 것으로 본다. 이는 세종이 훈민정음 창제 후 궁궐 안에 두었던 특별 관청이다. 당연히 훈민정음과 관련이 있다. 그렇다면 이것은 영산김씨 족보나, 속리산 복천암에 내려오는 「복천보장」의 기록이 허구가 아님을 증명할 수도 있다. 바

로, 신미가 집현전 학사들에게 범어 등을 가르쳤고, 세종의 총애를 받았다는 그 이야기! 또 하나, 『훈민정음』 해례본에 여러 개의 불교 코드가 박혀 있는데 혹시 신미가 해례본 편찬 작업에 관여했다는 주장이 사실일 수도 있다.

<37> 권극화에게 형조 참판이 제수되었는데, 그가 충청도 관찰사를 할 때 신미를 존경하고 따랐다는 이유로 비난하다

권극화를 형조 참판으로 (…중략…) 삼았다. 권극화는 겁약(怯弱, 겁이 많고 마음이 약함)하여 일찍이 충청도 관찰사가 되었을 때 중 신미를 보고 그를 존경하여 몸소 문밖까지 나와서 송영(送迎, 사람을 보내고 맞이함)하여 한 지방을 맡은 대신의 체모를 잃으니, 듣는 자들이 분개하고 놀라 탄식하지 아니함이 없었다.

—문종실록 4권, 문종 즉위(1450)년 11월 1일 신축 4번째 기사

문종이 권극화에게 형조 참판을 제수했다. 형조 참판이면 오늘 법무부 차관이다. 그런데 대신들이 가만히 놔두지 않는다. 왜? 이유는 그가 충청도 관찰사를 할 때 신미를 존숭했다는 것! 관찰사면 지금의 도지사다. 도지사나 되는 사람이 왜 체통 없이 신미를 존경하고 따랐을까? 단지 임금이 존경하는 사람이니 잘 보이려고? 과연 그랬을까?

이 기사는 한 예로 나올 뿐이지 신미를 마음으로 존경하여 따르는 사람이 어디 한 둘이었겠는가? 백성들의 마음은 아직도 불교에 의지하고 있었다. 유교는 엄밀히 말해 백성들이 의지할 수 있는 종교가 아니었다. 조선의 통치 철학이요, 사대부의 정치적 신념이었을 뿐이다. 아마도 신미는 당대의 고승 대덕으로 존경을 한 몸에 받고 있었을

것이다. 유자들 입장에서는 신미를 죽이지 않으면 안 되는 거물급 인물이었다.

<38> 신미의 제자 학열이 권총의 첩과 간통했다고 비난하다

부지돈녕부사 권총이 일찍이 별서(별당)에 불당을 지었는데, 중 학열이란 자가 있어 이름이 신미에 버금갔다. 권총이 믿어서 맞아 불당에 있게 하였는데, 학열이 권총의 비첩 세 사람을 몰래 간통하였다. 하루는 권총이 의심이 나서 가 보니, 학열이 한 비첩과 함께 누웠다가 학열은 곧 도망하고 비첩은 스스로 목매어 죽었다.

—단종실록 1권, 단종 즉위(1452)년 6월 23일 갑신 2번째 기사

신미와 관련하여 단종실록에 나오는 유일한 기사다. 이 기사부터 이제는 신미의 제자까지 비난하기 시작한다. 참으로 안 됐다. 신미대사 때문에 친동생들이 핍박을 받고, 제자들까지 그렇게 비난을 받아야 한다니! 도대체 왜 그랬을까? 뭘 그리 신미가 잘못했기에 아버지와 형제, 그리고 제자들까지 싸잡아 비난하고 헐뜯어야 했을까?

세조·예종대의 신미대사(39~50)

: 임금의 극진한 예우와 신하들의 질시와 비난

<39> 세조가 복천사에 가니 신미가 영접을 나와 떡을 바치다

거가(車駕, 어가)가 보은현(충북 보은군) 동평을 지나서 저녁에 병풍송
(정이품송)에 머물렀다. 중 신미가 와서 뵙고, 떡 1백 50동이를 바쳤는데,
호종하는 군사들에게 나누어 주었다.

—세조실록 32권, 세조 10(1464)년 2월 27일 경술 1번째 기사

세조가 신미대사를 만나러 속리산 복천암에 왔다는 기사다. 바로
그 이튿날인 2월 28일 신해 1번째 기사에, "임금이 속리사에 행행(임금
이 궁궐 밖으로 거둥하는 일)하고, 또 복천사에 행행하여, 복천사에 쌀
3백 석, 노비 30구, 전지 2백 결을, 속리사에 쌀·콩 아울러 30석을
하사하고 신시(오후 3~5시)에 행궁으로 돌아왔다."라는 기록이 있다.
이로 보아 세조는 보은 행궁에 머물며 신미대사를 만나기 위해 복천
사에서 한참 동안 머문 것 같다.

앞에서도 밝혔지만, 세조는 신미를 스승으로 받들었다. 안평대군과
함께 수양대군 시절에 신미를 높은 자리에 앉게 하고 절을 했다는
실록 기록이 있다. 세조는 신미를 간경도감의 책임자로, 월인석보 편
찬 자문위원장으로 임명했다. 그 정도로 존경하고 신임했다. 왜 그랬
을까? 세조는 아버지 세종과 신미의 관계를 다 알고 있지 않았을까?
훈민정음 창제 비밀 프로젝트에 신미가 깊숙이 관여했음을!

<40> 김수온이 면직을 청하는 글에서 신미를 혜각존자로 언급하다

김수온은 성질이 소활하여 험한 것에 구애하지 아니하였고, 문장이 호묘하여 당시에 비교될 만한 사람이 없었으며, 이름이 중국에까지 알려져 유림에서 추앙하여 존중하였다. 집안이 부처를 믿어 형은 신미로서 혜각존자(慧覺尊者)로 봉하였고, 어미도 또한 축발하고 여승이 되었는데, 어미의 유지에 따라서 이 상서(上書, 임금에게 글을 올림)가 있었던 것이다. 집이 한소하여 비록 대신이 되었다 할지라도 납자(승려)와 같이 쓸쓸하였다. 국가에 큰 불사가 있으면 김수온이 소어(疏語, 부처님에게 올리는 글)를 지었는데 문장을 꾸민 것이 연일하였다. 일찍이 '도(道)는 증명할 수 있고, 불(佛)은 본받을 만하다.'라고 하여, 사람들의 웃음을 받았다.

—세조실록 32권, 세조 10(1464)년 3월 15일 무진 2번째 기사

여기서 주목할 것이 있다. 문종이 신미의 칭호 중 '혜각존자'를 '혜각종사'로 고쳐 내렸는데 여전히 신미를 혜각존자로 언급하고 있다. 아마도 임금 세조를 의식하지 않았나 생각된다.

이 기사는 공조 판서 김수온이 세조에게 면직을 청하는 글이 실린 실록 기사의 후반부다. 사관이 김수온의 상서를 그대로 소개하고는, 바로 이어서 형인 신미를 언급한다. 형이 승려이기 때문에 김수온까지 웃음을 받는다고 평한 것이다. 참으로 망극한 일이다.

<41> 세조가 신미에게 정철·면포·정포를 내려주다

중 신미에게 정철(正鐵, 무쇠를 불려서 만든 쇠붙이) 5만 5천 근, 쌀 5백석, 면포(綿布, 무명실로 짠 피륙)·정포(正布, 품질이 좋은 베) 각각 5백

필씩을 내려 주었다.

—세조실록 34권, 세조 10(1464)년 12월 22일 신축 1번째 기사

여기서 정철과 면포, 정포가 무엇인지 정확하게 모르겠다. 그런데 그 비싸고 값진 것을, 그렇게 많이 왜 신미에게 내려 주었느냐가 관심 사항이다. 도대체 신미가 세조에게 어떤 분이기에…. 그냥 상상과 추론에 맡길 뿐이다.

앞의 1부에서 언급한 적이 있지만, 국립공원 속리산을 자주 가는 편이다. 속리산에는 최근 유네스코 세계문화유산으로 등록된 법주사가 있다. 국보와 보물 등 문화재가 많이 있는 유서 깊은 사찰이다. 들은 바에 의하면, 속리산 자락의 대부분과 사내리 등 그 주위의 모든 땅이 법주사의 소유로 되어 있다고 한다. 이는 세조가 당시 복천사에 왔을 때, 신미대사에게 하사한 땅이라고 한다. 정말 신미는 대단한 분이었음이 틀림없다.

<42> 세조가 신미를 위해 오대산 상원사 불사를 지원하다

중 신미가 강원도 오대산에 상원사를 구축하니, 승정원에 명하여, 경상도 관찰사에 치서(馳書, 서신을 전달함)하여 정철 1만 5천 근, 중미(中米, 품질이 중간쯤 되는 쌀) 5백 석을 주고, 또 제용감15)에 명하여 면포 2백 필, 정포 2백 필을 주게 하고, 내수소(내수사, 왕실 재정의 관리를 맡아보던 관아)는 면포 3백 필, 정포 3백 필을 주게 하였다.

—세조실록 35권, 세조 11(1465)년 2월 20일 정유 3번째 기사

---

15) 제용감: 각종 직물 따위를 진상하고 하사하는 일이나 채색이나 염색, 직조하는 일 따위를 맡아보던 관아.

이 기사도 마찬가지다. 어찌하여 임금 세조는 한낱 승려인 신미를 위하여 이런 엄청난 물자를 내려 주었느냐 하는 것이다. 기록에 의하면, 세조가 속리산 복천사에 왔을 때, 신미가 오대산 상원사 중수 지원을 요청했다고 한다. 세조는 바로 그 자리에서 승낙했고, 그 이듬해 상원사 중수가 시작되었다.

이와 관련하여 유명한 편지가 전한다. 이 편지는 1970년대에 이호영 단국대 교수가 발견하여 세상에 알려졌다.

"내가 왕이 된 것은 오직 대사의 공"

순행(巡行) 후 서로 있는 곳이 멀어지니, 직접 목소리를 듣고 인사드리는 일도 이제 아득해졌습니다. 나라에 일이 많고 번거로움도 많다 보니, 제 몸의 조화가 깨지고 일도 늦어집니다.

그렇다고 걱정은 하지 마십시오. 항상 부처님께 기도를 해주시고 사람을 보내어 자주 안부를 물어주시니, 다만 황감할 뿐입니다. 행여 이로 인해 제가 멀리서 수행에 전념하고 계신 스님에게 폐를 끼치고, 승가의 화합을 깨뜨리는 것은 아닐까 두렵습니다.

원각사의 일은 널리 들으신 바와 같고, 끝까지 서술하기는 곤란합니다. 저의 지극한 정성에 부응해 스스로 편안하게 머무르시기를 바랍니다. 금을 보내드리오니 좋은 곳에 쓰시기를 바라며, 불개(佛盖)와 전액(殿額) 그리고 향촉 등 물건을 아울러 받들어 올립니다.

심신의 병 치유해 준 스승으로 섬기며

—법보신문, 2004년 12월 15일자 기사

이 편지글을 보면 가슴이 짠하다. 어찌 임금이 이렇게도 겸손하면서도 정성스럽게 글을 썼는지…. 이를 보면 세조가 신미를 스승으로 섬긴 것이 확실하다. 신미는 오대산 상원사 중창권선문을 통해 세조의 이런 아낌없는 지원에 고마움을 전하다.

"우리 성상이 천명을 받들어 만백성을 편안케 하시니 속인이나 승려나 누가 그 은혜를 갚사오리까"라고!

왜 세조는 신미를 그렇게 받들었을까?

<43> 첫째 동생 김수화가 보은 현감으로 임명된 것을 신미와 결부지어 비난하다

김수경은 중 신미의 아우인데, 문·무에 뛰어난 재주가 없고 불교를 숭상하고 믿어서 이름은 속인이나 행동은 중이며, 어미와 아내가 모두 여승이 되었다. 신미가 임금이 부처를 받들어 믿는 것을 의지하여 자주 짧은 편지로써 임금에게 통해 아뢰어, 아우·조카가 벼슬에 제수되어 뜻과 같지 아니함이 없었는데, 이에 이르러 김수경이 보은 현감으로서 벼슬에 초배(超拜, 정한 등급을 뛰어넘어 벼슬을 줌)되니, 인망(人望, 세상 사람이 우러르고 따르는 덕망)에 맞지 아니하여 물의가 자자하였다.

—세조실록 38권, 세조 12(1466)년 4월 18일 무오 2번째 기사

신미의 첫째 동생의 이름이 김수화이다. 아마도 김수화를 충북 보은 현감으로 임명했는가 본데, 이것이 신미가 세조에게 청을 해서 그런 것이라고 비난하고 있다. 벼슬에 초배되었다는 것은, 몇 단계 뛰어넘어서 벼슬을 준 것을 말한다. 기사대로 능력이 없는 사람을 잘못 임명한 것일 수도 있고, 세조가 신미에게 은혜를 갚으려고 일부러 벼슬을 준 것일 수도 있다.

어쨌든 의문은 남는다. 왜 세조는 능력도 없는 신미의 동생에게

보은 현감을 제수했을까?

<44> 세조가 강릉부 산산 제언을 혜각존자 신미에게 내려주다

호조에 전지하여 강릉부 산산 제언(제방)을 혜각존자 신미에게 내려 주니, 신미는 그때 강릉의 대산 상원사에 거주하고 있었기 때문에 이러한 명령이 있었다.

—세조실록 44권, 세조 13(1467)년 11월 26일 무자 1번째 기사

세조가 호조에 명령하여 강릉 산산에 있는 제방을 신미에게 내려 주었다. 그 이유가 신미대사가 상원사에 거주하고 있었기 때문이다. 오대산 상원사 중창을 위해서 막대한 물자를 지원한 것은 앞의 기사에서도 확인하였다.

한 나라의 지존인 임금이 이렇게 유독 어느 한 승려에게 잘할 수 있는가? 불교 국가인 고려도 아닌 조선시대에, 그것도 신하들은 하나같이 비난하고 있는데…. 참으로 알 수 없는 일이다.

<45> 제자 학조에게 말을 준 것을 신미와 결부지어 비난하다

병조에 명하여, 중 학조에게 역말을 주어 고성의 유점사에 가게 하되, 그가 데리고 가는 장인 15인에게도 또한 역말을 주었다. 그 당시 중 신미가 그의 무리 학열·학조와 서로 결탁하여 자못 위력 있는 복을 베푸니, 훈척(勳戚, 임금의 친척)과 사서인(士庶人, 사대부와 서인)이 많이 의지하였다. 학열은 낙산사를 영조하고 학조는 유점사를 수축하였는데, 강원도가 소연(騷然, 야단법석)하여 감사·수령이 지오(支梧, 겨우 버티어감) 할

수 없었으므로, 이에 소득한 것으로써 산업을 경영하였다.

—세조실록 45권, 세조 14(1468)년 1월 23일 갑신 3번째 기사

이 기사로만 보면, 신미와 그의 제자들이 대단한 호사를 누린 것 같다. 지금까지의 실록 기사의 논조로 보아 이를 액면 그대로 믿을 수 있을까? 신미와 그의 제자들 때문에 지방의 감사 수령이 겨우 버티어 산업을 경영했다니 좀 지나치지 않은가?

어쨌든 세조는 신미와 그의 제자들까지 확실히 챙긴 것은 사실이다. 왜 그랬을까? 세조대의 신미 관련 기사는 여기서 끝난다. 예상 밖으로 그렇게 많지 않은 것을 알 수 있다.

<46> 신미와 그의 제자가 광연루에서 한계희와 만나 담론한 것을 비난하다

이때 중 신미·수미·학열·학조 등이 매양 빈전(殯殿)16)에서 법석을 파하면 물러가서 광연루17) 부용각에 거처하였는데 공급이 매우 넉넉하였고, 무릇 불사가 있으면 승지가 혹시 왕래하여 묻기도 하였다.

중추부 지사 한계희도 볼일로 갔다가 인하여 담론하였는데, 학조가 말하기를, "강원도에 내가 머무는 절이 있는데 그 사전이 매우 메말라서 쓸 수 없으니, 전라도의 기름진 땅과 바꾸어 받고자 하는데, 어떻게 하면 상달하겠습니까? 지난번에 학열이 낙산사를 짓는 일로 계목을 지어 계달(啓達, 임금에게 의견을 아룀)하였더니 그때 대신이 모두 비웃었습니다. 계

---

16) 빈전: 국상 때 상여가 나갈 때까지 왕이나 왕비의 관을 두는 전각. 세조의 빈전을 말함.
17) 광연루: 조선 태종 6년 창덕궁 인정전 옆에 건립한 누각.

목은 의정부와 육조의 일이고 우리가 감히 할 것이 아니므로 나를 위해 인도하면 다행하겠습니다." 하니, 한계회가 말하기를, "틈을 타서 단자(單子, 돈의 액수나 선물의 품목)로 계달하는 것만 못하다." 하니, 학조가 그 말을 따랐다. 한계회는 문학이 있는 대신으로서 치도(緇徒, 승려의 무리)에게 붙으니, 시론이 비루하게 여겼다.

—예종실록 1권, 예종 즉위(1468)년 9월 21일 정축 5번째 기사

세조가 죽고 그의 둘째 아들인 예종이 즉위했다. 사실 예종은 세자가 아니었다. 원래 세자는 예종의 형인 의경 세자였다. 의경 세자가 20세의 나이로 요절하자, 둘째인 해양 대군이 세자가 되었다. 이 분이 바로 예종이다. 그런데 예종마저도 즉위한 지 14개월 만에 죽는다. 참으로 이상한 일이다.

예종은 아버지 세조의 하는 일을 평소에 잘 알고 있었을 것이다. 세조와 신미와의 인연도 물론! 세조가 운명하자 빈전을 차리고, 신미와 그의 제자들이 장례를 주관했다. 이때 일어난 일을 실록에 적은 것이다.

임금이 세조에서 예종으로 바뀌었으니, 불사 지원 요청을 어떻게 해야 할지를 논의한 것 같다. 조금 의아한 일은, 신미의 제자 학조와 대신 한계회가 대화 나눈 것을 어떻게 알고 사관이 기록했는지 모르겠다. 한계회는 간경도감에서 학조와 같이 일했다. 혹시 광연루에 도청 장치가 있었는지, 아니면 첩자가 있어서 그대로 일러바쳤는지 모르겠다.

<47> 대납 정책을 임금에게 아뢰며 신미와 그의 제자와 결부지어 비난하다

　호조에서 아뢰기를, "(…중략…) 또 간경도감(刊經都監)으로 하여금 대납하는 권한을 가지게 하여, 남의 재화를 먼저 받아 대납하게 허락하였는데, 이것을 '납분'이라 하였다. 이리하여 호가거실(豪家巨室)로서 매우 이를 좋아하는 자와 부상대고(富商大賈) 및 승도들이 세가에 의탁하거나, 혹은 중 신미와 학열·학조에게 의지하여 서로 다투어 먼저 붙좇으려 하였다."

　(…중략…) 중들이 백성에게 징수하고 독촉하게 하는데, 이들은 반드시 대군의 대신(代身)인 신미·학열·학조의 제자라 칭하며, 조금이라도 뜻과 같이 아니하면 곧 매질을 가하므로, 백성들이 감히 우러러 쳐다보지 못하고, 손을 저으며 서로 경계하기를, "그들의 욕심대로 채워 주어서 멀리하는 것만 같지 못하다." 하니, 이로 말미암아 구하는 바를 얻지 못하는 것이 없었고, 하고자 하는 바를 이루지 못함이 없었다.

—예종실록 3권, 예종 1(1469)년 1월 27일 임오 4번째 기사

　이 기사를 어디까지 믿어야 할지 모르겠다. 과연 역대 임금이 존경하던 신미와 그의 제자들이 얼마나 못된 짓을 했는지…. 신미와 학열, 학조의 이름만 대면 다들 꼼짝을 못했다고 하니, 이게 사실이라면 비난받아 마땅하다. 수행자가 임금의 배경을 내세워 백성에게 나쁜 짓을 한다는 것은 말이 안 되기 때문이다. 그런데 어디까지 이를 믿어야 할까? 이제까지의 실록 기사의 논조가 어김없이 그래 왔으니.
　여기서 그 유명한 '간경도감'이 언급되고 있다. 간경도감은 세조 때 불경을 번역하고 간행하던 기관으로, 신미대사가 그 책임자였다는

것은 이미 말했다. 1461(세조 7)년 왕명으로 설치되어 1471(성종 2)년까지 11년간 존속하였다.

한국학중앙연구원이 네이버에 제공한 한국민족대백과에 따르면, 1457(세조 3)년 왕세자가 병으로 죽자 왕세자의 명복을 빌기 위하여 친히 불경을 사성(寫成)하였다. 또한, 대장경 한 질을 비롯한 많은 불경을 경판에서 찍었으며,『법화경』등 여러 종류의 불경을 활자로 인출하기도 하였다.

1458년에는 신미·수미·학열 등을 시켜 해인사 대장경 50부를 인출하여 각 도의 명산대찰에 분장하도록 하였다. 이것은 세조의 숭불정책 구현을 위한 첫 사업이었다. 또한, 1459년 유신들의 반대를 물리치고 국역 증보판『월인석보』를 간행하였다. 여기에『훈민정음』언해본이 실려 있다는 것은 앞에서 충분히 언급했다. 그리고『월인석보』권1이 108장으로 이루어져 있다는 것도!

간경도감에서 불경 원전 31종 500권, 불경 언해본 9종 35권이 간행되었는데, 여기서 신미의 역할은 대단하다. 총 책임자였을 뿐 아니라, 단독으로 언해한 것도 있다. 예를 들어,『목우자수심결언해』,『몽산화상법어약록』등은 유명하다.

<48> 신미의 제자 학열이 재화에 눈이 멀어 백성을 괴롭힌다고 상소하여 추국을 받게 하다

강원도 강릉인 선략장군 남윤문과 생원 김윤신 등이 글을 지어, 부(府) 사람 전윤에게 주어 올렸는데, 그 대략에 이르기를, "(…중략…) 중 학열은 연화(불사)를 칭탁하여 오로지 재화를 늘리는 것만 일로 삼아, 민간에 폐단을 일으키니, 백성들이 심히 고통스럽게 여깁니다. 그리고 또 세조께서 일찍이 본부의 진전을 중 신미에게 내려 주셨는데, 신미가 이것은 학열에게 주었습니다. 학열이 이 땅을 개간하는 것을 꺼려하여, 마침내 이 전지를 빙자하여 백성들의 수전 70여 석을 파종할 만한 땅을 빼앗아서, 백성들이 자못 근심하고 걱정합니다. (⋯중략⋯)" 하였다. 임금이 보고 승정원에 내려서 추국하여 아뢰게 하였다.

—예종실록 3권, 예종 1(1469)년 2월 30일 을묘 3번째 기사

예종이 즉위한 지 얼마 안 되는 시점이다. 강릉 사람 선략장군이 신미의 제자 학열이 못살게 굴어 백성들이 매우 괴로워하니 이를 해결해 달라고 상소한 것이다. 일단 사정을 잘 모르는 예종은 조사해 올리라고 한다. 이 기사는 다음으로 이어진다.

<49> 신미의 제자 학열이 승도에 어긋나는 일을 한다고 아뢰자, 임금이 오히려 고한 자를 국문하고 학열은 벌하지 않다

강릉 사람 전 상서 주부 최소남 등 10여 인이 상서하여, 공안이 적당하지 못한 일과 중 학열이 인연을 거짓 청탁하고 오로지 식화(재산증식)를 일삼는 등의 일을 진술하였는데, 임금이 보고 강원도 관찰사 조근에게 치유(馳諭, 달려가 타이름)하고, 최소남을 나치(拿致, 잡아옴)하여 승정원으로 하여금 국문하게 하였다. 최소남이 말하기를, "중 학열이 식화에 전심하여 면포를 많이 싣고 관찰사로 하여금 여러 고을에 나누어 주게 하고, 억지로 민간에 주어서 면포 1필마다 곡식 2석 5두를 갚게 하고 기한을 정하여 바치기를 독촉하며 가난하여 갚지 못하는 자에게는 이식(이자)을 계산하여 받았습니다. 또 본부의 제언(제방) 안에 평민이 대대로 전하는 70여 석을 파종하는 땅을 빼앗아 경작하니, 비단 백성들이 농사를 잃을

뿐만 아니라 제언 밑에 논을 관개할 수 없으니, 백성들이 모두 억울함을 품고 있습니다. 또 제언 북쪽과 염양사·진보역 등지에 창고를 많이 경영하여 승도에 어긋남이 있기 때문에 신이 고을 사람 남윤문 등과 더불어 함께 의논하여 아룁니다." 하니, 임금이 보고 전교하기를, "내가 비록 구언(求言, 임금이 신하의 바른말을 널리 구함)하였을지라도 네가 어찌 말할 만한 일이 없어서 승가의 일을 말하느냐? 내가 법에 처하고자 하나, 이미 구언하였는데 또 따라서 죄를 주는 것은 내가 차마 하지 못하겠다." 하고, 드디어 최소남을 용서하고 학열에게는 묻지 아니하였다.

학열이란 자는 신미의 제자로서 정해(세조 13, 1467)년에 낙산사를 중수할 적에 학열이 그 일을 감독하였는데, 군사가 도망한 자가 있으면 문득 징속하여 바가지·솥까지 거두어, 온 도가 떠들썩하여 원망이 벌떼처럼 일어났었다. 학열이 일찍이 남에게 말하기를, "만약 민폐를 헤아리면 큰 일을 이룩하지 못한다." 하였고, 탐음 잔학(貪淫殘虐)하여 하지 못하는 바가 없어서 집을 짓고 몰래 부녀를 두기까지 하고, 그 무리를 놓아 여러 도에 가서 구색(求索, 애를 써서 찾아냄)하였는데, 김종이 죄를 받자 학열이 더욱 방자하였다.

　　　　　　　　　　　—예종실록 4권, 예종 1(1469)년 3월 3일 정해 3번째 기사

이 기사는 임금 예종도 아버지인 세조와 별반 다르지 않음을 보여준다. 강릉 사람 최소남 등이 신미의 제자 학열과 관련하여 상소를 올렸는데, 이번에는 추국이 아니라 최소남을 아예 잡아 가두어 국문한다. 최소남은 신미의 제자인 학열이 백성을 못살게 군다고 아뢰자, 예종은 어찌 말할 만한 것이 없어서 승가의 일을 논하느냐고 혼낸다. 그러면서 벌을 주는 것은 차마 못하겠다고 말한다.

이것은 무엇을 뜻하는가? 예종 역시 신미가 어떤 인물인지 다 알고

있다는 뜻이 아닌가? 세조가 생전에 세자인 예종에게 말하지 않았을 리 없다. 대사를 존경하라고!

<50> 『금강경』, 『법화경』에 능하지 못한 자를 환속시킨다는 말을 듣고, 신미가 한글로 상소하다

중 신미가, 임금이 중들에게 『금강경』과 『법화경』을 강하여 시험해서 능하지 못한 자는 모두 환속시키려고 한다는 말을 듣고, 언문(한글)으로 글을 써서 비밀히 아뢰기를, "중으로서 경을 외는 자는 간혹 있으나, 만약 에 강경(불경 강독)을 하면 천 명이나 만 명 중에 겨우 한둘뿐일 것이니, 원컨대 다만 외는 것만으로 시험하게 하소서." 하니, 임금이 중사(환관)를 보내어 묻기를, "이 법은 아직 세우지 않았는데, 어디서 이 말을 들었느 냐? 내가 말한 자를 크게 징계하려고 한다." 하니, 신미가 두려워하며 대답 하기를, "길에서 듣고 급히 아뢴 것이니, 노승에게 실로 죄가 있습니다." 하니, 임금이 신미를 졸(卒, 사망)한 광평 대군의 집에 거처하게 하고, 병졸 들로 하여금 문을 지키게 하여 사알(私謁, 개인적으로 뵙고 청탁하는 일) 을 금하게 하였다.

—예종실록 6권, 예종 1(1469)년 6월 27일 기묘 5번째 기사

신미대사가 언문, 즉 한글로 상소를 올렸다는 것을 보여주는 유일 한 실록 기사다. 난 이 기사를 대단히 중요하게 본다. 신미가 올린 상소가 또 있지 않았을까? 상소를 올렸는데 사관이 적지 않고, 적었더 라도 중초와 정초에서 실록 편집자나 최고 책임자가 삭제한 건 아닐 까?

왜 신미라고 반박할 일이 없었겠는가? 제자들이 수도 없이 모함을

받고 있는데…. 아마도 상소를 했다면 모두 언문으로 했을 것이다. 그건 신미가 세조 때 불경을 한글로 번역하는 간경도감의 책임자였기에 충분히 짐작하고도 남는다. 실제로 신미는 많은 불경 언해를 했다.

신미가 이렇게 상소를 올리자, 예종은 그걸 어디서 들었냐고 물어오게 한다. 말한 놈을 당장 잡아넣겠다고! 와, 상소를 올린 신미를 뭐라고 하는 것이 아니라, 법도 세우기 전에 가짜뉴스를 퍼뜨린 놈을 문책하겠다고 으름장을 놓았다. 그리고는 신미대사를 세종의 5남인 광평대군의 저택에 모시고는, 누구도 얼씬 못하게 한다. 광평대군은 안타깝게도 20세에 요절했다. 여기서 중요한 사실이 있다.

세종의 아들인 광평대군의 부인 신씨가 신미대사와 김수온의 친척이라는 점이다. 성종실록 11권, 성종 2(1471)년 8월 14일 갑인 5번째 기사에 다음과 같은 내용이 있다.

사헌부 장령 박숭질이 와서 신씨가 불교에 시납하고 김수온이 문권을 만든 잘못을 아뢰니, 임금이 전지하기를, "대비(정희왕후)께서 이미 하문하셨으니, 신씨에게는 마땅히 특별한 조치가 있을 것이다. 김수온은 바로 신씨의 족친(族親)이니, 그가 집필한 것을 논할 수가 없다." 하였다.

신미대사를 광평대군 저택에 머물도록 한 것은 대단한 예우라고 봐야 한다. 혹자는 이를 두고 가택 연금이라고 하는데, 이는 맥락상으로 맞지 않는다. 여기서 병졸들로 하여금 문을 지키게 하고, 사알, 즉 개인적으로 찾아뵙지 못하도록 한 것이 중요하다. 뒤에도 나오지만, 신미는 요즘으로 말하면 아이돌급 스타 인사였다. 명문 사대부 아낙들이나 종친들이 앞을 다투어 신미와 그의 제자 뵙기를 청했다고 한다. 하여 예종은 신미의 신변 안전을 위해 광평대군 저택에 모신 것이다. 또 광평대군의 부인 신씨가 신미대사의 친척이었으니 얼마나 편하겠는가!

안타깝게도 예종은 재위 14개월 만에 죽으니 이 기사가 끝이다. 그러나 이 실록 기사는 정말 높은 가치를 매겨야 한다. 신미대사가 언문, 즉 한글로 상소를 올렸다는 사실! 이 하나가 모든 것을 덮고는 남는다. 유신들은 하나같이 그 어려운 한문으로 상소를 올리는데, 오직 신미만 한글로 임금에게 글을 올렸다는 이 역사적 사실 앞에서 겸허해야 한다. 무조건 기록이 없다고 신미를 젖혀두어서는 곤란하다.

훈민정음 창제에 신미가 관여했느냐 하는 문제도 그렇다. 광평대군이 신씨와 1436년에 결혼했고, 김수온이 1441년에 문과에 급제했다. 그렇다면 왕실 가족이 된 신씨가 김수온을 얼마나 보살폈겠는가? 더구나 세종은 광평대군을 몹시 사랑했다고 한다. 신씨가 시아버지 세종에게 신미대사 이야기를 하지 않았겠는가? 따라서 앞에서도 언급했지만, 문종이 1446(병인)년에 세종이 신미의 이름을 비로소 들었다는 사관의 기록은 곱씹어 봐야 한다.

성종·연산군대의 신미대사[51~69]

: 신미와 제자들에 대한 성토와 임금의 변함없는 예우

<51> 막냇동생 김수화가 안동 부사로 부임해 갈 때, 형 신미가 있는 영동을 경유하여 가고 싶다고 임금에게 아뢰다

안동 부사 김수화가 상언하기를, "신이 임지로 갈 때에 길을 영동으로 취하여, 형인 중 신미를 만나보고 가기를 원합니다." 하니 원상(院相)[18]에게 전지하기를, "금년에 안동은 실농이 더욱 심한데, 김수화가 길을 영동으로 취하면 부임이 지체될 것이다. 본 고을의 구황을 전관이 잘 조치해 놓았는가?" 하니 홍윤성 등이 아뢰기를, "전관이 필시 마음껏 구황을 다하지 못하였을 것이니, 김수화로 하여금 부임해서 구황을 한 뒤에 신미를 보게 하는 것이 옳겠습니다." 하니 전지하기를, "옳다." 하였다.

—성종실록 8권, 성종 1(1470)년 10월 10일 갑인 4번째 기사

성종이 즉위한 후 처음 나오는 기사다. 성종은 젊은 나이에 요절한 세조의 장남, 의경 세자(덕종)의 둘째 아들이다. 따라서 성종은 세조의 손자다. 어린 나이로 왕위에 올랐기 때문에 할머니이자 세조의 비인 정희왕후가 섭정을 한다. 그런데도 왕 노릇을 잘한 것 같다.

신미의 막냇동생(넷째) 김수화가 안동 부사로 부임해 가는데, 영동에 있는 형 좀 보고 가겠다고 하니 먼저 백성들의 구황을 묻고 있다.

---

18) 원상: 왕이 죽은 뒤 어린 임금을 보좌하여 정무를 맡아보던 임시 벼슬. 왕이 죽은 뒤 졸곡까지 스무엿새 동안 중망이 있는 원로 재상급 또는 원임자가 맡았다.

<52> 신미와 그의 제자들이 저지르는 폐단을 없애 달라고 하자 옳다고 말하다

야대(夜對)19)에 나아가니, 검토관 손비장·채수가 입시하였다. 임금이 말하기를, "너희들이 요사이 모두 외방으로부터 돌아왔으니 수령의 불법과 민간의 질고를 반드시 들은 바가 있을 것이다. 그것을 각각 말하라." 하니, (…중략…) 채수가 말하기를, "중 신미·학열이 강원도에 있으면서 탐하고 요구하는 것이 만족함이 없는데, 감사도 선왕께서 소중히 여기시던 자들로 생각하고 지나치게 후히 대접하여 요구하는 것을 따르지 아니함이 없어, 여러 고을에 징수하여 그 청을 채우니, 이는 모두 백성의 고혈입니다. 또 민력(백성)을 써서 운반하니, 먼 것은 7, 8일, 가까운 것은 3, 4일의 노정인데 여윈 소와 약한 말로 험한 산을 넘고 먼 길을 걸으니, 백성이 심히 괴로워하며, 또 그 무리가 매우 많은데 도내에 횡행하니, 사람들이 모두 이를 갑니다. 청컨대 금지하고, 또 감사·수령에게 유시하여 증유(증여)하지 못하게 하여 백성의 병폐를 없애게 하소서." 하니, 임금이 옳다고 하였다.

—성종실록 12권, 성종 2(1471)년 10월 27일 을미 5번째 기사

앞에서도 말했지만, 성종은 세조의 손자다. 하여 세조가 신미와 그의 제자들에게 어떻게 했는지 아직 잘 모를 수 있다. 그의 할머니 정희왕후가 세세한 것을 아직 전수하지 못했을 수도 있다. 이 기사는 성종이 밤중에 행한 경연에서 신하들의 말만 듣고 바로 그렇게 하라고 허락한다. 신미와 그의 제자들이 정말로 백성을 괴롭혔는지 조사

---

19) 야대: 왕이 밤중에 신하를 불러 경연을 베풀던 일.

해 보라고 하지도 않은 채….

<53> 신미의 첫째 동생인 청주 목사 김수경을 파직할 것을 청하나 허락하지 않다

서거정 등이 또 차자(간단한 상소)를 올리기를, "이달 초 7일의 비목을 보니, 김수경을 청주 목사로 제수하셨습니다. 김수경의 사람됨은 성품이 본디 집요한 데다가 용렬하고 어리석어서 전에 성주 목사로 있을 때에 일하는 것이 오활하고 정사에 임해서 어쩔 줄 모르므로, 아전이 농간을 부리고 백성이 폐해를 받아서 온 고을이 괴로워하더니, 과연 하고(下考, 근무성적평가의 하등)를 받아 폐출된 지 이미 여러 해가 되었습니다. 이 제는 나이가 거의 70인 데다가 아주 늙어 느리고 무디므로, 백성을 가까 이 다스리는 직임에 다시 있기에 마땅하지 않은데, 더구나 청주는 충청도 안에서 큰 고을로서 사무가 많고 힘들므로, 결단하여 다스리고 잘 조처하 는 재주가 있는 사람이 아니면 직임을 감당하기가 쉽지 않으니, 김수경처 럼 보잘것없는 무리가 하루라도 있을 곳이 못 됩니다.

(…중략…) 특히 김수경은 문무의 뛰어난 재주가 있는 자가 아닌데도 나이 많은 것을 불구하고 특별히 뽑아 서용하여 70에 가까운 쇠약한 나이 에 이 중임을 얻게 하시니, 성상(임금)께서 어진 사람을 뽑아 쓰고 능력 있는 사람에게 벼슬을 주시는 성심이 아닌 듯합니다. 빨리 김수경을 파직 하고 일 처리를 잘 해낼 재능이 있는 사람으로 대신하여 맡기시면 매우 다행하겠습니다." 하니 전교하기를, "사람은 한 번 내쳤다 하여 버릴 수는 없으니, 할 만한지를 시험할 따름이다." 하였다.

사신이 논평하기를, "김수경은 녹사(錄事)[20] 출신이며 다른 재능이 없 는데, 그 형인 중 신미가 총애받는 데에 기대서 지위가 당상에 이르렀으니, 주목(州牧)에 합당하지 않은 것은 분명하다. 헌부에서 그가 어리석고 용렬하다는 것을 알면서, 굳이 논집(論執)하지 않았으므로 받아들여지지 않았으니 아깝다." 하였다.

—성종실록 27권, 성종 4(1473)년 2월 22일 계미 3번째 기사

　서거정이 일정한 격식을 갖추지 않고 사실만을 간략히 적어 올린 상소문을 소개한 글이다. 서거정이 누구인가? 조선 전기의 문신이요 대문장가로서 세종부터 성종대까지 문병(文柄)을 장악했던 인물이다. 특히 세조의 총애를 받아 승승장구하면서 국가 편찬사업에 주도적으로 참여하였다. 그러니 간경도감의 책임자 신미를 모를 리가 없다.

　서거정은 신미의 첫째 동생 김수경이 청주 목사로 가는 것이 매우 못마땅하다. 김수화의 고향은 충북 영동이다. 하여 고향에서 멀지 않은 큰 고을인 청주 목사를 제수했는가 보다. 이 기사대로 김수경이 녹사출신이며, 용렬하고 어리석었는지 모르겠다. 아버지 김훈에게 유배형이 내려지자 둘째 아들로 태어난 김수경은 모든 것을 포기했을지 모른다. 벼슬에 나가는 것을 꺼리고 과거 시험도 보지 않았을 수도 있다.

　그런데 신미의 집안을 보면, 명문가 집안답게 두뇌가 뛰어나다. 신미는 출가하여 당당한 학승이요 언어학의 대가로 세종의 총애를 받았고, 집현전 학사 김수온 또한 그랬다. 이들의 아버지 김훈은 죽은 후에 영의정에 추증된다. 김수경, 김수화도 그러지 않았을까? 다만, 과거시험을 보지 못해 관리가 되지 못했을 뿐이지 능력까지 졸렬했을까? 성종은 아마도 이를 간파하고, 서거정의 청을 받아들이지 않았을지도 모른다.

---

20) 녹사: 중앙이나 지방 관서의 행정 실무를 맡은 서리.

<54> 복천사에 내려간 신미와 학열에게 말을 주게 하다

병조에 전지하기를, "충청도 보은현 복천사에 내려간 중 신미와 학열에게 말을 주도록 하라." 하였다.

─성종실록 29권, 성종 4(1473)년 4월 15일 을해 2번째 기사

이제는 성종이 신미의 진가를 알아보는 것 같다. 성종 4년이 되어서 직접 명령을 내린다. 신미대사를 예우하라고! 과연 무슨 말을 들어서 임금이 이렇게 했을까? 이에 대한 상상과 추론은 바로 뒤의 기사에서 하겠다. 밑도 끝도 없이 말을 주라니. 이는 필시 복천사에 있는 신미와 학열을 한양으로 부른 것이다. 존경하는 두 분을 걸어오게 할 수는 없고, 말을 타고 오도록 조치한 것이다.

<55> 신미와 학열에게 말을 내린 것이 옳지 않음을 아뢰나, 임금이 받아들이지 않다

사간원 사간 박숭질 등이 차자(간단한 상소)를 올려 아뢰기를, "신 등이 그윽이 생각하건대 전치(傳置, 역참)를 설치한 것은 본래 사명(使命, 명령)을 상달하고 군정을 보고하기 위한 것입니다. 그런데 이제 신미와 학열의 두 중이 명목도 없이 역마를 타고 다니니, 매우 옳지 못합니다. 청컨대 내린 명령을 거두시어 깨끗하고 밝은 정치에 누가 되지 말게 하소서." 하니 전교하기를, "선왕께서 공경히 대접하던 중인데, 역마를 주는 것이 무엇이 해롭겠는가? 다시 말하지 말라." 하였다.

─성종실록 29권, 성종 4(1473)년 4월 19일 기묘 4번째 기사

성종이 신미대사를 대하는 태도가 확 바뀌었다. 바로 이 말이다. 선왕께서 공경히 대접하던 분인데 말을 타고 다니는 것이 무엇이 문제란 말이냐. 선대왕이 모두 그랬다! 이거다. 사실 실록 상으로는 세조가 가장 그랬던 것 같다.

어찌 보면 이해가 되지 않는다. 억불숭유의 시대에 천민 신분인 승려가 그렇게 높은 대우를 받았으니. 아니 사대부도 말을 타고 다니는 것이 어려웠다는데, 신미는 궁궐 안까지도 역마를 타고 들어왔다니까.

왜 그랬을까? 곰곰이 생각해 볼 일이다. 내가 생각하기에는 할머니 정희왕후가 성종에게 이렇게 말했을 것 같다.

"주상, 신미는 세종께서 매우 존경했던 스님입니다. 왕실 대대로 내려오는 비밀이 있어요. 세종대왕께서 훈민정음 창제에 골몰하고 계실 때, 이를 도와 문자를 완성한 분이 바로 신미대사지요. 왕실 집안 장례를 도맡아 처리하고, 불경을 쉽게 언문으로 번역하고, 덕망 또한 높아 왕실 어른들이 늘 의지했던 분입니다. 주상의 할아버지 세조께서는 신미대사를 만나러 그 먼 속리산 복천사까지 몸소 다녀오셨으니, 그 마음이 어떠하였겠어요? 주상 나이 아직 어리지만, 이 점을 소홀히 하면 아니 되오."

정희왕후가 누구인가? 세조의 왕비인 정희왕후(貞熹王后, 1418~1483)는 세종부터 성종까지 조선이 개국 된 이래, 혼란을 수습하고 안정을 찾아가는 과정을 가장 가까이서 목격한 인물이다. 또 적극적으로 정치에 관여한 여인이기도 하다. 처음 수양대군의 아내로 왕실과 인연을 맺은 그녀는 이후 왕비가 되었고, 왕을 선택할 수 있는 권리까지 갖게 되었다. 성종이 어린 나이로 왕위에 오르자, 섭정을 통해 7년간 최고결정권자의 자리에 있기도 하였다.

그러니 정희왕후는 시아버지인 세종과 남편인 세조 재위 시절에 무슨 일이 일어났는지 속속들이 알고 있다고 봐야 한다. 하물며 신미 대사의 일을 모를까?

<56> 신미의 막냇동생 김수화의 관직 제수가 옳지 못함을 아뢰자, 공조 참의로 관직을 바꾸어 내리다

사헌부 대사헌 서거정 등이 차자(간단한 상소)를 올리기를, "김수화는 본래 성질이 용렬하고 경솔하며 또한 재행(才行)도 없는데, 무반에서 일어나 가는 곳마다 명성과 공적이 전혀 없었습니다. 일찍이 강진의 수령이 되었을 때 죄에 연좌되어 도망해 숨었다가 틈을 엿보아 벼슬길에 나왔으니, 그 마음과 뜻이 간사하기가 그와 비할 자가 없었지만, 요행으로 인하여 함부로 당상(堂上, 정삼품 상 이상의 품계에 해당하는 벼슬)의 관직을 받았습니다. 지금 또 갑자기 전형(銓衡, 됨됨이나 재능 따위를 가려 뽑음)의 자리에 있게 되니, 여러 사람의 물망에 합당하지 아니합니다.

(…중략…) 엎드려 바라건대, 결단해 예단을 내리시어 김수화 등의 관직을 바꾸도록 명하신다면 심히 다행함을 이기지 못할 것입니다." 하니 전지하기를, "김수화는 공조 참의로 바꾸는 것이 좋겠다." 하였다. 김수화는 중 신미의 아우였는데, 그 형을 빙자하여 당상관에 올라갈 수 있었으므로, 여러 사람들의 의논이 그를 비루하게 여기었다.

—성종실록 32권, 성종 4(1473)년 7월 1일 경인 3번째 기사

서거정이 이제는 사헌부 대사헌이 되었다. 오늘날로 말하면 검찰총장이다. 신미의 막냇동생 김수화가 아마도 전형의 자리에 올랐는가 보다. 전형이란 직위는 사람의 재능을 시험하여 뽑는다거나 그런 일

을 맡은 관원을 말한다.

서거정이 옛일을 들추어가며 김수화를 비토하자, 성종은 이를 무시하지는 못하고 아예 직위를 바꾸어버린다. 공조 참의도 매우 높은 직위가 아닌가? 그 이유는 형이 신미대사이기 때문이다. 여기에서 다른 이유는 없을 것 같다.

<57> 사간원에서 불교의 일을 논하며, 승려 설준과 신미에 대한 임금의 후한 예우를 지적하자 이를 받아들이지 않다

사간원 대사간 정괄 등이 상소하였는데, 그 상소는 이러하였다.

(…중략…) 신 등이 언관에 몸담아 있으면서 매양 시위 소찬(尸位素餐)[21]하는 것을 부끄러워하여 감히 시무 아홉 조목을 가지고 천청(天聽, 임금의 귀)을 우러러 더럽히니, 전하께서는 재결하여 채택하시기를 엎드려 바랍니다.

1. 불씨는 본래 오랑캐의 한 법으로, 군신·부자의 윤리를 알지 못하고, 농사짓지 않고서 밥 먹고 누에 치지 않고서 옷 입으며, 그 인연(인과)의 말로써 세상 사람을 미혹하게 하여 속이니, 바로 <u>나라를 좀먹는 해충이므로</u> 반드시 물리쳐 없애버린 뒤에야 천하와 국가를 다스릴 수가 있습니다.

(…중략…) 이제부터 중에게 공급하는 비용을 없애고, 사찰에 문을 파수하는 군사를 없애며, 세헌(歲獻, 임금에게 해마다 물건을 바침. 또는 그 물건) 하는 쌀을 없애고, 승족의 벼슬을 파하며, 사찰을 창건하지 말고, 역마 타는 것을 허락하지 말며, 중의 식화(殖貨, 재화를 늘림)하는 것을

---

21) 시위소찬: 『한서』 「주운전」에 나오는 말로, 재덕이나 공로가 없어 직책을 다하지 못하면서 한갓 자리만 차지하고 녹만 받아먹음을 비유하여 일컫는 말.

금하여, 모두 속공(屬公, 관아의 노비로 삼음)시켜서 군수(軍需)에 보충하며, 나이가 40세 이하로서 도첩이 없는 중은 다 환속시켜서 군액을 채우도록 하소서.

(…중략…) 요즈음 또 중 설준(雪俊)[22]의 불법한 일을 논하자, 전하께서 그 말에 따르지 아니할 뿐만 아니라 천둥 같은 위엄을 보여서 말하는 자로 하여금 말을 다하지 못하도록 하신 일이 있으니, 신 등은 전하께서 착하고자 하는 마음이 점점 처음과 같지 아니한 듯합니다. (…중략…)

임금이 명하여 사간원에 묻기를, "부가 경상과 같으면서 남의 제방을 빼앗은 자가 누구이며, 여염에 드나들면서 음탕하고 방자한 자가 누구이며, 남의 아내와 첩을 빼앗고 물고기와 소금을 파는 자가 누구이며, 서울 안 여러 절 가운데 문을 파수하는 것이 어느 절이며, 이른바 역마를 탄다는 자가 누구이며, 아우나 조카가 관직에 벌여 있다는 자가 누구인가? 그것을 말하라." 하니 정언 이계통이 대답하기를, "문을 파수하는 절은 원각사·내불당이고, 역마를 타고 다니는 자는 신미와 학열이며, 중외에 벌여 있다는 것은 김수경·김수화·김민·김영추의 무리입니다. 그밖에 부가 재상과 같다는 등의 일은 모두 이미 지나간 일인데, 다만 옛 폐단을 일일이 들어서 말한 것입니다." 하였다.

전교하기를, "절의 문을 파수하는 것은 선왕조 때부터 이미 그러하였던 것이고 이제 시작된 것이 아니며, 만일 맡겨서 부릴 일이 있으면 비록 승도일지라도 역마를 타는 것이 무엇이 해롭겠는가? 아우나 조카가 만일 어질다면 어찌 중의 친족이라고 쓰지 아니할 것인가? 부가 재상과 같다는 등의 일은 비록 이왕에 있었던 일이라 할지라도 임금 앞에서 말하지 않는

---

22) 설준: 교종을 통솔하는 판교종사. 유생의 매도로 참형을 당함. 김시습의 스승이며 신미대사와 막역한 사이임. 간경도감에서 월인석보 간행에 참여함.

것이 옳은가? 일일이 써 가지고 오도록 하라." 하니 이계통이 대답하기를, "학열이 지난날에 강릉의 제방을 점령하여 고을 백성들의 소송을 일으켰으니, 이것은 남의 제방을 빼앗은 것입니다. 신미·학열·정심·설준의 무리가 거만의 재물을 축적하였고 여러 큰 절의 호승(우두머리 승려)이 대개이와 같으니, 이는 부유함이 재상과 같은 것입니다. 음탕하고 물고기·소금을 판매하는 중은 예전에 많이 있었는데, 이제 낱낱이 들기가 어렵습니다." 하니 전교하기를, "예전에 있었던 것이어서 이제 낱낱이 들 수 없단 말인가? 말하지 아니함은 잘못이다. 제방은 세조께서 하사한 것이고 학열이 스스로 점령한 것이 아니다." 하고, 명하여 술을 먹여서 보내게 하였다.

—성종실록 35권, 성종 4(1473)년 10월 2일 경신 2번째 기사

성종의 태도가 단호하다. 이제는 신미대사를 확실히 아는 것 같다. 사간원의 수장인 대사간 정괄의 상소에 일일이 묻고 대답한다. 특히 대사간은 불교를 나라를 좀먹는 해충으로 표현하고 있다. 와, 이를 보면 유신들이 불교를 얼마나 폄훼하고 뿌리 뽑고자 노력했는지 알 수 있다.

그러나 성종은 논리적으로 대응한다. 절을 지키는 것은 대대로 있어 온 일이며, 신미를 예우한 것도 선대왕 때부터 있어 온 일이다. 그러니 그대들의 간언을 들어줄 수 없다! 그러면서 술을 먹여 보냈다니 더 멋지다.

<58> 형조 좌랑 김민의 죄상을 아뢰고 이를 신미와 결부짓다

의금부에서 아뢰기를, "형조 좌랑 김민은 공혜 왕후(성종의 비 한씨)의 초상을 당하여 기생 소설오를 간통하여 술을 마시고 고기를 먹었으며,

또 선상 노자(選上奴子, 지방에서 중앙 관아로 뽑아 올리던 종) 33명을 거두어 면포 각 13필씩을 사사로이 사용하다가 본부에 피수(被囚, 옥에 갇힘)되었는데, 신장(訊仗, 고문에 사용하는 형장) 1차에 병을 칭탁하고 보방(保放, 죄수에게 보증을 세우고 방면함) 되었다가 바로 도망하였습니다. 청컨대 경외(서울과 지방)를 수색하여 체포하게 하소서." 하니, 그대로 따랐다.

사신이 논평하기를, "김민은 중 신미의 종자이다. 탐학하고 방종하며 경박하여 신미의 형세를 끼고 조사를 멸시하였으므로 사람들이 한결같이 미워하더니, 이에 이르러 중한 죄를 범하고 옥사가 이루어지자, 도망하고 말았다."

—성종실록 44권, 성종 5(1474)년 윤6월 24일 정미 2번째 기사

형조 좌랑 김민이 잘못된 일로 옥에 갇혔나 본데 이 역시 신미와 결부 짓는다. 신미의 종자라서 탐학하고 방종을 일삼았다고 적고 있다. 성종은 아마 김민이 신미와 연결되어 있는지는 몰랐을 것이다.

<59> 안팽명 등의 상소에서 신미와 그의 제자 학열의 잘못을 성토하다

예문관 봉교 안팽명 등이 상소하기를, "(…중략…) 더구나 석씨(부처)가 깨끗하고 욕심이 없는 것을 가르침으로 삼았다면 그 무리는 반드시 몸이 마르고 산중에 숨어 살아야 불교를 잘 배우는 자라고 할 것인데, 지금 신미와 학열은 존자라고도 하고 입선이라고도 하여 중의 영수가 되는 자들인데도, 재화를 불리기에 마음을 쓰고 털끝만한 이익이라도 헤아리며, 높은 창고에 크게 쌓아 놓은 것이 주·군에 두루 찼으니, 그 밖의 것은 알만합니다. 이러한 자는 국은(國恩)을 저버렸을 뿐이 아니라 또한 불문

의 죄인이기도 하니, 중들의 장리도 금지해야 합니다. 만약에 '중들이 이 것에 의지하여 수륙재(水陸齋)[23]의 경비를 만드니, 없앨 수 없다.'고 한다면, 국가에서 도리어 간사한 중이 원망을 사는 물건에 힘입어서 선왕·선후의 명복을 빈다는 말입니까?"

—성종실록 55권, 성종 6(1475)년 5월 12일 경신 3번째 기사

이 기사는 인수 왕대비의 위차와 궁을 중수할 때 화려한 문제 등에 관하여 안팽명 등이 올린 상소의 일부다. 인수 왕대비는 성종의 아버지 덕종(의경세자)의 비다. 정식으로 왕비가 되지 않았으니, 궁중 행사 때 의전이 문제가 되었다. 이는 신미대사와 큰 관련이 없어 여기서는 생략하였다.

안팽명은 불교를 논하며 신미와 그의 제자들이 욕심을 버리지 못하고 재산증식에만 골몰하고 있다고 비난하고 있다. 이를 못하도록 엄하게 다스려야 한다고 주청하고 있다.

그러나 이 기사에서 성종의 대답은 나와 있지 않다. 아마도 내 생각으로는 들어주지 않았을 것이다.

<60> 도승지 현석규가 신미의 제자 축휘와 학미에게 합당한 형량을 청했으나 이를 감해주고, 법대로 환속시키기를 청했으나 이를 들어주지 않다

주강(晝講, 낮 경연)에 나아갔다. 강하기를 마치니, 도승지 현석규가 형

---

23) 수륙재: 고려·조선조 때 불가에서 바다와 육지에 있는 고혼과 아귀 등 잡귀를 위하여 재를 올려서 경문을 읽던 일.

조의 계목을 가지고 아뢰기를, "중 신미의 제자 축휘·학미 등이 보은사[24)를 교종에 속하게 하고자 하여 스스로 주지를 점탈하고 상언한 죄는, 축휘는 율이 수범(首犯, 주모자)에 해당하여 장이 80대이고, 학미(함허의 문인)는 종범으로서 장이 70대이며, 모두 환속시키는 데에 해당합니다." 하니, 임금이 말하기를, "각각 2등을 감하되, 환속시키지는 말라." 하였다.

현석규가 말하기를, "무릇 백성으로 군인이 된 자들에게 군장·의량을 준비하게 하니, 그 부담이 매우 심하여 처자를 보육하지 못하는데, 승도(승려)는 따뜻한 옷과 포식으로 처를 대하고 자식을 보육하며 자신은 한낱 역사(役使, 토목이나 건축 따위의 공사)도 없이 제 뜻대로 합니다. 하여 세금과 역사를 도피하고자 하는 자들이 모두 절로 돌아갑니다. 하여 병액(兵額)이 날로 줄어들므로 주로 이 때문에 정해(세조 13, 1467)년에는 호패법을 행하여 해사(該司, 해당 관청)로 하여금 민정을 모으게 하였었습니다. 그때 중이 된 자들이 모두 14만 3천 명이었으며, 깊은 산에 숨어서 모이지 아니한 자 또한 그 얼마나 되는지 알 수가 없었습니다. 정해년부터 지금까지 10년 동안이나 되었으니, 그 사이에 중이 된 자가 또 5, 60만 명에 밑돌지 아니하며, 이때문에 병액을 채울 수가 없습니다. 지금 산중의 사찰에 살고 있는 중이 적지 아니하여 적어도 10여만 명에 밑돌지 아니하니, 만약 병액과 농업으로 돌려보낸다면 이들은 모두 튼튼한 무리로서, 지금 학미 등의 불법한 것이 이와 같으니, 그 범한 것으로 인하여 죄를 다스려서 환속시키는 것만 같지 못합니다." 하니, 임금이 말하기를, "학미 등이 스스로 주지를 점탈하였다고 말하지만, 그 뜻은 선왕과 선왕후를 위한 것이니, 환속시키지 말게 하라." 하였다.

　　　　　—성종실록 68권, 성종 7(1476)년 6월 5일 병자 3번째 기사

---

24) 보은사: 경기도 여주 신륵사의 다른 이름. 1472(성종 3)년에 신륵사를 세종 영릉의 원찰로 삼으면서 보은사라고 불렀음.

정말 대단하다. 성종은 신미의 제자인 축휘와, 신미의 스승 함허의 문인인 학미의 죄상을 낱낱이 고해바쳤는데 형량을 줄여주고 환속을 시키지 말라고 명령한다. 또 백성들이 세금을 못 내면 산으로 도망가 절에 들어가 승려가 되니, 그 수를 헤아릴 수가 없다고 하며 모두 환속시켜야 한다고 주청한다. 여기서 잠깐, 승려의 수가 정말 그렇게 많았을까?

어쨌든, 승려의 환속에 대한 청도 성종은 들어주지 않는다. 왜 그랬을까? 역시 신미대사를 의식해서일까?

<61> 경연에서 대신들이 신미와 그의 제자들이 민폐를 끼치니, 환속을 시키는 것이 마땅하다고 간청했으나 들어주지 않다

경연에 나아갔다. 지평 박숙달이 아뢰기를, "대저 중이라 하면 청정하면서도 욕심이 적은 것으로 도리를 삼아야 하는데, 근래에는 중의 무리들이 재물을 늘리기 위하여 민폐를 끼치니, 학열·학조·신미·설준 등과 같은 자들이 이익을 늘리려는 것이 더욱 심합니다. 학열은 일찍이 강릉의 제언(제방)을 허물어 밭을 만들었는데, 이 제언은 백성들에게 이익됨이 매우 큰 것이었으며, 또 근처의 민전을 빼앗아 합하니, 50, 60여 석을 수확할 수가 있습니다. 또 널리 재곡을 늘리기 위하여 거두거나 빌려줄 때에 백성들을 침학(침범하여 포학하게 행동함)하는 것이 심합니다. 청컨대 그 제언을 도로 쌓도록 하고, 제자 중들 가운데 40세 이하인 자들을 모두 환속시킨다면 한 변진의 정예한 군졸을 채울 수가 있을 것입니다." 하니, 임금이 영사를 돌아보고 묻기를, "어떠한가?" 하였는데, 정창손이 대답하기를, "중은 굶주림을 면하는 것만으로 만족해야 하는데, 널리 논밭을 점유하고 재물을 늘리고자 하니, 이는 중의 도리가 아닙니다. 세조 조에 이

제언을 상원사에 속하게 허락하였었는데, 학열 등이 근처의 민전을 아울러 거두니, 20여 석을 수확할 수 있었습니다. 지난번에 빼앗긴 사람의 신소(伸訴, 억울한 사정을 호소함)로 인하여 행문이첩(行文移牒, 관청에서 문서를 발송하여 조회함)을 추국하게 하였으나, 끝내 결정을 보지 못하였으니, 대간이 아뢴 대로 가납(嘉納, 기꺼이 받아들임)함이 마땅합니다." 하였고, 윤자운은 아뢰기를, "신이 일찍이 강릉을 지나면서 그 제언을 몸소 보지는 못하였지만, 자세한 이야기는 들었습니다. 그 땅은 척박해서 모름지기 관개의 힘을 입어야 하니, 만약 제언을 다시 쌓는다면 반드시 백성들에게 이로울 것입니다." 하였다.

임금이 말하기를, "경들의 말이 참으로 옳다. 그러나 선왕조의 일이므로, 갑자기 고칠 수가 없다. 정승들이 선왕조를 대대로 섬겨오면서 그 당시 그른 것을 알고서도 말하지 아니하였다가 이제야 말을 하니, 이 또한 좋지 못하다." 하니, 정창손이 말하기를, "그때에도 말을 하지 아니한 것이 아닙니다. 또 부라는 것은 원망의 대상이 되는 것으로, 비록 중의 무리가 아니라고 할지라도 반드시 불인(不仁)한 일이 되는데, 더욱이 이들 중의 무리이겠습니까?" 하였고, 박숙달은 말하기를, "상교가 윤당(允當, 사리에 적합함)합니다. 그러나 옛말에 이르기를, '부모가 하던 일이 도리어 아닐 것 같으면, 어떻게 3년을 기다리겠는가?' 하였는데, 이와 같은 일을 모두 선왕의 법이라 하여 제거하지 아니한다면 뒷날의 미담이 되지 못할 것이 두렵습니다. 태종께서 절의 전민(田民, 논밭과 노비)을 모두 혁파하였고, 전하께서도 이미 내수사의 장리를 혁파하여 백성들이 그 혜택을 받았는데, 이제 또한 중의 무리들이 재산을 늘리는 폐단을 금하게 하신다면, 태종께 광영이 있는 것이고, 백성들에게도 매우 다행한 일일 것입니다." 하였으나, 들어주지 아니하였다.

—성종실록 68권, 성종 7(1476)년 6월 26일 정유 1번째 기사

경연에서 신하들이 슬그머니 신미의 일을 꺼내 신미와 그의 제자들이 민폐를 끼친다고 고하나 성종은 들어주지 않는다. 사실 한두 번 들어본 말이 아니다. 이유는 선대왕 때도 그랬는데 왜 인제 와서 문제 삼느냐 이거다.

이게 무슨 뜻인가? 선대왕, 즉, 세종, 문종, 세조, 예종 등이 그렇게 존숭했던 신미를 임금이 바뀌었다고 물리치는 것은 법도가 아니라고 말하고 싶은 거다.

<62> 박숙달이 세조가 신미에게 준 강릉 제방을 백성들에게 돌려주기를 청하면서 비판하자, 역정을 내면서 들어주지 않다

경연에 나아갔다. 강하기를 마치자, 장령 박숙달이 아뢰기를, "강릉에 한 제언(堤堰, 제방)이 있어 백성이 그 이익을 받아 온 지가 오랜데, 세조께서 중 학열에게 내려 주셨기 때문에 백성들이 이익을 잃어 두 번이나 상언하여 호소하였으나, 주상께서 선왕이 주신 것이라 하여 윤허하지 않으셨습니다. 옛말에 이르기를, '3년을 아비의 도에 고침이 없어야 한다.' 하였는데, 해석하는 자가 이르기를, '만일 도가 아니라면 어찌 3년을 기다리랴?' 하였습니다. 청컨대 제방을 백성에게 돌려주게 하소서." 하니, 임금이 좌우를 돌아보고 물었다.

영사 노사신이 대답하기를, "세조 조에 학열이 아뢰어 청하였으나 윤허받지 못하였는데, 또 신미를 통하여 청하므로 세조께서 부득이하여 준 것이고, 실로 세조의 본의는 아닙니다." 하고, 동지사 임원준이 말하기를, "학열이 백성의 밭을 침탈한 것이 많습니다. 지금 마땅히 도로 빼앗아 백성으로 하여금 그 이익을 받게 하여야 합니다." 하고, 박숙달이 말하기를, "지금 만일 도로 빼앗아 백성에게 주지 않으면, 이것은 부처를 받드는 조짐이 될 것입니다." 하니, 임금이 말하기를, "네가 나더러 부처를 받든다고 하는가? 일이 선왕조에 있었으니, 그대가 이렇게 말할 수 없다. 만일 그대의 말과 같다면 절을 다 헐고 중을 다 죽인 뒤에야 부처를 받든다는 이름을 면하겠다." 하였다.

정언 성담년이 아뢰기를, "태종께서 절의 노비를 다 거두어 관부(官府, 조정)에 붙이셨는데, 관부가 힘입어서 넉넉하여졌습니다. 세조께서 사급(賜給, 하사)한 것은 다만 권의(權宜, 임금의 임시적인 조치)였습니다. 어찌 영구히 전하게 하고자 하셨겠습니까? 지금 조종(祖宗, 임금의 조상)의 법도를 고치고자 하면 워낙 불가하겠으나, 이와 같은 일을 비록 고치더라도 무엇이 불가할 것이 있겠습니까? 중은 다 죽일 수는 없으나, 만일 바른 도리로 지키면 비록 배척하지 않더라도 저절로 없어질 것입니다." 하니, 임금이 말하기를, "높이고 믿지 않으면 자연히 쇠할 것이다." 하였다.

—성종실록 88권, 성종 9(1478)년 1월 4일 정묘 1번째 기사

벌써 세월이 흘러 성종이 즉위한 지 9년이 되었다. 그런데도, 대신들은 강릉 산산 제언을 문제 삼고 있다. 비록 선대왕인 세조가 하사한 것이라도 이제는 시간이 많이 흘렀으므로 거두는 것이 마땅하다고 주장한다. 그것은 불효가 아니라고 설득한다. 또 만일 제방을 도로 빼앗아 백성에게 돌려주지 않으면 부처를 믿는 조짐이라고 겁박하기까지 한다.

그러나 성종은 이에 대하여 역정을 낸다. 그건 선왕조가 한 일이라서 지금 말하는 것은 맞지 않고… 그렇다면 절을 다 헐고 중을 다 죽이란 말이냐!

<63> 대사간 성현 등이 승려 설준을 벌할 것을 청했으나 들어주지 않고, 사관이 이와 결부 지어 신미와 그의 제자들을 매우 비난하다

　사간원 대사간 성현등이 차자(간단한 상소문)를 올려 설준을 법률대로 논단하도록 청하였으나, 들어주지 않았다.

　사신(史臣, 사초를 쓰는 신하, 예문관 검열)이 논하기를, "중 신미·학열·학조·설준은 모두 교만하고 방자하며 위세를 부리는 자들이다. 신미는 곡식을 막대하게 늘렸으므로 해가 백성에게 미치었다. 학열·학조·설준은 욕망이 내키는 대로 간음하여 추문이 중외(나라 안팎)에 퍼졌다. 그 가운데서도 학열은 가장 간악하여 가는 곳마다 해를 끼쳤는데, 감사와 수령이라도 기가 꺾여서 두려워하며 그대로 따랐다. 어떤 사람이 대궐의 벽에 쓰기를, '학열은 권총의 첩을 간통한 것을 비롯하여 마침내 1품의 부인까지 간음하였다.'고 하였다. 학조는 처음에는 개천(价川)과 사당(社堂, 무리를 지어 떠돌아다니면서 노래와 춤을 파는 여자)을 간통하고, 드디어 중이 되어 왕래하면서 그대로 간통하기를 그치지 않았다. 후에 남산 기슭의 작은 암자에 살면서 구인문의 친여동생이 자색이 있음을 보고, 등회를 인연으로 개천의 도움을 받아서 드디어 간통할 수 있었는데, 구씨도 꾀임을 당하여 여승이 되었다. 설준은 일찍이 종실의 부인을 간통하였고, 또 정인사에 있으면서 절의 빚이라고 빙자하여 곡식을 막대하게 불렸다. 그리고 불사를 핑계 대어 여승과 과부들을 불러다가 이틀 밤을 묵도록 요구하였는데, 절의 문을 단절시켜 안팎을 통하지 못하게 하였으므로, 그 자취를 엿볼 수 없었다." 하였다.

　　　　　　—성종실록 103권, 성종 10(1479)년 4월 13일 기해 2번째 기사

　조선왕조실록에서 이런 기사는 한두 번 나온 것이 아니다. 신미를

깎아내리기 위해서 그의 제자들과 결부 지었다. 제자 중에도 학열이 간통을 일삼았다고 고발한다. 만일 이것이 사실이라면 학열은 승려 자격이 없다. 실록이 사실만을 적었다면 대역 죄인이요, 바로 승적을 박탈해야 할 것이다.

그런데 다행히 신미대사에 관하여는 '간승, 요승'이라는 말은 했지만, 제자들처럼 간통을 하고 백성들을 못살게 군다는 표현은 거의 찾아볼 수 없다. 사관도 사초를 쓰면서 어느 정도 예의를 지켰다는 말인가?

성종은 사간원의 수장인 대사간 성현이 올린 상소를 받아들이지 않는다. 그러자 사관이 이제까지의 기록을 살펴 참 자세히도 논평한다. 당연히 재탕이다. 이전에도 많은 써 본 기사다! 대사간 성현이 누구인가? 그 유명한 『용재총화』를 저술한 인물이다. 성현은 이 책에서 훈민정음은 범자에서 왔다고 기술했다. 과연 성현이 동시대 사람인 신미를 몰랐을까?

<64> 둘째 동생 김수온의 졸기에서 생애와 업적을 기술하다가, 마지막 부분에서 그의 형인 신미를 언급하면서 비난하다

영산 부원군 김수온이 졸(卒, 사망)하였다. 철조하고 조제·예장하기를 예대로 하였다. 김수온의 자는 문량이고, 본관은 영동이며, 증 영의정 김훈의 아들이다. 김수온은 나면서부터 영리하고 뛰어나 정통 무오년에 진사시에 급제하고, 신유년에 문과에 급제하여 교서관 정자에 보임되었다. 세종이 그 재주를 듣고 특별히 명하여 집현전에 사진(仕進, 규정된 시간에 근무지로 출근함)하게 하고, 『치평요람』을 수찬하는 일에 참여하게 하였다. 임금이 때때로 글제를 내어 집현전의 여러 유신을 시켜 시문을 짓게 하면, 김수온이 여러 번 으뜸을 차지하였다.

(…중략…) 세조가 김수온의 집이 가난하다 하여, 사옹원과 여러 관사를 시켜 경연을 준비하게 하고, 의정부의 여러 정승들에게 명하여 궁온(宮醞, 임금이 신하에게 내리던 술)을 가져가서 압연(押宴, 지켜서 살펴보는 사람까지 세워 놓고 거대하게 베풀던 연회)하게 하고, 또 중사를 내어 서대·금낭·나·기·의복·화·모 따위의 물건 40여 건과 안마(鞍馬, 안장을 얹은 말)와 쌀 10석을 내렸다. 우리 조정에서 과거를 설치한 이래로 급제의 영광에 이런 전례가 없었으며, 문과·무과의 장원에게 쌀을 내리는 것은 이때부터 비롯되었다.

(…중략…) 김수온은 서사(書史)를 널리 보아 문장이 웅건하고 소탕하며 왕양하고 대사하여 한때의 거벽(巨擘, 학식이나 어떤 전문적인 분야에서 뛰어난 사람) 이었다. 전에 명나라 사신 진감의 희청부(喜晴賦, 시문)에 화답하여 흥을 돋우고 기운을 떨쳤는데, 뒤에 김수온이 중국에 들어가니, 중국 선비들이 앞을 다투어 지칭하기를, '이 사람이 바로 희청부에 화답한 사람이다.' 하였다. 세조가 자주 문사(文士)를 책시(策試, 정치에 관한 계책을 물어서 답하게 하던 과거 과목) 하였는데, 김수온이 늘 으뜸을 차지하였다.

(…중략…) 그러나, 신미의 아우로서 선학(禪學, 선에 관한 학문)에 몹시 빠져 부처를 무턱대고 신봉하는 것이 매우 심하였다. 전에 회암사에 들어가 머리를 깎고 중이 되려다가 그만두었는데, 그의 궤행이 이러하였다. 또 자신을 단속하는 규율이 없어, 혹 책을 깔고 그 위에서 자기도 하고, 포의(布衣, 베옷)를 입고 금대를 띠고 나막신을 신고서 손님을 만나기도 하였다. 성품이 오졸하고 간국(幹局, 일을 능숙하게 처리하는 재간과 능력)이 없어 치산(治産, 집안 살림살이를 잘 돌보고 다스림)에 마음을 두었으나, 계책이 매우 엉성하였고, 관사에 처하여서는 소략하여 지키는 것이

없어 글 하는 기상과는 아주 달리하므로, 조정에서 끝내 관각(官閣, 홍문관·예문관·규장각)의 직임을 맡기지 않았으며, 양성지·오백창과 함께 상서하여 공신으로 봉해 주기를 청하여 좌리 공신에 참여되었다. 일찍이 괴애(乖崖)라 자호(自號)하였고, 『식우집(拭疣集)』이 세상에 간행되었다.

—성종실록 130권, 성종 12(1481)년 6월 7일 경술 1번째 기사

이 기사는 김수온의 졸기다. 졸기란 돌아가신 분에 대한 마지막 평가를 말한다. 김수온(1409~1481)은 신미대사의 둘째 동생이다. 아버지 김훈이 불효 불충의 죄로 유배를 가자 집안이 풍비박산이 났다. 그러나 김수온은 재능이 뛰어나 뒤늦게 과거에 급제하여 집현전 학사가 되고 세종의 총애를 받는다.

김수온에게는 유명한 일화가 있다. 책을 한 장씩 뜯어서 들고 다니며 외우다가 다 외우면 버리는 버릇이 있었다고 한다. 신숙주의 『고문선』을 빌려서는 한 장씩 뜯어 벽에 발랐다는 이야기가 전한다. 기사에도 언급이 되어 있지만, 김수온은 특히 시문에 뛰어나 명나라 사신으로 왔던 한림 진감과 「희정부(喜晴賦)」로 화답한 내용은 명나라에까지 알려졌으며, 성삼문·신숙주·이석형 등 당대의 석학들과 교유하며 실력을 다투었다고 한다.

김수온의 졸기에서도 신미와 결부 짓는 것을 빼먹지 않았다. 신미의 아우임을 정확하게 밝히고 있다. 그러면서 김수온의 단점을 드러내고 있다. 대개 사람이 죽으면 좋은 점을 써 주는 것이 상례다. 그러나 형이 하필이면 신미대사였으므로 불교와 관련하여 비판을 가하면서 깎아내렸다. 안타까운 일이다.

<65> 신미의 제자 학조가 병이 중하므로 내의를 보내 진찰하게 하다

중 학조가 금산군 직지사에 있으면서 병이 중하므로 특별히 내의를 보내어 병을 진찰하게 하였다.

사신(사관)이 논평하기를, "학조는 세조조에 신미·학열과 더불어 삼화상(三和尙, 세 명의 큰스님)이라고 일컬어 세조가 매우 존경하였는데, 신미와 학열은 모두 죽고 학조는 직지사에 물러가 살았다. 널리 산업을 경영하여 백성에게 폐단을 끼침이 작지 아니하였으며, 때때로 서울에 이르면 척리(戚里, 임금의 내외 친척)와 호가(豪家, 재산이 많고 권세가 당당한 가문)들이 그가 왔다는 것을 듣고서 문안하고 물품을 선사하는 것이 길에 연달아 이었다." 하였다.

—성종실록 161권, 성종 14(1483)년 12월 29일 무자 6번째 기사

이 기사는 성종 14년의 일을 적고 있다. 이제는 신미대사가 아끼던 제자 학조가 병이 난 모양이다. 성종은 궁중의 내의를 보내어 진찰하도록 한다. 대단한 예우다. 아마도 학조는 스승 신미와 함께 훈민정음 창제에 보조 역할을 했을 것이다. 또한, 불경 언해에도 중요한 역할을 했다.

신미대사가 사망한 것은 이 기사를 통해 알 수 있다. '신미와 학열은 모두 죽고…' 표현이 있다. 아마도 신미대사가 죽고 없는데도, 그의 제자 학조를 보기 위해 임금의 친척과 내로라하는 가문의 사람들이 줄을 섰었다니 미루어 짐작할 만하다. 학조 대사의 부도는 현재 속리산 복천암 동쪽 봉우리 정상에 스승 신미와 함께 나란히 서 있다.

<66> 안처량 등이 신미의 제자인 봉선사 주지 학조에게 죄 주기를 청했으나 받아들이지 않다

홍문관 부제학 안처량 등이 와서 아뢰기를, "지금 들으니, 봉선사 주지 승 학조가 승정원에 나아가 절의 곡식을 동원하지 말기를 청하였다고 하는데, 신 등은 불가하다고 여깁니다. 승정원은 재상이 아니면 들어가서 일을 아뢸 수 없는 곳인데, 학조는 한낱 머리 깎은 중으로서 어찌 감히 승정원에 들어가 일을 아뢴단 말입니까? 만약 말할 일이 있으면 마땅히 해사(해당 부서)에 고할 것이고, 그리고도 뜻을 펴지 못할 것 같으면 상언(上言, 임금에게 아룀)함이 옳습니다. 그런데 이 중은 감히 승정원에 들어갔고, 또 버젓이 빈청(정승의 집무실)에 앉아 음식을 먹었으니, 국문하여 죄주기를 청합니다. 그리고 그 곡식은 그대로 봉하여 백성을 진휼하도록 하소서. 또 승지(왕의 비서)들이 중을 접대하며 영외(楹外, 현관 밖)에 앉게 한 것도 옳지 않습니다." 하였는데, 승지 등이 아뢰기를, "신 등이 미처 헤아리지 못하여 접대함이 잘못되었습니다. 대죄하기를 청합니다." 하였다.

전교하기를, "이 중은 본래 사족(士族, 문벌이 좋은 집안)의 자손으로, 고금의 사리를 대강 알고 있으니, 범상한 중이 아니므로 낮추어 대우하여서는 안 된다. 세조께서 항상 승정원으로 하여금 접대하게 하셨고 은총이 매우 두터웠다. 선왕이 기르던 것은 비록 견마라 하더라도 오히려 사랑하고 공경하는 것인데, 더구나 이 중은 선왕께서 지극히 공경한 자가 아니던가? 중도 내 백성인데 곡식을 주어 구황하는 것이 어찌 옳지 않겠는가? 봉선사는 선왕의 진전(眞殿, 어진을 모신 전각)이 있는 곳으로서 항상 화기를 금하고 소제하는 일이 긴요하므로 거처하는 중이 적어서는 안 된다. 만약 먹을 곡식이 없다면 절이 장차 비게 될 것이니, 두 분 대비께서 어찌 진념(軫念, 걱정)하지 않으시며 나 또한 마음이 편안하겠는가? 더구나 이 곡식은 정희 왕후(세조의 비)께서 내리신 것이니, **빼앗을** 수 없다."
하고, 이어 승지 등에게 명하여 대죄하지 말라고 하였다.

안처량·김혼·이창신 등이 아뢰기를, "비록 선왕께서 행하신 일이라 하
더라도 그 일이 만일 그릇된 것이면 따를 수 없습니다. 진전은 비록 승도
가 없더라도 참봉과 수호군으로 지키기에 족합니다. 그리고 중과 백성은
또한 크게 경중이 있습니다. 백성은 공부(貢賦, 공물과 세금)를 바쳐서 국
용(國用, 나라 살림)을 넉넉하게 하고, 변경(변방)에 일이 있으면 창을 잡
고 이를 막습니다. 옛글에 '백성은 나라의 근본이니, 근본이 굳어야 나라
가 편안하다.'고 하였습니다. 백성이 아니면 종묘와 사직을 무엇으로 지키
겠습니까? 이것이 백성을 중히 여기는 까닭입니다. 중은 인류을 멸시하여
버리고 공부(공물과 세금)를 피하여 놀고 먹으니, 천지 사이에 한낱 좀벌
레와 같을 뿐입니다. 비록 죽게 하여서는 안 되겠지만, 그 진제(賑濟, 가난
하고 어려운 사람을 구제함)함에 있어서 먼저 베풀 수는 없는 것입니다.
그리고 승도는 곡식을 많이 쌓아 놓고서 따뜻하게 입고 배불리 먹고 있는
데, 우리 백성은 술지게미나 겨도 배불리 먹지 못하여 장차 굶어 죽게
될 형편이니, 신 등은 중의 곡식을 **빼앗아** 백성의 굶주림을 구제하는 것
이 옳다고 여깁니다." 하니, 전교하기를, "그대들의 말은 어찌 그렇게도
편벽된가? 임금은 백성에 대하여 죽는 자를 살리려 하고 굶주린 자를 먹
이려고 한다. 중도 사람인데, 장차 굶어 죽는 지경에 이른다면 이들만을
구하지 않겠는가? 이것은 나를 보필하는 말이 아니다." 하였다.

안처량 등이 아뢰기를, "왕자의 일시동인(一視同仁, 모든 사람을 평등
하게 보아 똑같이 사랑함)하는 마음으로 본다면 중도 인명이니 진실로
진휼함이 마땅하지만, 나라의 정사를 가지고 말한다면 백성이 중하고 중
은 경한 쪽이 됩니다." 하니, 전교하기를, "그대들의 말을 어찌 임금의 덕
이 부족함을 돕는 것이라고 하겠는가? 옛날에 왕이 못을 파다가 나온 썩

은 뼈를 묻어 주었는데, 사람들이 이르기를, '은택이 썩은 뼈에도 미쳤다.' 고 하였다. 더구나 이들은 살아 있는 사람이 아닌가? 만약 그대들을 진제 사로 삼는다면 반드시 중들의 굶어 죽는 것은 그냥 보아 넘기고 다만 기 민(飢民, 굶주리는 백성)만을 구제할 것이다." 하였다.

안처량이 또 아뢰기를, "신 등이 편벽되게 중을 미워하여 죽게 하려는 것이 아니고, 오로지 경중과 선후를 가지고 말하는 것입니다." 하니, 전교 하기를, "마땅히 대신에게 그 가부를 의논하여 행하겠다." 하였으나, 마침 내 머물러 두고 행하지 아니하였다.

사신이 논평하기를, "승지는 옛날의 납언이니, 부주(敷奏, 윗사람에게 아룀)하고 복역(復逆, 신하가 임금에게 주청하고 명을 받음)함에 반드시 자세히 살펴 도리에 합당한 뒤에 이를 출납하여야 하는 것이다. 머리 깎 은 자가 감히 사사로운 일을 가지고 무리하게 계달하였는데도 권건의 무 리가 이를 맞아 자리에 앉히고 머리를 숙여 그 말에 따라 입계하였으니, 어찌 도리에 합당하다 하겠는가? 물론(物論, 대다수)이 이를 그르게 여겼 다. 학조는 세조 때에, 신미·학열과 더불어 간특함을 일삼아 백성에게 해 를 끼쳤으며, 또 그 음험한 계교를 마음대로 하여 그 아우 영전 등을 모두 현관(顯官, 높은 벼슬)이 되게 하였고, 어미의 집이 안동에 있었는데 그 곳 양가의 딸에게 장가들어 첩으로 삼아 아들을 낳았다. 그리고 금산 직 지사를 자기 개인 소유의 절로 만들어 축적이 거만(鉅萬, 만의 곱절)에 이르렀고, 도당을 많이 모아 스스로 봉양하기를 매우 사치스럽게 하였 다." 하였다.

—성종실록 181권, 성종 16(1485)년 7월 4일 임자 3번째 기사

신미의 제자 학조가 이제는 봉선사 주지로 왔다. 직지사에 있을 때 병이 났다고 하여 궁중 내의를 보내준 성종이다. 이 기사에서는

학조가 승정원을 마음대로 드나든 것을 문제 삼는다. 성종은 홍문관 부제학 등과 열띤 논쟁을 벌인다.

서로의 주장에 일리가 있다. 안처량은 어떻게 일개 중이 정승들과 맞먹으려고 하느냐가 핵심이고, 임금인 성종은 학조는 본래 사대부 집안 출신이며 선대왕이 존숭하였던 인물이라 충분히 그럴만하다고 한다.

봉선사의 일도 그렇다. 서로의 생각이 다르다. 신하들은 일반 백성도 있는데 꼭 중들이 봉선사의 어진을 지켜야 하느냐고 따지는데, 성종은 이를 받아들이지 않는다. 봉선사는 당시 유명한 절이다. 969년 법인국사 탄문이 창건하여 운악사라 하였는데, 그 후 1469(예종 1)년 정희왕후가 광릉의 세조를 추모하여 89칸으로 중창하고 봉선사라 불렀다고 한다.

이 기사에 참으로 민망한 표현이 있다. 승려를 '천지 사이에 한낱 좀벌레'와 같은 존재로 보고 있다는 것! 불교를 탄압하는 것이 장난이 아니다. 유신들은 당시 승려들을 그렇게 보았다는 증거다. 그런데 유독 임금들은 그렇게 보지 않았다. 임금들은 한결같이 신미대사를 존숭했다. 그의 제자들까지도….

이를 어찌 보아야 하는가?

<67> 신미가 세조에게 하사받은 강릉 산산의 제방을 백성에게 주어 경작하도록 청했으나 성종이 들어주지 않다

주강(晝講, 낮에 하는 경연)에 나아갔다. 강하기를 마치자, 기사관 한후가 아뢰기를, "신이 일찍이 강원도 강릉을 지나가는데 묵은 지 이미 오래된 한 제방이 있었습니다. 신이 부로에게 물으니 산산 제방이라고 하였습니다. 처음에 중 신미가 하사를 받아서 인하여 상원사에 소속시키고 제방 아래 백성의 전지를 거의 다 점령하여 빼앗았는데, 제방 안팎이 2백여 석 지기나 될 만하였습니다. 중은 본래 놀고먹는 자인데, 지금 이미 스스로 경작하지 않고 또 백성이 개간하는 것은 금하여 기름진 땅으로 하여금 못쓰게 하여 노는 전지가 되어버렸으니, 청컨대 백성에게 경작하여 먹도록 허락하소서." 하니, 임금이 말하기를, "그대의 말이 당연하다. 중이 스스로 경작하지 않으면 백성에게 주는 것이 마땅하다. 그러나 선왕이 내려주신 것을 갑자기 빼앗을 수는 없다." 하였다.

—성종실록 187권, 성종 17(1486)년 1월 4일 신해 3번째 기사

이 기사는 계속 반복되는 내용이다. 세조가 신미에게 내려 준 강릉 산산의 제방을 백성들에게 돌려주라는 주청이다. 이제는 신미대사가 이 세상에 없기 때문이다. 그러나 성종은 선대왕이 내린 결정이라서 그럴 수 없다고 단호히 말한다.

<68> 신미가 있었던 속리산 복천사에 쓸 소금을 백성이 옮기게 하는 것이 부당하다고 아뢰자 성종이 들어주지 않다

경연에 나아갔다. 강하기를 마치자, (…중략…) 정탁이 또 아뢰기를, "충청도 복천사에 공양하는 부여창의 소금 40석을 해마다 봄가을에 백성으로 하여금 전수(轉輸, 수송되어 온 물건을 다시 다른 곳으로 옮김)하게 하니, 백성이 심히 괴로워합니다. 선왕조에 중 신미가 이 절에 있었으므로 이 일이 있게 된 것입니다만, 이제 신미가 이미 죽었는데도 그 폐단이 여전히 남아 있으니, 청컨대 혁파하게 하소서." 하니, 임금이 말하기를, "사사(절)를 혁파할 만한 일이 어찌 이것뿐이겠느냐? 조종조에서 설치한 것

이라서 차마 갑자기 혁파하지 못하는 것뿐이다." 하였다.

정탁이 말하기를, "조종조의 법도도 손익할 수가 있거늘, 하물며 이 일
이겠습니까? 만약 혁파함이 불가하다면 마땅히 승도로 하여금 전수하게
해야 할 것입니다." 하였으나, 들어주지 않았다.

—성종실록 257권, 성종 22(1491)년 9월 13일 병술 2번째 기사

이 기사는 신미대사가 죽고 난 후에도 그 영향력이 미치고 있음을
말해준다. 성종의 대답을 어떻게 생각해야 할까? 어디 혁파할 것이
이것뿐이겠는가 하는 그 대답 말이다. 선대왕의 결정이라서 차마 혁
파할 수 없다는 것인지, 아니면 신미대사를 존숭해서 그런지는 알
수 없다. 어쨌든 대단한 일임은 분명하다.

<69> 대간들이 경연에서 사찰 건립의 일을 논하다가, 신미의 제자 학조의 밭을 학전으로 충당해달라고 하자, 연산군이 허락하지 않다

조순은 아뢰기를, "사사전(寺社田, 국가에서 사찰에 내려 준 전지)은 청
컨대 감사의 아뢴 바에 의하여 학전으로 충당해 주옵소서." 하니, 왕은
이르기를, "학조의 밭은 성종조부터 이미 그렇게 된 것이다. 성종께서 불
교를 좋아하지 않았는데도 오히려 이같이 하셨는데, 지금 만약 빼앗는다
면 앞으로 중들의 토지는 다 빼앗을 작정이냐?" 하였다.

조순은 아뢰기를, "학조의 밭은 지금 이미 현저하게 드러났기 때문에
청한 것입니다. 어찌 중들의 밭이라 해서 다 공전에 속할 수 있겠습니까."
하니, 왕은 이르기를, "만약 민전이나 학전을 빼앗아 중들에게 준다면 참
으로 불가한 일이다. 그러나 이는 본래가 승전인데 주어도 무슨 해가 되
겠는가." 하매, 조순은 아뢰기를, "이것은 본시 신미의 밭인데 학조에 전해

졌으니, 학조가 죽더라도 뒤에는 반드시 중에게 전할 것입니다. (…중략…)" 하니, 왕이 이르기를, "이미 지나간 일을 어찌해서 추론하느냐?" 하였다.

—연산군일기 25권, 연산 3(1497)년 7월 17일 병진 1번째 기사

신미대사가 등장하는 기사로는 이것이 마지막이다. 더는 기사가 나오지 않는다. 아마도 신미가 죽었기 때문일 것이다. 폭정으로 폐위당한 연산군마저도 신미를 두둔하고 있다. 어찌해서 지난 일을 인제 와서 논하느냐 이거다. 앞으로 중들의 토지는 다 빼앗을 작정이냐고 언성을 높인다.

신미대사! 그는 세종 28(1446)년 5월 27일에 처음으로 실록에 등장하여 문종, 단종, 세조, 성종에 이르기까지 69번이나 기사의 소재가 되었다. 단 한 번도 칭찬이나 업적이 언급된 적은 없고, 모두 부정적인 표현으로 도배했다. 간승 또는 요승으로 등장하고, 그의 제자들은 재산증식을 하는 사람, 간통 혐의자, 백성을 괴롭히는 좀벌레 같은 존재로 묘사되었다.

그런데 문제는 역대 임금들의 태도다. 한결같이 신미를 존숭하고, 극진히 예우한다. 이것이 가장 큰 의문점이다. 왜 왕들은 신미에게 그래야만 했을까? 도대체 신미가 어떤 인물이기에.

도움받은 책들

1. 단행본

경우·활안·숭민(2013), 『장상영의 호법론과 함허득통선사의 현정론』, 불
　　교정신문화원.

경허선사 편·이철교 역(2015), 『선문촬요』, 민족사.

김기종 역주(2018), 『역주 월인천강지곡』, 보고사.

김두재 역(2016), 『능엄경』, 민족사.

김무봉(2002), 『역주 몽산화상법어약록언해』, 세종대왕기념사업회.

김슬옹 해제·강신항 감수(2015), 『훈민정음』 해례본, 교보문고.

김슬옹(2015), 『조선시대의 훈민정음 발달사』, 역락.

김슬옹(2018), 『훈민정음』 해례본 입체 강독본, 박이정.

김슬옹(2019), 『세종, 한글로 세상을 바꾸다』, 창비.

김슬옹(2019), 『세종학과 융합 인문학』, 보고사.

김슬옹(2019), 『한글 혁명』, 살림터.

김슬옹(2019), 『한글 교양』, 아카넷.

김진명 장편소설(2019), 『직지』 1~2, 쌤앤파커스.

김현준(1999), 『예불, 그 속에 깃든 의미』, 효림.

득통 기화, 박해당 옮김(2017), 『함허당득통화상어록』, 동국대학교출판부.

무비스님(1997), 『금강경오가해』, 불광출판부.

박경범(2019), 『신미대사와 훈민정음 창제』, (주)해맞이미디어.

박영규(2018), 『한권으로 읽는 세종대왕실록』, (주)웅진씽크빅.

박해진(2019), 『훈민정음의 길』(혜각존자 신미 평전), 나녹.

부남철 역주(2014), 『논어정독』, 푸른역사.

사재동(2014), 『훈민정음의 창제와 실용』, 역락.

서산휴정, 법정 옮김(1996), 『선가귀감』, 불일출판사.

성백효, 현토완 역(2013), 『논어집주』, 전통문화연구회.

세종 이도 외 8명(2015), 『훈민정음』(복간본), 교보문고.

영동문화원(2001), 『국역 식우집』(향토사료 30집), 복천사기.

오윤희(2015), 『왜 세종은 불교 책을 읽었을까』, 불광출판사.

월명 스님(2019), 『우국이세 1~2: 세종대왕과 신미대사』(역사소설), 희망꽃.

이상규(2018), 『직서기언』, 경진출판.

이송원(2018), 『나랏말싸미·맹가노니 이야기 탄생』, 문예출판사.

이이화(2002), 『역사 속의 한국불교』, 역사비평사.

장산 편저(1999), 『화엄경백일법문』, 불광출판부.

장영길(2007), 『역주 선종영가집언해』(상·하), 세종대왕기념사업회,

전해주·김호성 역(2015), 『원각경·승만경』, 민족사.

정광(2016), 『한글의 발명』, 김영사.

정광(2019), 『동아시아 여러 문자와 한글』, 지식산업사.

정광(2019), 『훈민정음의 사람들』, 박문사.

정우영(2009), 『역주 목우자수심결언해/사법어언해』, 세종대왕기념사업회.

정진원(2019), 『월인석보, 훈민정음에 날개를 달다』, 조계종출판사.

정찬주(2014), 『천강에 비친 달』(장편소설), 작가정신.

최시선(2005), 『소풍줍는 아이들』, 아름다운인연.

최시선(2018), 『내가 묻고 붓다가 답하다』, 북허브.

최정훈·오주환(2013), 『부모와 함께 하는 조선시대 역사문화 여행』, 북허브.

한글서예연구회 엮음(2012), 『용비어천가』, 다운샘.

한글서예연구회 엮음(2012), 『석보상절』 6, 다운샘.

한글서예연구회 엮음(2012), 『월인천강지곡』 상권, 다운샘.

한글서예연구회 엮음(2012), 『월인석보』 권1, 다운샘.

한글서예연구회 엮음(2015), 『훈민정음』 해례본·언해본, 다운샘.

홍현보(2019), 『언문』, 이회.

2. 언론기사

이재형, 「"〈나랏말싸미〉 역사 왜곡" 주장이 부당한 이유」, 법보신문, 2019.
　　　7. 31.

권재현, 「영화 '〈나랏말싸미〉의 허와 실'」, 『주간동아』 1200호, 2019. 8. 2,
　　　72~75쪽.

강혜란, 「한글 창제 주역이 승려? 〈나랏말싸미〉 6대 의문 따져보니」, 중앙
　　　일보, 2019. 8. 3.

자현, 「훈민정음 반포 후 왜 '석보상절'이 가장 먼저 제작됐을까?」, 불교신
　　　문, 2019. 8. 7.

3. 연구 논문

박한열(2018), 「신미대사의 흔적을 찾아서」, 『2018 영동문화』(통권 제3호),
　　　영동문화원, 69~78쪽.

류정환(2010), 「한글 대중화의 숨은 공로자 신미대사」, 『2010 충북의 역사 문화인물』, 충북학연구소·충청북도, 252~295쪽.

정광(2019), 「한글창제와 신미대사」, 불교평론/경희대 비폭력연구소 공동 주최 세미나 자료.

정우영(2020), 「신미대사와 불교경전의 언해사업」, 『신미대사가 한글 발전 에 끼친 영향과 의미』(보은 우국이세 한글문화관 건립을 위한 학 술대회 자료집), 37~52쪽.

최시선(2019), 「맥락적 근거 제시를 통한 신미대사의 한글 창제 관여 가능 성 고찰」, 『충북학』 제21집, 충북학연구소·충청북도, 168~191쪽.

홍현보(2020), 「신미대사 관련 문헌 연구」, 『신미대사가 한글 발전에 끼친 영향과 의미』(보은 우국이세 한글문화관 건립을 위한 학술대회 자료집), 77~95쪽.

4. 인터넷 사이트

국사편찬위원회 조선왕조실록, http://sillok.history.go.kr

네이버 지식백과, https://terms.naver.com/

다음 카페, 세종학교육원, http://cafe.daum.net/tosagoto

다음 카페, 한글창제와 신미대사 연구회, http://cafe.daum.net/2019mbg

한국고전번역원, 한국문집총간, 식우집, http://www.itkc.or.kr/